Vera F. Birkenbihl

Jeden Tag weniger ärgern

Das Anti-Ärger-Buch:
59 konkrete Tips, Techniken, Strategien

mvg Verlag

Bibliografische Information der Deutschen Nationalbibliothek
Die Deutsche Nationalbibliothek verzeichnet diese Publikation in der Deutschen Nationalbibliografie. Detaillierte bibliografische Daten sind im Internet über http://dnb.d-nb.de abrufbar.

Die Autorin hält es mit der *Frankfurter Allgemeinen Zeitung* und setzt auf die alte Rechtschreibung.

Wichtiger Hinweis
Die im Buch veröffentlichten Ratschläge werden mit größter Sorgfalt von Verfasserin und Verlag erarbeitet und geprüft. Eine Garantie kann jedoch nicht übernommen werden. Ebenso ist eine Haftung der Verfasserin bzw. des Verlages und seiner Beauftragten für Personen-, Sach- oder Vermögensschäden ausgeschlossen.

7. Auflage 2007
(seit der 6. Auflage in der Reihe mvg-Paperbacks)
1.-5. Auflage erschienen im Knaur Verlag, München

© 2006 bei mvgVerlag, Redline GmbH, Heidelberg. Ein Unternehmen von Süddeutscher Verlag | Mediengruppe
www.mvg-verlag.de

Alle Rechte, insbesondere das Recht der Vervielfältigung und Verbreitung sowie der Übersetzung, vorbehalten. Kein Teil des Werkes darf in irgendeiner Form (durch Fotokopie, Mikrofilm oder ein anderes Verfahren) ohne schriftliche Genehmigung des Verlages reproduziert oder unter Verwendung elektronischer Systeme gespeichert, verarbeitet, vervielfältigt oder verbreitet werden.

Umschlaggestaltung: Atelier Seidel, Teising
Redaktion: Anita Brandmair, Odelzhausen
Illustrationen: Vera F. Birkenbihl
Satz: Jürgen Echter, Redline GmbH
Druck- und Bindearbeiten: Himmer, Augsburg
Printed in Germany
ISBN 978-3-636-06347-2

Inhalt

Eine ganz persönliche Vorbemerkung 7

Hier geht es los 8
Die Zielstellung dieses Buches 8
Aufbau dieses Buches 8
Dies ist ein Buch-Seminar 9

Teil I – Was Sie alles wissen sollten, bevor Sie sich effektiver ärgern können .. 13
Ärger ist ansteckend 13
Bedingungslose Liebe 14
Charakteristische Ärger-Reaktion 18
Denken oder Fühlen 20
Energie 21
Freund oder Feind 25
    Möglichkeit 1: Andere Prioritäten 26
    Möglichkeit 2: Zwänge des „Feindes" 27
    Möglichkeit 3: Des-Information (Fall 1) 28
    Möglichkeit 4: Des-Information (Fall 2) 29
    Möglichkeit 5: Andere Motive 30
Gefühle 32
    Ein kleines Quiz 32
HERAUS-Forderung VERZEIHEN 36
Illusion – oder: Wer spricht da? 38
Jammern & über Ärger reden 41
KANTs kategorischer Imperativ (Die KKI-Frage stellen) 48
Liste ent-GIFT-ender Ideen 49
Meditation 51
    Mandala 52
    Mantra oder Mantram 54
Neue emotionale Erfahrung 56
Optimistisch/pessimistisch denken 58
Perfektion 60
Quintessenz oder Quatsch 62
    1. Frosch oder Adler? Können wir wirklich wählen? 62
    2. Perfektion – natürlich nicht! 63
Repertoire 64

Samariter-Effekt	65
Toleranz	67
Untersuchung oder: Was wir an anderen nicht ausstehen können	71
Zu 1: Arroganz	75
Zu 2: Egoismus	76
Zu 3: Rechthaberei und Sturheit	77
Zu 4: Unzuverlässigkeit	78
Verantwortung	79
1. Verantwortung für Einsteiger: Frosch und Adler	81
2. Verantwortung für Fortgeschrittene: Welt als Spiegel	81
WORK	82
X-beliebige Strategie – oder: Wann (und wie) welche Strategie wählen?	86
Anti-Ärger-Prophylaxe	87
Yin & Yang	88
Zeitaufwand?	89

Teil II – Was Sie alles tun können für effektiveres Ärgern   90

Atmen	90
Die Technik selbst	91
Beten	93
Bedingungslose Liebe	94
Strategie 1: Anti-Zorn pro Liebe	94
Strategie 2: Anti-Neid pro Liebe	95
Columbo-Effekt©	96
Inspektor Columbo – Columbo-Effekt©	96
Dank	98
Strategie 1: 60 Sekunden lang Dank empfinden	98
Strategie 2: Das Dankes-ABC	98
Strategie 3: Die Dankes-Hierarchie	98
Strategie 4: Über Dank-Gefühle reden	100
Entspannung in vier Schritten	102
Friedens-Strategie	103
Gefühlsrad	105
Übung 1: Lernen Sie Ihre Gefühle wiedererkennen (Inventurübung)	107
Vorlage für die Inventurübung	110
Übung 2: Ein Gespräch am Rad (zu zweit)	111
Übung 3: Mehrere am Gefühlsrad	113

Humorfähigkeit stärken 117
    Strategie Nr. 1: Täglich mindestens einmal über einen Witz lachen 117
    Strategie Nr. 2: Finden Sie Humor! 118
    Strategie Nr. 3: Lassen Sie sich positiv anstecken! 118
    Strategie Nr. 4: Finden Sie Humor im wirklichen Leben! 119
Inneres Lächeln 122
JOURNAL-Techniken 123
Kreativitäts-Übung 124
Lehren ziehen 126
Meditatives Tun 126
    Zu 2: Meditatives Gehen 127
    Zu 3: Meditatives Zeichnen oder (Mandala-)Malen 127
    Zu 4: Meditative Muster-Gestaltung 129
    Zu 5: Meditatives Handarbeiten & Basteln 130
    Zu 6: Meditative Tätigkeiten im Alltag 130
    Zu 7: Meditatives Musikhören 131
    Zu 8: Meditatives Musizieren 132
    Zu 9: Beten 134
    Zu 10: Meditatives Schauen 134
Nachahmung 137
Opfer-Aussagen sammeln 138
Perfektion 139
    Strategie Nr. 1: Schieberegler 139
    Strategie Nr. 2: professionell 139
Qualitäts-Ablenkungen 140
    Neues Lernen 140
    Quadratzahl 140
    Quadrieren 143
Relativitäts-Prinzipien der Psyche 144
    Das 1. Relativitäts-Prinzip der Psyche: Das Transformatorische Vokabular 144
        Eine andere Sprach-Brille aufsetzen 144
    Das 2. Relativitäts-Prinzip der Psyche: Fixstern 145
    Das 3. Relativitäts-Prinzip der Psyche: Den Tod befragen 147
        Variante: Den Tod eines anderen befragen? 147
    Das 4. Relativitäts-Prinzip der Psyche: HUMOR 148
Schreiben statt Schreien 149
    Technik Nr. 1: Kläranlage für den Geist 149
    Technik Nr. 2: Reden Sie doch mal mit sich – aber schriftlich 150

Training mal zwei 153
    1. Training, allgemein 153
    2. Training der Gefühle 153
Unerwartete Freude mal zwei 158
    1. Uns selbst etwas Gutes antun 158
    2. Anderen unerwartete Freude schenken 159
Verlangsamen der Zeit 161
    1. Einsteiger-Übung, akustisch 161
    2. Übung für Fortgeschrittene, visuell 162
    3. Ein wenig zählen ...? 163
        Beispiel: Mit Listen arbeiten 164
WORK = Welt-als-Spiegel 166
X-beliebige Strategie 171
    Die Lotterie 171
Zuhören & ZWEI-nigung (statt Ent-ZWEI-ung) 172
    Zuhören ist wahrlich eine hohe Kunst 172

Merkblatt 1: KaWa© 174
    Was ist ein KaWa© 174
    KaGa© oder KaWa© 174
Merkblatt 2: Dank 176
    ABC-Liste 1: Wofür ich dankbar bin 176
    ABC-Liste 2: Dank-ABC 176
    ABC-Liste 3: Dank-ABC 176
Merkblatt 3: (Mein) Energie-Modell 177
Merkblatt 4: MANTRA 180
Merkblatt 5: WORK 181
Merkblatt 6: Gefühls-Rad 182

Literatur 186
Stichwortverzeichnis 188

Eine ganz persönliche Vorbemerkung

Als Freunde, Bekannte, KundInnen von diesem Projekt erfuhren, gab es zwei sehr geteilte Meinungen: Leute, die mich erst seit kurzem kennen, neigen zu der Auffassung: „Die Birkenbihl regt sich ganz schön oft und teilweise auch heftig auf – wieso schreibt gerade sie ein solches Buch?!" Wer mich hingegen länger (intensiver) kennt, sagt das Gegenteil. Diese Menschen wissen, daß ich mich heute **weit effizienter ärgere** als früher, also

→ kürzer

→ weniger intensiv, und

→ seltener.

So kenne ich z.B. eine Dame, die in den Jahren 1974–1982 meine Auftraggeberin bei den US-Army-Seminaren in Berlin war (diese dauerten jeweils 1–2 Wochen lang; man lernte sich also ganz gut kennen). Inzwischen ist sie eine „alte" Freundin geworden. Sie meinte: „Du bist geradezu **prädestiniert** für dieses Buch. Erstens weißt du genau, wovon du redest und zweitens hast du bewiesen, daß man sein Ärger-Verhalten ändern kann!"

Da Ärger unerhört viel Energie „auffrißt", meine ich: Jede Verbesserung lohnt sich. Ich nutze seit Jahrzehnten mehr und mehr meiner Energie kreativ (so entwickle ich neue Seminare, Themen, schreibe Artikel und Bücher), indem ich genau jene Energien positiv nutze, die ich früher mit Ärger „verbraten" hatte. Selbst wenn ich mich auch heute noch „zu oft" ärgere – es ist weit weniger häufig, lang und intensiv als einst.

Wenn jemand, der aus einem so tiefen „Ärger-Tal" kam, seine Positition maßgeblich verbessern konnte, muß es allen, die sich „nur normal" ärgern, wesentlich leichter fallen.

Viel Er-FOLG (= gute FOLGEN Ihres Handelns ab heute) wünsche ich Ihnen

Ihre

VERA F. BIRKENBIHL
www.birkenbihl.de

Hier geht es los ...

Die Zielstellung dieses Buches

Das Ziel eines realistischen Anti-Ärger-Buches kann nicht lauten „Kein Ärger mehr!" oder „Nie wieder Ärger!" – das wissen wir alle. Aber wir können in bezug auf jedes Verhalten einiges hinzulernen, so auch bei unseren Reaktionen zu Streß und Ärger. Daher lautet meine Zielstellung: **Ärgern Sie sich effizienter!**

Im Klartext: **Ärgern Sie sich kürzer, weniger intensiv und seltener!**

Einige wenige werden höhere Ziele anstreben und erreichen, aber diese Menschen warten schon lange darauf, ihren Ärger maßgeblich zu reduzieren, sind also gewissermaßen besonders „reif".

Wenn Sie die Menge, die jeweilige Zeitspanne und/oder die Intensität des Ärger-Gefühls im ersten Jahr nach Lesen dieses Buches (also ab heute!) um 10 % bis 20 % verringern können, dann hat es sich schon gelohnt. Jedes Prozent bedeutet gesundheitliche Erleichterung (weniger Streß-Hormone und schnellere Erholung des Immun-Systems). Jedes Prozent beläßt uns noch mehr Kraft (Energien) für Dinge, die wirklich wichtig sind. Jedesmal, wenn wir weniger negativ oder sogar positiv reagieren können, können wir von einem Erfolgs-Erlebnis sprechen. Und jedes Erfolgs-Erlebnis geht mit Genugtuung bis Freude einher! Bitte lassen Sie uns Mißverständnisse vermeiden: Mit „positiv reagieren" meine ich nicht, daß man alles positiv sehen sollte, aber man kann lernen, positiv zu reagieren, nachdem man etwas negativ wahrgenommen hatte. Es geht um die Zeit nach dem Ärgernis: Wie lange brauchen wir, um aus dem Ärger-Gefühl in die Phase danach zu gelangen – Sekunden, Minuten, Stunden oder Jahrzehnte? Es liegt sehr wohl in unserer Macht, wie lange wir uns als Opfer fühlen werden, wenn uns etwas Unangenehmes zugestoßen ist.

Auch wenn Sie Teil II zuerst lesen, weil Sie ungeduldig sind, wissen Sie, daß Teil I den „Unterbau" anbietet, auf dem diese Strategien „ruhen" – wann Sie diesen Unterbau ansehen wollen, entscheiden Sie.

Jedes weitere Prozent ist „Sahne auf dem Kuchen". Wer sich vornimmt, im ersten Jahr minimal 10 % zu schaffen und danach pro Jahr einige weitere Prozent, hat ein absolut realistisches Ziel definiert!

Die Merkblätter 1–6 befinden sich im Anhang ab S. 174.

Aufbau dieses Buches

Dieses Buch wurde „analografisch" entwickelt (vgl. Merkblatt Nr. 1, Was ist ein KaWa©?, S. 174). Ich hätte dieses Konzept vor Ihnen, liebe LeserInnen verbergen können. Viele meiner anderen

Arbeiten (Video-Vorträge, Seminare, Kassetten-Kurse, Kolumnen, Artikel, Bücher) wurden seit ca. 1988 „so" entwickelt, ohne daß das Endprodukt dies klar aufzeigt. Aber zu der Zeit befanden sich auch **die analografischen Denk-Techniken** noch in Entwicklung, deshalb lassen meine früheren Arbeiten den methodischen Hintergrund nicht so klar erkennen wie neuere Werke (vgl. Randspalte). Für alle, denen der Begriff KaWa© (noch) nichts sagt, gibt es eine Mini-Hinführung im bereits erwähnten Merkblatt Nr. 1. Beispiele für KaWa©s sehen Sie auf den Seiten 31, 35, 47, 57, 64 und 177.

Zum Beispiel: *Humor – an Ihrem Lachen soll man Sie erkennen, Das innere Archiv©*, *ABC-Kreativ©* und, natürlich, dieses Buch.

Wesentlich ist dabei, daß wir „buchstabenweise" assoziativ denken, wobei ABC-Listen Sonderformen von KaWa© sind. So enthalten Teil I und Teil II je ein Wissens-Alphabet© – im ersten Teil sind es theoretische Module, im zweiten praktische Rezepte, deren Sinn jedoch durch Teil I erschlossen wird.

„Module" sind kurze Kapitel, die in jeder gewünschten Reihenfolge gelesen werden können (auch „der Reihe nach").

Dies ist ein Buch-Seminar

Wenn Sie aktiv mitdenken und wenn Sie sich einige der Aufgaben, Tips, Techniken und Strategien heraussuchen und sie konkret in Ihrem Leben anzuwenden beginnen, dann bietet Ihnen dieses Buch de facto ein Seminar. Allerdings lesen Sie, wann Sie wollen, wieviel Sie wollen, in Ihrem eigenen Tempo und Sie entscheiden, welche Maßnahmen Sie wann und wie aktiv angehen wollen.

Teil I: THEORIE
Aufbau dieses Buches:
ABC-Liste mit Grundlagenwissen für Teil II

TEIL II: PRAXIS
ABC-Liste: konkrete ANTI-ÄRGER-Tips, Techniken & Strategien

Mein Vorschlag: Legen Sie Schreibzeug und Büroklammern bereit. Notieren Sie wichtige Ideen, die Ihnen beim Lesen einfallen, prinzipiell sofort!

Streichen Sie praktische Handlungsvorschläge, die Ihnen gefallen, farbig an, und kennzeichnen Sie die Buchseite beim ersten Durchgang (z.B. mit einer Büroklammer). Später können Sie alle Seiten mit Kennung noch einmal durchblättern und Ihren persönlichen Handlungs- oder Trainingsplan erstellen. **So personalisieren Sie dieses Buch-Seminar** und machen es zu Ihrem eigenen!

Es ist wie beim Träumen – wir sagen uns „Das merke ich mir!", aber kurz darauf ist der Traum verblaßt. Auch spontane Assoziationen beim Lesen wollen aufgeschrieben werden, sollen sie nicht verlorengehen.

Wie soll man lesen?
Es gibt drei Möglichkeiten ...

1. Sie können das Buch „ganz normal" (von vorne bis hinten) lesen, die Begriffe im Alphabet wurden auch im Hinblick auf eine mögliche Rangfolge der einzelnen Module gewählt.
2. Aber Sie können auch hin- und herspringen sowie „nach Lust und Laune herumlesen". Dabei helfen Ihnen zahlreiche „Sprungverweise", so daß Sie durch das Springen **Verbindungen nachspüren**, die man beim linearen Lesen eher nicht wahrnehmen würde.
3. Sie können auch beides tun: von vorne anfangen und trotzdem ab und zu an eine Stelle springen, um von dort zur ursprünglichen Textstelle zurückzukehren und hier weiterzulesen.

Das Buch ist **modular**, d. h. man kann jeweils viel (oder wenig) lesen und vielleicht ein wenig darüber reflektieren, ehe man sich dem nächsten Modul zuwendet.

Während der Arbeit an dem Buch-Seminar fragten mich einige Menschen, denen ich das Buchkonzept erklärte: „Muß ich den ganzen Teil I vor Teil II lesen?" Antwort: Nein. Das Konzept entspricht stark einem meiner frühen Titel (*Kommunikations-Training*), bei dem Sie ebenfalls mit den aktiven Übungen und Experimenten in Teil II beginnen können, ehe Sie Teil I (ganz) gelesen haben.

So auch hier: Beginnen Sie ruhig in Teil II – wenn Hintergrund-Infos unbedingt sinnvoll sind, dann werden Sie auf Teil I verwiesen. Sie sehen also, Sie können Ihr **Anti-Ärger**-(Buch-)**Seminar** ganz frei gestalten. Es folgen noch einige Antworten auf die häufigsten Fragen, die „MitwisserInnen" während des Schreibens stellten:

Wie wählt man im Ernstfall die richtige Strategie für eine spezifische Ärger-Situation aus?

Die Antwort hierauf finden Sie unter **X**, X-beliebige Strategie (S. 86 f.)!

Aus dem *Kommunikations-Training* wurde übrigens der Abschnitt über das Gefühlsrad entnommen, allerdings bietet das vorliegende Buch Ihnen das farbige Poster an! Trotzdem finden Sie eine schwarz-weiß Version im Buch (Anhang, Merkblatt 6, S. 182 ff.), damit Sie im Notfall damit arbeiten können, wenn Sie das Poster gerade nicht zur Hand haben. Fotokopieren Sie die vier Seiten und kleben Sie sie gemäß Anweisung zusammen. Übrigens haben einige meiner früheren LeserInnen sich selbst ein Gefühlsrad gemalt; dabei kann das farbige Poster ebenfalls als Vorlage dienen.

Wenn Sie Fragen oder Anregungen haben, oder Partner für Trainings-Aufgaben (in Ihrer Nähe) suchen, dann schauen Sie mal bei www.birkenbihl.de hinein. Dort können Sie Kommentare in der Wandzeitung eintippen und im Forum Gleichgesinnte suchen.

Modular – heißt das, alle Beiträge sind gleich lang?

Nein, im Gegenteil. Ein Modul kann eine halbe Seite lang sein oder auch über 10 Seiten. Es enthält jeweils das, was mir zu diesem Stichpunkt besonders wichtig erscheint. Da Sie aber nicht linear lesen müssen, heißt das: Wenn Sie z.B. nur einige Minuten lesen wollen und feststellen, daß das nächstfolgende Modul ein längeres ist, dann wählen Sie für heute lieber ein kurzes Modul.

Inwieweit kennen Birkenbihl-LeserInnen diese Inhalte bereits?

Selbst „alte" (langjährige) LeserInnen oder HörerInnen kennen nur einen Bruchteil, denn ich habe die meisten dieser Techniken bisher nur in Vorträgen (auch als Video erhältlich[1]) und Seminaren vermittelt, aber nie alle, denn es gab bisher noch kein konkretes Anti-Ärger-Seminar. Somit war das Thema dieses Buches immer nur ein Teilthema und wurde daher in keiner Veranstaltung erschöpfend behandelt. Da aber gerade zu dieser Frage immer sehr viel Feedback kam (auch von den LeserInnen meines Beratungs-Briefes wird auf Anti-Ärger-Tips immer sehr positiv reagiert), fiel die Entscheidung nicht schwer, als der Verlag mich bat, dieses Buch zu schreiben. Manche ZuhörerInnen kennen manchen Gedanken oder methodischen Ansatz, teilweise jedoch auch nur Vorläufer.

Manche der hier vorgestellten Praxis-Tips habe ich speziell für Coaching-Klienten entwickelt, sind also „draußen im Land" noch unbekannt.

Einige wenige Ideen dieses Buches hatte ich den LeserInnen meines monatlichen Beratungs-Briefes vorab verraten, **ganz** wenige Gedanken oder Techniken finden sich bereits in früheren Büchern. Normalerweise versuche ich inhaltliche Überschneidungen in meinen Werken weitgehend in Merkblätter im Anhang zu verbannen. Aber bei den Techniken in Teil II wollte ich keine Strategie nach hinten „auslagern", daher gibt es kleine Überschneidungen.

Übrigens darf ich darauf hinweisen, daß unser Gehirn darauf programmiert ist, **blitzschnell** zwischen **bekannt** (vertraut) und **neu** zu **unterscheiden**. Daher passiert es immer wieder, daß wir einen Gedanken als „bekannt" einstufen und dann vorschnell abwehren: „Das kenne ich schon!". Tatsächlich aber kann es sein, daß nur

Gefahr: Vorschnelle Einstufung möglich!

---

1 Vera F. BIRKENBIHL
Anti-Ärger-Strategien. Video, ISBN 3-89749-259-8, erschienen im Gabal Verlag Offenbach

Mit diesem Gedanken möchte ich nicht andeuten, wir seien unaufmerksam, sondern: Weil unser Gehirn in erster Linie ein Überlebensorgan ist, ist es nicht darauf eingerichtet, 100 % wahrzunehmen. Wie bei der Gesichter-Erkennung pickt es sich Bruchteile heraus, den Rest ergänzen wir. Manchmal ergänzen wir richtig, manchmal falsch. Da wir aber das Ergänzte für die Botschaft halten, merken wir es nicht. Ebenso können wir nicht registrieren, was uns alles entgangen ist, weil wir meinten, die Sache sei bereits bekannt. Unser Gehirn muß so arbeiten! Wenn wir darüber mehr wissen, können wir lernen mehr wahrzunehmen, wenn wir wollen.

einige Elemente vertraut waren, so wie wir ein Gesicht an ganz wenigen Schlüssel-Elementen wiedererkennen. (Seit man dies begriffen hat, konnten Computer mit Gesichter-Erkennung ausgestattet werden; es sind nur acht Merkmale!) Dadurch aber hören wir nicht richtig zu, wir lesen nicht mehr aufmerksam und behaupten dann hinterher, wir hätten dies alles schon gewußt. Daran leiden viele Unterhaltungen, aber auch Vortrags- und Seminar-Veranstaltungen.

Wir versäumen also eine Menge, wenn wir bei „Das kenne ich schon!" gleich abschalten. Denn: Was immer wir wahrnehmen, filtern wir **heute** aufgrund unserer früheren Erfahrungen, aber auch gefärbt von unserer heutigen Gemütslage sowie unseren derzeitigen Hoffnungen, Wünschen, Zielen etc. Demzufolge wird uns dieselbe Info an unterschiedlichen Tagen unterschiedlich berühren, wenn wir nicht gleich abblocken. Außerdem nimmt man nie alles wahr, sondern nur Bruchteile dessen, was theoretisch wahrnehmbar gewesen wäre. Deshalb hören wir beim fünften Durchgang derselben Hörkassette (z.B. Vortrag, Hörspiel, Lesung) Aspekte, von denen wir schwören würden, daß sie vorher nicht auf dem Band gewesen waren. Ebenso erginge es uns beim mehrmaligen Lesen desselben Textes. Wenn Ihnen also ein Gedanke begegnet, den Sie erkennen, können Sie weiterblättern. Sie könnten aber auch testen, wie er heute auf Sie wirkt. Dabei erhöht sich die Chance, daß Sie Erweiterungen und neue Aspekte, die inzwischen entwickelt wurden, wahrnehmen können.

Ich wünsche Ihnen: effizientes Ärgern ...

Vera F. Birkenbihl
(**www.birkenbihl.de**)

Sommer 2002

Teil I – Was Sie alles wissen sollten, bevor Sie sich effektiver ärgern können

Ärger ist ansteckend

Was manche noch immer als Geschwätz abwehren wollen, hat sich jedoch voll bestätigt: **Gefühle stecken an** – negative wie positive! Wer andere anlächelt, sendet ein angenehmes Signal, wer mit einer „Lätsche" (hängende Mundwinkel, mißmutige Gesichtszüge) herumläuft, wird andere negativ anmuten.

Der Begriff „an-MUT-en" enthält den Wortteil „mut"; dieser erinnert an das englische Wort „mood" (= Stimmung). Jemanden an-MUT-en bedeutet, jemanden „ein-STIMM-en" (ähnlich einem Klavier, das gestimmt wird). Jeder Mensch ist immer beides: Einerseits dient er anderen als „Klavierstimmer", andererseits wird er von anderen „gestimmt"; deshalb reagieren wir im Zweifelsfall „verstimmt" ...

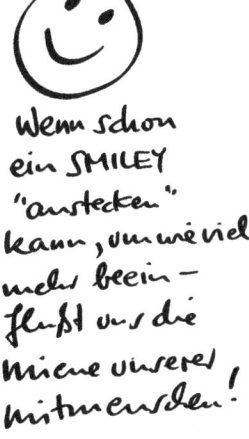

Wir alle haben es schon erlebt, wenn ein fröhlich gestimmter Mensch seine Umgebung positiv „ansteckt", aber viel wichtiger ist es zu begreifen, daß „ungut" gestimmte Menschen ihre „ungute Stimmung" genauso verbreiten. Nehmen Sie den Begriff ruhig wörtlich: Diese Gefühle ver-BREIT-en sich (wie eine Epidemie). Stellen Sie sich ein Ehepaar vor (streitend). Solange sie weiterstreiten, mutet jeder den anderen (weiterhin) negativ an, aber jeder der beiden kann das ändern. Genauso schnell, wie sich der Zorn ver-BREIT-ete, kann man den anderen positiv an-MUT-en, z.B.: „Eigentlich war ich ziemlich ekelhaft zu dir. Ich kann schon verstehen, daß du dich ärgerst. Ich war vorhin ziemlich mies drauf." Dann lenkt in der Regel auch der andere ein und sagt: „Na ja, ich war auch nicht gerade nett zu dir." Das funktioniert wie beim Gähn- oder Lächel-Effekt. Sie können auf Gähnen nur mit Gähnen reagieren. Allein daran zu denken kann uns schon „gähnen machen". Mit dem Lächeln ist es genauso. Lächelt jemand uns an, dann ist es fast unmöglich, **nicht** zurück zu lächeln. Wenn der eine verzeiht, wird der andere uns auch viel leichter verzeihen können.

In Teil II finden Sie konkrete Vorschläge unter **Humorfähigkeit stärken**, besonders Strategie Nr. 3 (S. 118) und unter **JOURNAL-Techniken** (S. 123), die spezifisch darauf abzielen, unsere Stimmung aufzuhellen, wenn wir aus leichtem bis mittelschwerem Ärger aussteigen wollen.

Deshalb könnten wir uns zwei Fragen stellen, wenn wir verärgert sind:
1. **Wer ist in unserer Nähe?** (Wen **muten** wir also jetzt „mies" an? Welchen Personen **muten** wir unsere faulen Gefühle jetzt **zu**? Wen infizieren wir derzeit?)
2. **Wie (woher) könnte ich mir eine positive Anmutung „holen"?**

Bedingungslose Liebe B

Wenn Sie ein kleines Quiz durchführen möchten, dann antworten Sie bitte schnell und spontan: Wie lautet der Gegensatz/Gegenpol zu folgenden Begriffen:

1. kalt – _____

2. groß – _____

3. Liebe – _____

Genaugenommen geht es mir um das dritte Wort, denn bei „kalt – warm" und „groß – klein" werden wir uns wahrscheinlich ziemlich einig sein. Nicht so bei „Liebe versus ??"

Das Dokument *A Course in Miracles* liegt inzwischen auch auf deutsch *(Ein Kurs in Wundern)* vor. Es ist allerdings so seltsam, daß viele damit große Probleme haben, deshalb ist es viel leichter, wichtige Interpreten wie G. JAMPOLSKY (z.B. *Liebe heißt die Angst verlieren*) oder Marianne WILLIAMSON (z.B. *Return to Love*) zu lesen!

Ich habe dieses Spiel mit zehntausenden von Seminar-TeilnehmerInnen durchgeführt und bei etwa 98 % ist die Antwort gleich; die meisten Menschen glauben, das Gegenteil von Liebe müsse Haß sein. Natürlich können Sie glauben, was Sie wollen, aber wenn auch Sie (bisher) davon ausgegangen waren, dann möchten Sie vielleicht eine Alternative in Betracht ziehen (es kostet allerdings umso mehr Mut, je sicherer Ihnen Ihr Standpunkt erscheint; im Zweifelsfall springen Sie gleich zu **C, Charakteristische Ärger-Reaktion, S. 18**).

JAMPOLSKY und WILLIAMSON verstehen es meisterhaft, einige der wichtigsten Kerngedanken aus *Ein Kurs in Wundern* so gehirn-gerecht zu präsentieren, daß sie leicht verdaulich werden. Eine jener Ideen lautet:

> Das Gegenteil von Liebe ist nicht Haß, sondern Angst (eigentlich: Furcht).

Dieser Gedanke kann mit einer Idee verbunden werden, die viele Menschen extrem nervös macht, nämlich: *Alles verstehen heißt alles verzeihen.* Stellen Sie die Idee im Freundeskreis zur Debatte, und lauschen Sie! Hören Sie nicht nur auf Inhalt (= die Gegenargumente), sondern vor allem auf den Tonfall! Es verunsichert viele unserer Mitmenschen zutiefst, wenn sie in Erwägung ziehen sollen, daß ein Leben (weitgehend) ohne Ärger möglich sein könnte. Auch haben viele Menschen in unserem Kulturkreis regelrecht Angst vor dem Verzeihen. Viele assoziieren es mit Schwäche, gleichbedeutend mit der Aufgabe eines „berechtigten" Standpunktes. Wo kämen wir denn da hin?

Besonders hilflos macht viele der Gedanke, daß sogar der Prozeß des Vergebens unnötig wäre, wenn man verstünde, **weil Verständnis automatisch Annahme bedeutet**. Anders ausgedrückt: Je weniger wir etwas (oder Menschen) verstehen können, desto größer ist die Chance, daß wir es (oder sie/ihn) ablehnen (bis zu richtiggehendem Haß). Das beginnt bei Spinnen – aber es ist derselbe Prozeß, durch den wir uns berechtigt fühlen, Lebewesen, die wir als Unkraut und Ungeziefer definieren, zu töten; man erkennt es auch an der Tatsache, daß wir Menschen, die wir als Ausländer, fundamentalistische Fanatiker, Terroristen etc. bezeichnen, scheinbar einfach so ablehnen oder gar hassen dürfen.

Ob nun Ku-Klux-Klan-Mitglieder als „gute Christen" Schwarze verbrennen oder ob deutsche „gute Christen" Wohnhäuser mit Asylanten anzünden, ob Neo-Nazis Ausländer oder Homosexuelle zu Tode prügeln oder ob Nachbarn jahrelang gegeneinander prozessieren – immer steht hinter dem Haß die Unfähigkeit, die Mitmenschen zu begreifen (akzeptieren, respektieren).

Deshalb sagen uns die Weisen seit Jahrtausenden, wir sollten begreifen, daß das, was wir *Liebe* nennen, nur eine *bedingte Liebe* ist (weil wir sie an Bedingungen knüpfen). Dies entspricht einer inneren Haltung von:

> Ich liebe dich nur, wenn du tust, was ich verlange. Oder:
> Ich liebe dich, wenn du so bist, wie ich dich haben will.
> Verhältst du dich jedoch „falsch", dann lehne ich dich ab.

So einfach ist das.

Warum, glauben Sie, wiederholt Jesus eine Forderung der alten judäischen Tradition, nämlich: **Liebet Eure Feinde!** Weil es Spaß macht, Leute ins Herz zu schließen, die man ablehnt (haßt)? Wohl kaum. Sondern:

Im alltäglichen Sprachgebrauch sagen wir „Angst", wenn wir das meinen, was in der Psychologie „offiziell" als „Furcht" bezeichnet wird: *Angst* ist das vage Angst-Gefühl (engl. *anxiety*), bei dem wir das Objekt unseres Leidens nicht kennen; *Furcht* hingegen ist immer konkret (z.B. vor Höhen, großen leeren Plätzen, kleinen Räumen, Insekten etc.). Also müßten wir eigentlich sagen: „Ich fürchte Hunde" statt: „Ich habe Angst vor Hunden." Somit leiden manche Menschen an Höhen-Furcht (wenn wir Höhen-Angst sagen). Dies sollte man wissen, wenn man mit Psychologen redet, die auf ihrer Fach-Terminologie bestehen.

Wir sprechen unter **H** (HERAUS-Forderung, S. 36) noch über das Verzeihen!

Das Etikett *unmöglich*, das **wir** (ich wiederhole: wir!) dem Tun (oder Sein) der anderen aufkleben, beschreibt natürlich lediglich **unsere eigene Unfähigkeit**, sie zu achten oder gar zu mögen.

In Teil II (Friedens-Strategie, S. 103 f.) finden die Mutigen eine konkrete Maßnahme für den Alltag!

Vgl. die Hierarchie der Emotionen in Teil I unter **G** (Gefühle, S. 32 ff.).

Weil diese Leute nur so lange Feinde bleiben (können), wie wir sie (ihre Situation, ihre Ängste, ihre Beweggründe, ihre Ziele etc.) nicht verstehen.

Solange diese Menschen die Bedingungen nicht erfüllen, unter denen wir sie mögen würden, solange fühlen wir nicht nur Ablehnung, sondern wir stufen unsere Ablehnung auch noch als „berechtigt" ein. Bitte denken Sie mit: Wir nehmen uns das Recht, Mitmenschen abzulehnen, zu erniedrigen, zu bekämpfen oder zu töten. Woher leitet ein Mitglied einer Gesellschaft ein „Recht" ab? Richtig! Wenn genügend andere mitmachen, wenn man eine Gruppe oder sogar eine Mehrheit bildet, dann scheint es ja in Ordnung zu sein. Wenn die anderen vormachen oder mitmachen, dann können wir ruhig schlafen. Und jetzt folgt das Sahnehäubchen: Erstens benutzen wir unsere Unfähigkeit, uns für Menschen zu interessieren, die anders gelagert sind als wir, als Freibrief für Aggression, Ärger-Gefühl, Haß etc. Zweitens drehen wir den Spieß auch noch um und behaupten: Das Opfer unserer negativen Gefühle sei selbst schuld. Das macht die Sache so großartig. Wir stellen mit Genugtuung fest, daß diese Menschen unsere Gefühle und/oder unser Verhalten selbst ausgelöst haben. Wir sagen dann: „Wenn er/sie sich nicht so *unmöglich* verhalten hätte ... !").

Aber der andere kann in Wirklichkeit gar nichts dafür, daß seine Art (in der Regel sein Anders-Sein) in uns Widerstand auslöst, weil wir unfähig sind Menschen zu akzeptieren (oder zumindest zu respektieren), die anders sind als wir. Daher empfinden wir jeden „Andersartigen" zunächst als Gegner. Und gerade deshalb lautet die Forderung seit 3000 Jahren: Liebet Eure Feinde!

Solange wir nur Ärger und Zorn erleben, erzeugen wir die neurophysiologischen Zustände, die mit jenen dunklen Gefühlen einhergehen, während wir im umgekehrten Fall die gesundmachende Wirkung positiver (heller) Gefühle erleben würden. Das höchste aller Gefühle, das gesundmachendste, wäre die bedingungslose Liebe, die uns nur selten „gelingt", daher konnte dieses Gefühl im Labor auch noch nicht systematisch gemessen und erforscht werden. Aber die nächstbesten kennen wir inzwischen.

Immer mehr Menschen fragen (sich) inzwischen, ob es wirklich notwendig ist, daß sich so viele Leute tagtäglich die Köpfe einschlagen. Ich kenne einige Menschen, die sich für den Frieden einsetzen, aber ich kenne auch einige, die sogar bereit sind, für diesen Frieden zu kämpfen. Und jetzt wird es spannend, wenn wir uns diese beiden Aussagen etwas näher ansehen:

→ sich für den Frieden einsetzen heißt, sich selbst in eine Situation hineinzubegeben (ein + setzen), um den Frieden zu fördern. Aber:

→ für den Frieden zu kämpfen, bedeutet Kampf ... *gegen* ...!

Preisfrage: Kann man den Frieden erkämpfen? Wir suchen hier keine weltpolitische Antwort, nur eine für Individuen.

Kennen Sie die Story von **Wind und Sonne**, die sich stritten, wer dem Wanderer wohl den Mantel schneller ausziehen könnte? Der kalte Wind blies und blies, und der Mann zog den Mantelkragen so hoch wie möglich und kämpfte gegen die Kälte. Aber als die Sonne an die Reihe kam und ihre warmen Strahlen sandte, da öffnete sich der Mann, und bald legte er den Mantel ab. Das ist für mich der Schlüssel-Gedanke: **Frieden öffnet!**

> Frieden öffnet den Geist und das Herz.
> Kampf verschließt Herz und Hirn.

Deshalb schließe ich mich der Meinung an, daß wir Frieden nicht wirklich erkämpfen können. Frieden muß vom Friedensstifter ausgehen, Frieden beginnt innen, und wir können Frieden von anderen (Politikern, Lebenspartnern) fordern, bis wir heiser werden. Frieden beginnt innen, und zwar bei uns. Aber das ist manchmal nicht so bequem, und dann kämpfen wir lieber, natürlich nur für den Frieden im Außen, nicht wahr? Manche Menschen „müssen" ihr Leben lang kämpfen: angespannt, oft unter Druck, gestreßt ... Aber es gibt auch Menschen, die festgestellt haben:

> In dem Maß, indem ihr innerer Frieden zugenommen hat, sind sie weniger „Krieg" im Außen begegnet.

Die Friedens-Strategie in Teil II kann Ihnen in Zeiten helfen, in denen Sie merken, daß Sie darauf warten, daß andere „Ruhe geben" oder „Ihnen freundlich entgegenkommen" sollten.

In meinem Taschenbuch *StoryPower* finden Sie diese Story und die besondere Bedeutung, die sie für eine Trainerkollegin hat, welche seit ihrer Kindheit von ihr profitierte.

Frieden setzt **gewaltfreie Kommunikation** voraus – und das gilt sowohl für die private Ebene wie auch für das friedliche Miteinander zwischen Völkern. Das Konzept der gewaltfreien Kommunikation beschreibt Marshall B. ROSENBERG in seinem gleichnamigen Buch.

Vgl. **D**, Dank (S. 98 ff.): Wir können keine Dankbarkeit fühlen, ohne daß ein gewisser Frieden in unser Herz einzieht; **Beten** (S. 93 f.) und **Segnen** (S. 104): Beide werden oft vollkommen verkannt, können aber immens helfen, Frieden in uns zu stiften; vgl. auch **Bedingungslose Liebe** (S. 94 ff.) und **Friedens-Strategie** (S. 103 f.).

C

Charakteristische Ärger-Reaktion

Bitte überlegen Sie kurz, wie Sie Verhalten lernen. Wie lernen Sie, was Sie wie (oder anders als bisher) tun sollen? Wie verläuft der Lernprozeß? Woher erhalten Sie die notwendigen Informationen? Wie integrieren Sie diese in Ihre Handlungsweise? Wir können auf zwei Wegen lernen.

Zwei Lernwege für Verhalten (= HAND-lungen) 1. Über die „Lippe" 2. Durch Imitation

Zwei Lernwege für Verhalten (= HAND-lungen)

1. Über die „Lippe" (also, indem man uns sagt, was wir tun und lassen müssen bzw. wie wir etwas tun sollen, z.B. Anweisungen, Vorschriften, REGELN).

2. Durch Imitation.

Viele Leute nehmen fälschlicherweise gerne an, die Lippe sei der bessere Weg, deshalb reden wir immer wieder endlos an andere hin. Der Mann einer alten Freundin in London pflegte zu sagen: „If I've told you once, I have told you a thousand times!" Diese bekannte Redewendung (meist seufzend oder ungeduldig vorgebracht) entspricht in etwa unserem: „Ich habe mir den Mund schon fusselig geredet und du machst es immer noch/wieder falsch!"

Das heißt, hier jammert jemand, weil der Lernweg via Lippe nun mal nicht sehr gut funktioniert. Oder was halten Sie von Chefs, die ihren Mitarbeitern immer wieder sagen, wie wichtig der Kunde bzw. wie wichtig die Kundenbeziehungen seien etc., und dann, wenn ein Kunde anruft (um z.B. zu reklamieren), Bemerkungen machen wie: „Der Trottel sollte doch erst in der Gebrauchsanleitung nachlesen, ehe er uns hier mit seinem Sch... nervt!" (Ein echtes Beispiel!) Das lebt der Chef vor!

Nun neigen manche dazu anzunehmen, Imitationslernen gälte vorrangig für Affen und kleine Kinder. Falsch. Auch bei Erwachsenen ist Imitation der beste Weg.

Ich erzähle seit Jahren im Seminar das Beispiel von dem neuen Kollegen, der andauernd „superaffengeil" sagt (wählen Sie einen Ausdruck, der sie „ohne Ende nervt", und setzen Sie ihn bitte hier ein). Nun müssen Sie nämlich höllisch aufpassen, denn in ca. 3 Wochen werden Sie sich in einer vergleichbaren Situation genau das sagen hören! Da können Sie Gift darauf nehmen. Halten wir also fest:

1. Der Weg über die HAND-lungen unserer Mitmenschen ist weit effizienter als der über die Lippe.
2. Im Zweifelsfall siegt das vorgelebte Verhalten.

> **Der Weg über die HAND-lungen unserer Mitmenschen ist weit effizienter als der über die Lippe.**
>
> **Im Zweifelsfall siegt das vorgelebte Verhalten.**

Gibt es eine „Schere" zwischen beiden, so werden die Leute **tun**, was wir ihnen **vorleben**, nicht was wir ihnen sagen! Und darum haben wirklich mit-reißende Chefs und Chefinnen wenig Führungsprobleme, be-GEIST-erte LehrerInnen faszinierte SchülerInnen, überzeugte VerkäuferInnen wenig Stornos etc.

Nun haben wir unser Verhalten bei Ärger vielleicht auch durch Imitation übernommen. Zwar gibt es weit stärkere genetische und neurophysiologische (z.B. hormonelle) Aspekte, als man lange wahrhaben wollte, aber: Wenn auch der Hang zu Jähzorn angeboren sein mag, so ist die Art, wie wir ihn ausleben, stark von den HAND-lungen geprägt, die wir unbewußt und effizient imitiert haben. Schreien wir? Schlagen wir gar (wir wissen heute, daß die meisten Eltern, die ihre Kinder mißhandeln, selbst als Kinder von ihren Eltern gepeinigt worden waren)? Oder gehen wir aus dem Zimmer und beruhigen uns durch irgend ein Ritual? Oder verlassen wir kurzfristig das Haus und machen einen schnellen forschen Spaziergang, um das Gespräch anschließend um einiges ruhiger weiterzuführen?

Inventur: Schreiben Sie mal auf, welches **Ihr** Lieblings-Verhalten ist, wenn Sie so richtig in Wut geraten; überlegen Sie dann, wem Sie dieses Vorgehen abgeschaut haben könnten.

Wenn Sie (wie ich!) feststellen, daß Sie einige ziemlich aggressive Modelle gekannt haben, dann könnten Sie Maßnahmen ergreifen. Es gilt, für sich zu nutzen, was ich den **Columbo-Effekt**© nenne (siehe Teil II, S. 96).

D Denken oder Fühlen

Wollen wir uns kurz der Physiologie von Gedanken und Emotionen zuwenden, also jenen neuronalen und physiologischen Prozessen, die

→ unsere Gedanken und Gefühle hervorbringen (sagen die einen), oder die

→ mit unseren Gedanken und Gefühlen einhergehen (sagen die anderen).

Egal, ob diese Prozesse unsere Gedanken „machen" oder nur begleiten, wir sollten ein wenig mehr darüber wissen, wenn wir unsere Gefühle (z.B. Zorn) besser managen wollen. Schließlich unterscheiden sich Gehirn-Besitzer, die es im Schädel spazierentragen, gerade darin von echten Gehirn-Benutzern, die sich die Prozesse in ihrem Kopf zunutze machen. Das ist ja die Grundlage dessen, worum es mir immer geht, dessen, was ich als **gehirngerechtes** Vorgehen bezeichne.

Seit 1969 brain-friendly (in den USA); später in Deutschland gehirngerecht (mit Bindestrich!!); noch später für Holland hersenenvriendlijk und Ende der achtziger Jahre kam dann noch cerveauphile für den frankophonen Bereich hinzu.

Während man früher von der Annahme ausging, Gedanken seien „trocken" (sprich: elektrischer Natur), Gefühle hingegen „feucht" (weil sie mit Hormonen einhergehen), wissen wir heute: **Beide Prozesse sind „feucht".** Man hat im Gehirn mehr Neuro-Peptide entdeckt (gleichsam Kopf-Hormone) als Hormone der anderen endokrinen Drüsen zusammengenommen. Also können wir Denken und Fühlen nicht mehr so einfach voneinander trennen, diese Grenzschranke wurde Ende der achtziger Jahre erstmals hochgezogen und Mitte der neunziger Jahre weggeräumt, seither gilt das ganze Gehirn als feucht; man spricht sogar von „Wet Brain" (wet = naß).

Es sprechen immer mehr Indizien dafür, daß in Zeiten von akutem Streß eine neuronale Endlosschleife im Kortex eingerichtet werden könnte und daß es keine Frage der Psychologie ist, aus dieser zu entkommen, sondern einer der Physiologie. Wer also eine einschneidende Begegnung in seinem Leben keinen Augenblick „vergessen" kann, sollte einen Neurologen aufsuchen, der lebenslanges Lernen auf seine Fahne geschrieben hat.

Nun sieht es immer mehr so aus, als seien Gedanken und Gefühle physiologisch weit mehr verbunden, als man früher annahm. Außerdem zeigen uns bildgebende Verfahren (z.B. PET-Scanner), mit denen wir Menschen beim Denken und Fühlen ins lebendige Gehirn sehen können, wie eng verbunden alles ist. Bestimmte Gedanken lösen bestimmte Gefühle aus. Denkt man denselben Gedanken wieder, so geht er auch wieder mit dem gleichen Gefühl einher. Das kann man heute messen. Messen kann man auch die Streß-Werte, mit denen solche Gedanken-Gefühls-Kombinationen einhergehen.

Wenn dieser Stressor (= Streß-Auslöser) in der Vergangenheit ein bestimmtes Gefühl in uns hervorrief und wenn Ähnliches heute diese alten Gefühle in uns jedesmal wieder re-konstruiert, dann können wir daraus schließen:

> Die neuronalen und „feuchten" (endokrinologischen) Vorgänge im Blut und im Gehirn müssen jedesmal gleichartig sein.

Dies wurde inzwischen nachgewiesen. Wir wissen heute:

> Es reicht in der Regel ein konkreter Gedanke an solche Verhaltensweisen oder Situationen, um die dazugehörenden **Gefühle auszulösen**. Diese aber intensivieren sich dramatisch, wenn wir darüber reden!

Vgl. auch **J** (Jammern & über Ärger reden, S. 41 ff.).

Aus diesem Grund rate ich Ihnen davon ab, über unangenehme Ärger-Auslöser zu jammern, herumzunörgeln etc. Aber das gilt natürlich auch im positiven Sinne:

1. Darum reden wir so gerne über unsere Lieblings-Themen; sie sind nämlich für uns mit positiven Gefühlen verknüpft. Und:
2. Deshalb mögen wir Menschen nicht, die sich **nicht** für unsere Lieblings-Themen erwärmen, denn sie berauben uns der angenehmen (warmen) Gefühle, die beim Gespräch darüber entstehen, weil ja schon unsere Gedanken daran diese positiven Gefühle „machen".
3. Umgekehrt können wir einiges selber tun, um uns selbst an positive Dinge zu erinnern, auf daß die guten Gefühle in uns entstehen. Und weil dies so wichtig ist, finden Sie in Teil II mehrere Ansätze hierzu!

Vgl. Teil II: **Training mal Zwei**, 2. Training der Gefühle (S. 153 ff.) und **WORK = Welt als Spiegel** (S. 166 ff.).

Energie

E

Daß Ärger Kraft kostet, wissen wir, aber wir machen uns selten klar, welche Art von Kraft wir in den Ärger investieren (bzw. für den Ärger „ausgeben" oder für den Luxus unseres Ärger-Gefühles „bezahlen" müssen).

Mein **A-B-C-D-E-Energie-Modell** befindet sich in zweien meiner Bücher, weil es so wichtig ist. Daher habe ich es im vorliegenden Buch in das Merkblatt 3 (S. 177 ff.) „gepackt". Wer es kennt, kann gleich weiterlesen. Andernfalls bitte erst zum Merkblatt „springen", danke.

Zwar gehört Ärger physiologisch zum A-Bereich, weil wir Streß-Hormone produzieren, die unser Immun-System schwächen und zum B-Bereich, wenn wir uns persönlich angegriffen, nicht respektiert etc. fühlen, was immer auf unser Selbstwertgefühl drückt. Dabei gilt natürlich die goldene Energie-Regel: Was vorne zuviel benötigt wird, fehlt hinten, also „bezahlen" wir Ärger immer mit Lebens-Qualität.

Erst der D-Bereich (professionelle Leistungen, hohe Kompetenz) und der E-Bereich (Er-WEIT-erung unseres Horizontes, unserer Insel = lebenslanges Lernen; Entwicklung unserer Persönlichkeit, im Gegensatz zum Status Quo = Stillstand) machen unser Leben lebenswert. Deshalb ist meine Lieblings-Assoziation zu diesem E-Bereich „Ent-DECK-ungen".

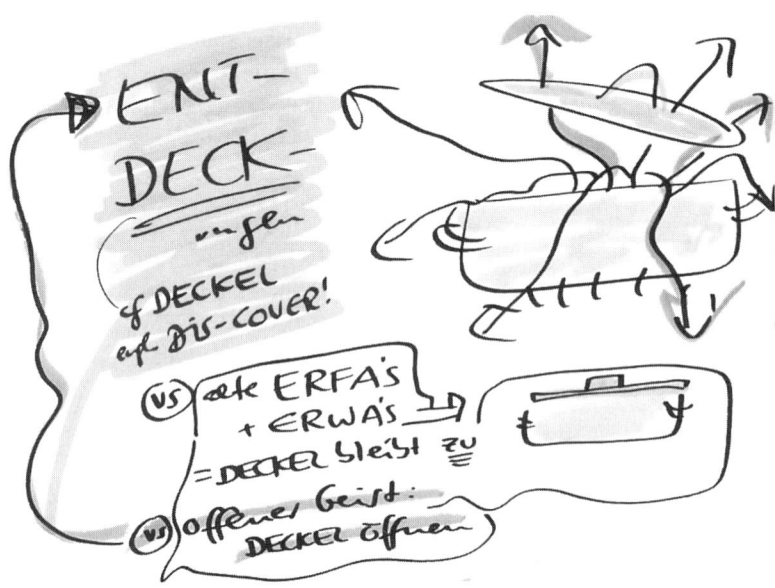

Die Bereiche A bis C finden wir schon bei den Menschenaffen, aber bei diesen „Verwandten" scheinen D und E noch weitgehend zu fehlen. Diese beiden besonders „menschlichen" Bereiche haben wir zu einem Grad entwickelt, den es davor nie gab. Und dann gefährden wir genau das, was uns besonders menschlich machen würde. Wir opfern die Chance, ein **homo** (Mensch) **sapiens** (wissend, weise) zu sein, denn die Bereiche A bis C beschreiben eher ein Wesen, das ich als ho**R**mo sapiens bezeichne: einen von Kampf-Ho**R**monen und **R**eptilien-Gehirn gesteuerten (Halb-) Wissenden. Wenn wir uns also zu oft, zu intensiv, zu lange und vor allem mit zuviel Haß ärgern, dann verlieren wir, was uns besonders menschlich machen könnte.

Bei Krankheit/Streß bleiben zu wenige der menschlich-machenden E-Energien übrig.
WIR WERDEN GELEBT!

Im Gegensatz dazu gilt:
Wir LEBEN (auf), wenn wir genügend E-Energien für Entwicklung, Ent-DECK-ungen frei haben!

Wir wissen heute, daß nicht nur „primitive Tiere" (wie Ameisen) regelmäßig Gewalt gegen Artgenossen ausüben, auch sehr hochrangige Primaten (zu denen wir gehören) tun dies: **Gorillas** verprügeln schwächere Mitglieder, insbesondere Weibchen, in gewissen Abständen (etablieren also eine Herrschaft durch Angst in ihrem Harem). **Orang-Utans** vergewaltigen ihre Weibchen regelmäßig und **Schimpansen** führen ebenso regelmäßig Krieg gegen Artgenossen, die sie systematisch und gnadenlos zu Tode hetzen, prügeln, beißen oder deren innere Organe sie herausreißen (vgl.

Schimpansen foltern und töten sogar Artgenossen, die sie persönlich gut kennen und mit denen sie einst enge Freundschaften verband. Wenn sich eine Horde in zwei Gruppen teilt, die benachbarte Gebiete bewohnen, wird oft nach einigen Jahren die stärkere Gruppe die ehemaligen Freunde (Kindheitsspielkameraden, ja sogar Vettern und Cousinen) systematisch ausrotten. Dies geschieht, indem Kampftruppen den ehemaligen Freunden auflauern und, wenn sie auf einzelne Tiere oder schwächere Gruppen stoßen, diese so stark verletzen, daß die Opfer in der Regel innerhalb von 2 bis 20 Stunden sterben.

Vgl. W (WORK, in Teil I, S. 82 ff., und Teil II, S. 166 ff.).

Randspalte). Damit ist das Märchen, nur der Mensch kenne eine systematische Kriegsführung für materiellen (oder Gebiets-)Gewinn, widerlegt.

Affen hängen weitgehend ab
1. von ihren Genen und
2. von der Umwelt (man kann sie zu mehr Friedlichkeit erziehen).

Menschen aber können nachdenken und andere Entscheidungen treffen, wenn sie mit ihrem Zorn besser klarkommen möchten als ihre tierischen Verwandten.

Es gibt allerdings auch eine Menschenaffenart, die gelernt hat, mit Aggression anders umzugehen: die Bonobos. Sie schalten um auf Zärtlichkeit bis hin zu sexuellem Verhalten, unabhängig von Geschlecht oder hierarchischem Rang des Partners, so daß daraus eine Gesellschaftsform entstand, die die meisten Menschen nicht gutheißen würden. Aber es zeigt, daß es Möglichkeiten gibt, Zorn nicht-aggressiv zu verarbeiten. Die Bonobos nutzen ihr Gehirn in einer seiner wichtigsten Funktionen: als primäres Sexual-Organ. Wir Menschen könnten unser Gehirn in einer weiteren wichtigen Funktion zu nutzen lernen: als Denk-Instrument. Das ist das Ziel gewisser rationaler Ansätze gegen Ärger, von den Stoikern wie Marc Aurel über William JAMES (bis zur vorletzten Jahrhundertwende) zu neueren Ansätzen ab 1914 (Alfred ADLER) und bald darauf Viktor FRANKLs Trotzmacht des Geistes (gegen unangenehme Gefühle) und Albert ELLIS' Rational-Emotive-Therapie (RET). Eine neuere Variante macht es uns leichter denn je, uns rational mit unserem Zorn auseinanderzusetzen und ihn zu entschärfen!

Wir können uns jeden Tag, jede Stunde, jede Minute entscheiden, ob wir uns **effizienter ärgern** wollen (kürzer, weniger intensiv, seltener) oder ob wir unsere Feindseligkeit leben wollen. Letzteres heißt im Klartext, daß wir von unserem Haß „gelebt werden", während Anti-Ärger-Strategien bedeuten, daß wir unser Leben in die Hand nehmen.

DECKEL bleibt drauf!

ENT-DECK-ungen

Kosten E-ENERGIE

Nur so können wir Energien für Ent-DECK-ungen befreien. Neugierde kostet Kraft, und zwar E-Energie. Entwicklungs-Prozesse (z.B. zu lernen, sich effizienter zu ärgern) ebenso. Das wäre meines Erachtens besonders menschlich.

Vom Standpunkt unseres **Energien-Haushaltes** ist das die beste Entscheidung, die wir treffen können! Sie sehen also, wir brauchen gar keine „hehren" altruistischen Ziele für mehr Menschlichkeit, tun Sie es doch einfach aus purem Egoismus.

Vgl. **H** (HERAUS-Forderung, S. 36).

Freund oder Feind

Strategie Nr. 1

Es ist erschreckend, wie viele Menschen ihren Mitmenschen feindliche Absichten entweder bewußt unterstellen („Der wollte mich doch nur ...!") oder aber unbewußt davon ausgehen. Denken Sie mit: Eine große Anzahl an Ärger-Situationen beruht auf einem „läppischen Mißverständnis", das sich aber nur in einem Bruchteil der Fälle als solches herausstellen kann. Wenn wir den anderen bzw. seine Motive als „feindlich" eingestuft haben, dann verhalten wir uns so, als seien sie feindlich gewesen. Dadurch lösen wir ähnliche Impulse in ihm aus, und bald werden sie feindlich sein – auf beiden Seiten! Und nun geht der Ärger in die nächsthöhere Stufe:

> Je weniger wir mit dem „Feind" reden, desto schlimmer wird alles, weil wir ja ohne zu sprechen nie feststellen können, in welcher Hinsicht jeder die Dinge nur anders interpretiert hatte.

Fallen Ihnen spontan Situationen ein, bei denen Sie im nachhinein auf ein Mißverständnis „gestoßen" sind? Dann erinnern Sie sich doch bitte einen Augenblick an all die unguten Gefühle, die alle Betroffenen erleiden mußten, solange jeder vom anderen doch „nur das Schlimmste" annehmen „mußte". Notieren Sie Stichpunkte, um diese Situationen zu identifizieren (damit sie Ihnen für alle Zukunft eine Lehre sein könnten):

→ _____
→ _____
→ _____
→ _____

Beispiele für Mißverständnisse

Besonders traurig ist: Wir schaffen hier einen **Nährboden** für **selbsterfüllende Prophezeiungen** (die der Harvard-Professor MERTON in den fünfziger Jahren des letzten Jahrhunderts erstmals wissenschaftlich nachgewiesen hat). Weil ich annehme, der andere sei mir feindlich gesinnt, benehme ich mich entsprechend; dadurch aber mache ich ihn so, und bald blicke ich zurück (auf eine Reihe von Auseinandersetzungen) und bin überzeugt davon, all diese Feindlichkeit sei von Anfang an vorhanden gewesen.

Es gibt tausende von Gründen für derartige Aneinander-Vorbei-Mechanismen. Hier einige Möglichkeiten:

Möglichkeit 1: Andere Prioritäten

Der „fiese Feind" hat andere Prioritäten, daher empfindet er einen Aspekt der Angelegenheit als weniger wichtig (als wir).

Ich ärgere mich, wenn AutorInnen, LehrerInnen, TrainerInnen etc. ihre Quellen nicht angeben, weil sie dadurch die (oft jahrelange) Arbeit anderer plagiieren (klauen). In einem meiner Verlage gab es einmal einen Hersteller, der regelmäßig einige meiner „heiligen" Fußnoten mit Quellen „vergaß". Natürlich unterstellte ich sofort bösen Willen. Da die Angelegenheit auf meiner Prioritäts-Skala bei 95 % liegt, reagierte ich regelmäßig so, als hätte ihm das klar sein müssen. Nur, solange ich ihm das nicht erklärte – woher sollte er das wissen? Im Zweifelsfall geht er von seiner „Insel" aus; dort mag wissenschaftliche Exaktheit untergeordnet (oder gar nicht vorhanden) sein. Für ihn ist das Aussehen der Seite wichtiger. Wenn nun eine Fußnote nicht mehr auf die Seite paßte, dann neigte er dazu, sie wegzulassen. Deshalb schlug ich natürlich Krach (einen 95-Prozent-Krach), der im Hinblick auf seine niedrige (oder fehlende) Priorität überhaupt keinen Sinn ergab. Merke:

Wann immer jemand sich „über alle Gebühr" aufregt: Es ist **niemals** „über Gebühr" in **seiner** Insel, nur in unserer!

Wenn wir lernen, die Aufregung als möglichen Indikator seiner Werte-Skala zu sehen (fragen wir doch, wieviel Prozent er/sie dieser Sache geben würde), dann können wir gemeinsam unterscheiden zwischen: Schreien, weil gerade wegen einer anderen Sache

Jeder mißt mit seinem Maßstab.

Insel bzw. Insel-Modell, vgl. S. 76 ff.

sauer (Zorn-Skala auf 180!), oder nach-DRÜCK-lich (laut) reden, weil diese Sache immens wichtig ist (Prioritäts-Skala 95 %).

Möglichkeit 2: Zwänge des „Feindes"

Der „fiese Feind" steht unter Zwängen. So ärgerte sich ein Leser meines Birkenbihl-Beratungs-Briefes über seine Mitarbeiterin, die es abends immer wahnsinnig eilig hatte, das Büro zu verlassen. Er erzählte mir davon in der monatlichen Hotline und sagte:

> Ich neige dazu, wichtige Besprechungen nach 16 Uhr zu beginnen, wenn die Telefon-Kernzeit vorbei ist, damit man in Ruhe miteinander sprechen kann. Das müßte sie als Frau ja eigentlich goutieren, es heißt doch immer, wir Männer seien nicht gesprächsbereit, oder? Nun, sie weiß das genau, aber trotzdem besteht sie darauf, per Gleitzeit-Regelung um 16.30 Uhr zu gehen!

Ich fragte, ob er denn wisse, warum sie das täte. Dies löste einige Sätze über ihre „totale Sturheit" etc. aus, aber ich wiederholte meine Frage. Letztlich stellte sich heraus, daß er keine Ahnung hatte. Er war genausowenig auf die Idee gekommen, sie zu fragen, warum sie so überpünktlich ginge, wie ich damals auf die Idee gekommen war, den Hersteller zu fragen, warum immer wieder Quellenverweise aus meinen Manuskripten verschwanden. Also vereinbarten wir, er werde sie fragen und mir dann faxen. Falls er meinte, dann noch Hilfe zu brauchen, würde ich ihn zurückrufen und das Hotline-Gespräch fortsetzen. Zwei Tage später kam das Fax:

> „Sie werden es nicht glauben! Sie hat ein Kind und ist geschieden. Wenn sie nicht rechtzeitig bei der Tagesmutter auftaucht, die mit einem eigenen behinderten Kind zur Therapie muß, dann landet ihr Sohn bei einer „netten" Nachbarin, die ihn jedoch nur vor dem Fernseher parkt, und genau das will sie vermeiden. Ich bin so erleichtert, daß es so einfach ist und habe ihr versprochen, in Zukunft mit ihr früher, vor der Telefon-Kernzeit, zu sprechen. Das ist für uns beide akzeptabel; Sie brauchen also nicht zurückzurufen. Danke."

Weil wir uns aufgrund von purem „Hörensagen" (vor Gericht verboten!) oft über unsere Mitmenschen aufregen bzw. geängstigt oder verärgert reagieren, so als hätten sie tatsächlich gesagt oder getan, was man uns zugetragen hat, möchte ich Ihnen zwei Fallbeispiele dafür anbieten. In solchen Fällen gilt: Prüfen Sie Ihre Prämissen (prä = vor, Prämissen = vor-gegebene Infos)!

Möglichkeit 3: Des-Information (Fall 1)

Jeder baut auf Fehlinformationen über den „fiesen Feind" auf.

Jeder baut auf Fehlinformationen über den „fiesen Feind" auf. Ein Vertragspartner schien sich absolut nicht an Abmachungen zu halten. Ich rief immer wieder unseren Gewährsmann an (eine Person, der beide Seiten vertrauten, und die wir gegenseitig immer wieder einschalteten, um unseren Standpunkt „drüben" bekannt zu machen). Leider gab diese Person anscheinend nur Bruchteile der Infos weiter, so daß beide Seiten überzeugt waren, der Vertragspartner sei extrem „fies". Dies klärte sich erst in einem Meeting (mit Anwalt), nach Ausscheiden des Vertrauensmannes; nun mußten wir direkt miteinander reden.

Jeder legte jede Silbe auf die Goldwaage.

Die ersten Stunden waren sehr hitzig, jeder legte jede Silbe auf die Goldwaage und war sofort bereit, abzuspringen und einen Vertragsbruch nachzuweisen. Aber nach einer Weile begannen wir zu begreifen, wie viele Mißverständnisse zwischen uns lagen, und langsam konnten wir eine neue Basis erarbeiten.

Dennoch dauerte es lange, bis wir unsere monatelangen Grabenkämpfe vergessen konnten. Drei Wochen nach dem Meeting wollte einer der beiden Herren der „Gegenseite" mir frohe Weihnachten wünschen, und sofort vermutete ich irgendeine faule Angelegenheit. Inzwischen beginnt die Situation sich zu entspannen, und beide Seiten beginnen (wieder) anzunehmen, daß wir einander vielleicht doch trauen können. Davon waren wir vor knapp einem Jahr ausgegangen, als wir den besagten Vertrag miteinander abgeschlossen hatten.

Natürlich könnten wir jetzt sagen, der Vertrauensmann war schuld. Aber darum geht es nicht. Was wir in dieser langen vorweihnachtlichen Verhandlung eindeutig feststellten war: Jede Seite hätte jederzeit versuchen können, direkten Kontakt zum „Gegner" aufzunehmen, aber wir hatten es beide nie versucht! Merke:

> Je verbissener zwei Parteien der jeweilig anderen Böses andichtet, desto dringender wird die Frage: Wann haben Sie das letzte Mal direkt miteinander kommuniziert?

Vielleicht möchten Sie eine E-Mail (ein Fax, einen Brief) mit den dringendsten Fragen lossenden und dem „fiesen Feind" die Möglichkeit geben, etwaige Mißverständnisse aufzuklären? Wenn dieses Vorgehen uns auch nicht immer zum Gewinner des goldenen

Eisschrankes macht, in vielen Fällen ist es das Beste, was Sie tun können!

PS: Ein klärendes Gespräch kann man gut mit einer Story einleiten, die zeigt, wie man (oder jemand) in der Vergangenheit durch ein Mißverständnis ... (vgl. vorherigen Abschnitt; deshalb biete ich Ihnen ja diese Beispiele an). Das bricht das Eis oft besser als jede direkte Frage und bereitet den Boden vor, nach Parallelen in der Geschichte zu suchen. Damit aber schalten wir auf kreatives, suchendes Denken um.

Vgl. auch mein Taschenbuch StoryPower (mit zahlreichen Stories).

Möglichkeit 4: Des-Information (Fall 2)

Der „fiese Feind" baut auf Fehl- oder Des-Informationen auf. Eine Seminar-Teilnehmerin erzählte mir, sie sei Anwältin und habe sich auf Nach-Scheidungs-Probleme spezialisiert, wenn z.B. die Eltern um das Kind kämpfen. In diesem einen Fall vertrat sie einen ausländischen Vater, dessen Ex-Frau ihn partout vom Kind fernhalten wollte, wiewohl die beiden sich bei der „freundlichen" Scheidung auf gemeinsame Erziehungsrechte geeinigt hatten. Es gab einige Wochen lang äußerst peinliche Situationen, bis sich herausstellte: Sie hatte angenommen, er wolle seinen Sohn in sein Heimatland mitnehmen, weil er gesagt hatte, er freue sich darauf, daß sein Sohn bald die Großfamilie kennenlernen würde. In Wirklichkeit stellte sich heraus, daß seine (seit 23 Jahren) in Deutschland lebenden Eltern Goldene Hochzeit feiern würden und daß – der Tradition gemäß – alle Verwandten ersten und zweiten Grades zum Wohnort der Jubilare reisen müßten, also nach Deutschland. Dort wollte er stolz seinen Sohn mit dessen Onkeln und Tanten bekannt machen.

Merke: Wenn wir aufgrund einer falschen Schlußfolgerung unsererseits (wie hier) zu einer Annahme über die Situation kommen, dann halten wir unsere eigene Meinung hierüber für Fakt! Unser Gehirn ist nicht wirklich gut darin, Fakten von Annahmen, Meinungen, Hoffnungen etc. zu trennen, deshalb dauert es Jahre, bis Kinder dies ansatzweise schaffen (ab ca. 8 Jahren), und auch danach gelingt es uns immer nur ungenügend. Dies ist ein gutes Fallbeispiel, weil es einen typischen Mechanismus aufzeigt.

Daraus können wir eine Lehre ziehen (vgl. auch Möglichkeit 3 und 4, S. 28 f.):

Haben Sie Zweifel, überprüfen Sie Ihre Prämissen!

Senden Sie eine E-Mail (ein Fax oder einen Brief) und bitten Sie, zu einigen Fragen kurz Stellung zu nehmen. Wenn die Mutter (Möglichkeit 4) das getan und gefragt hätte: „Wann hast du vor, unseren Sohn ...?", hätte er mit „Nie!" oder „Wieso? Was meinst du?" o.ä. reagiert, und es wäre allen Beteiligten eine Menge Ärger (und Anwaltskosten) erspart geblieben. Denken Sie insbesondere in solchen Fällen daran, was es für das Kind bedeutet: Da haben wir vernünftige Eltern, die sich freundschaftlich trennen und das Kind weiterhin gemeinsam betreuen, also eigentlich optimal. Und dann verseucht ein Partner aufgrund einer falschen Schlußfolgerung wochenlang das Klima, statt einmal mit dem anderen zu reden! Das kann man als Beobachter nicht nachvollziehen. Aber als Betroffene/r sehr wohl, denn:

Solange man die eigene unzulängliche (falsche) Schlußfolgerung für eine Tatsache hält, solange benimmt man sich so, als sei sie wahr!

Das kann nur Aufklärung beenden! Also: Das nächste Mal, wenn Sie sich „maßlos" über einen „fiesen Feind" aufregen, lesen Sie diesen Abschnitt noch einmal!

Möglichkeit 5: Andere Motive

Der „fiese Feind" schließt von sich (von seiner Insel) auf uns und unterstellt seine (aber für uns völlig unpassenden) Motive. Dadurch aber muß die Angelegenheit aus seiner Perspektive dramatisch anders auf ihn wirken. So nahm mein Webmaster einmal an, ich würde regelmäßig in unserer *Wandzeitung* (www.birkenbihl.de) über geplante nächste Schritte reden (z.B. „Demnächst in unserem neuen Forum ..."), um ihn unter Druck zu setzen – um ihn quasi zu ver-GEWALT-igen, wenn er mal wieder mehr Probleme lösen mußte, als er ursprünglich erwartet hatte. Tatsache war, daß ich unseren Insidern voller Freude mitteilen wollte, was demnächst zu erwarten sei. Ich hätte im Leben niemals angenommen, daß jemand das so interpretieren könnte. Nachdem wir das einmal abgeklärt haben, können wir beide viel besser damit umgehen.

Ich bin sicher, Ihnen fallen sofort einige Beispiele aus Ihrem Leben ein, bei denen sich im nachhinein ähnliche Irrtümer feststellen ließen. Deshalb möchte ich Ihnen raten: Im Zweifelsfall für den Angeklagten.

Seien Sie genauso fair wie eine Jury in einem Gerichtssaal, und verurteilen Sie keinen scheinbaren „fiesen Feind", ehe Sie den Fall nicht untersucht haben.

Minimal-Strategie: Geben Sie sich und Ihren Kontrahenten die Chance herauszufinden, ob ein Mißverständnis vorliegt ...

Glauben Sie wirklich, die selbsterfüllende Prophezeiung findet nur statt, wenn Sie „das Schlimmste" befürchten?!

Für Fortgeschrittene: Gehen Sie davon aus, der andere sei Ihr Freund, und handeln Sie so, als sei er Ihr Freund. So erzeugen Sie nämlich die selbsterfüllende Prophezeiung in die positive Richtung. Ich weiß, viele meiner Seminar-TeilnehmerInnen winken nun müde ab, aber: Man kann erst wissen, ob so etwas möglich ist, nachdem man es ausprobiert hat! Schließlich haben Sie in vielen Fällen garantiert das Gegenteil geschafft! Sie nahmen an, jemand sei „fies", benahmen sich „dementsprechend" und bald war er fies. Oder sind Sie die große Ausnahme, der das noch niemals passiert ist? Gratulation!

Ich schätze die Zahl der Fälle, in denen der vorgebliche „fiese" Feind Ihnen wohlgesonnen ist (wenn Sie ihn nicht dauernd verletzen), weit höher ein, als Sie im ersten Ansatz vielleicht glauben.

Lassen Sie sich darauf ein, wie ein/e ForscherIn zu sehen, was sich ergeben wird?

G

Gefühle

Seit einigen Jahrzehnten zeigen Arbeiten auf dem noch relativ neuen Forschungszweig PNI (Psycho-Neuro-Immunologie) in wachsendem Maße, daß Gefühle krank machen können. Der Volksmund weiß dies schon lange. Dies spiegeln Redewendungen wie „Das macht mich krank" oder „Ich kriege die Krätze" u.ä. wider.

Aber inzwischen hat sich auch herausgestellt, welche Gefühle positiv wirken, d.h. gesundmachende Wirkung ausüben.

Vielleicht möchten Sie, ehe Sie weiterlesen, ein wenig nachdenken (optimal wären Notizen).

Vgl. auch **B** (Bedingungslose Liebe, S. 14 ff.).

Im Seminar besprechen die TeilnehmerInnen ihre Quiz-Ergebnisse oft in Kleingruppen, ehe der Vortrag fortgeführt wird. Das könnten Sie in diesem Buch-Seminar auch; zumindest könnten Sie mit einer interessierten Person telefonieren (oder chatten), **bevor** Sie weiterlesen, wenn Sie wollen.

Ein kleines Quiz:

Frage 1: Welche Gefühle haben die HEIL-endste Wirkung?

Meine erste Wahl: _____

Meine zweite Wahl: _____

Frage 2: Gilt die krank- bzw. gesundmachende Wirkung von Emotionen nur bei „echten" Gefühlen im „echten" Leben, oder gilt sie auch bei gespielten Gefühlen (wenn wir z.B. eine Theaterrolle darstellen)?

❏ a) Nur „echte" Gefühle haben die volle Wirkung.

❏ b) Die Wirkung wird auch bei gespielten Gefühlen ausgelöst.

Frage 3: Was ist eigentlich ein Gefühl (gegenüber *Stimmung* und *Temperament*)? Können Sie „Gefühl" definieren? Könnten Sie spontan mindestens 10 Gefühle auflisten?

1. _____
2. _____
3. _____
4. _____
5. _____
6. _____
7. _____
8. _____
9. _____
10. _____

Haben Sie kurz nachgedacht, ehe Sie fortfahren? Es ist spannend, wenn man aktiv mitdenkt. Beginnen wir mit Frage 2:

Zu Frage 2: Gilt die krank- bzw. gesundmachende Wirkung von Emotionen nur bei „echten" oder auch bei gespielten Gefühlen?

Im Gegensatz zur landläufigen Meinung ist es Ihrem Immunsystem vollkommen gleichgültig (es ist also gleichermaßen gültig), ob Sie ein Gefühl „leben" oder nur „spielen". Viel wichtiger ist der Grad (die Intensität) des Gefühls. Wenn Sie eine Theaterrolle spielen und täuschen den von der Rolle geforderten Ärger so gut vor, daß das Publikum es „nachempfinden" kann, dann schwächt dies Ihr Immun-System genau so, wie wenn Sie echten Ärger empfinden! Theoretisch würde es auch das Immun-System des Publikums schwächen, aber eine kleine Ärger-Szene zwischen anderen ist zu kurz, um bei den Zuschauern viel Schaden zu bewirken. Nehmen wir an, ein Charakter (namens Böse) taucht zehnmal kurz in dem Stück auf und muß jedesmal zornerfüllt herumschreien, Leute angreifen, meckern, „Gift und Galle spucken" etc. Diese zehn Mini-Szenen sind für das Publikum eingebettet in all die anderen Momente, also ist ihre Wirkung kurzfristig für die Zuschauer nicht schlimm (solange nicht das ganze Stück aggressiv ist). Erinnert Sie das an Filme, die sich von einer Aggressivität zur nächsten bewegen? Glauben Sie immer noch, daß es Ihrem Immun-System nichts ausmacht, wenn man sich diesen Giften aussetzt, regelmäßig, vielleicht sogar mehrmals pro Woche ...?

Bleiben wir beim Theaterstück, in dem einer den Bösen spielt, der im ganzen Stück immer wieder kurz auftaucht, jedesmal voller negativer Gefühle. Für den Schauspieler, der diese Rolle spielt, sieht die Bilanz anders aus: Er verkörpert ja (im Wortsinn, d.h. mit seinem Körper!) das Böse (Aggressive), es ist seine **heutige** Rolle, er spielt nichts anderes, er muß während der ganzen Vorstellung in den unangenehmen Gefühlen „hängenbleiben". **Daher schwächt diese Rolle sein Immun-System.**

Im kleineren Maß gilt dies für Rollenspiele jeder Art – ja, es gibt Fachleute, die zwischen (Rollen-)Spiel und dem sogenannten „echten" Leben überhaupt keine Trennlinie ziehen, weil sie sagen: neurologisch, endokrinologisch und neurophysiologisch ist es vollkommen gleichgültig, ob wir „leben" oder eine Rolle spielen! Jedes Gefühl geht mit gewissen körperlichen Erscheinungen einher. Daher gilt die Regel:

Ändere das Gefühl, und diese neurophysiologischen Prozesse ändern sich ebenfalls.

Natürlich sollte der Schauspieler solche Rollen in Zukunft ablehnen. Wenn er aber vertraglich gebunden ist und vorläufig meint, so eine Rolle annehmen (oder weiterspielen) zu müssen, sollte er gezielt gegen den Schaden angehen, indem er sich mindestens die **doppelte Anzahl von Stunden pro Tag** mit sehr guten Gefühlen befaßt oder „umgibt", z.B. indem er aufbauende Bücher liest, positiv anmutende Videos guckt, mit Menschen zusammen ist, die ihn positiv „stimmen" ... So kann er die Bilanz insgesamt ausgleichen. Andererseits würde ihn die Rolle schwächen und, wenn er sie lange genug spielte, sogar krank machen!

Konnten Sie spontan mindestens 10 Gefühle auflisten? Wort-Liste, z.B.: Wut, Angst, Trauer, Freude, Zufriedenheit, Mut, Lust, Schmerz, Ehrfurcht, Glückseligkeit, Mißtrauen, Vertrauen, Gier, Wohlwollen, Eifersucht, Erfolgsgefühl, Glücksgefühl, Neid, Mitleid ... (vgl. auch das Gefühlsrad in Teil II, ab S. 105).

Zu Frage 3: Was ist eigentlich ein Gefühl?

Viele Leute befürchten, es sei doch sehr schwierig, ihre Gefühle zu verändern. Wollen wir einmal sehen, was die bahnbrechende Arbeit von Candace PERT uns lehren kann. Sie gehört zu den Forschern, die die Idee einer chemischen Grundlage der Gefühle gegen den (teils erbitterten) Widerstand der Schul-Wissenschaft salonfähig machte. Sie sagt:

> Ich komme aus einer Tradition, in der die Lehrbücher der Experimentalpsychologie (die sich auf das Beobacht- und Meßbare beschränkt) das Wort Gefühle noch nicht einmal im Register aufführen, daher war ich reichlich beklommen, als ich über ihre Biochemie zu sprechen begann! [...]

Was haben Sie (S. 32) geantwortet, als es galt, „Gefühl" gegenüber „Stimmung" und „Temperament" abzugrenzen? Candace PERT sagt hierzu:

> Das Gefühl ist der flüchtigste Zustand [...] Die Stimmung dauert (länger), während das Temperament genetisch bedingt ist [...]

Daraus können wir ableiten, daß es weit leichter sein muß, die Gefühle zu verändern, da es sich dabei neurochemisch um einen „flüchtigen" Zustand handelt. Diese Erkenntnis über die Physiologie der Gefühle macht Mut. Das bringt uns zur ersten Frage, denn die Idee dahinter ist sehr wichtig:

Zu Frage 1: Welches sind die beiden Gefühle, die uns am meisten helfen können?

Eigentlich müßte den ersten Preis die bedingungslose Liebe gewinnen (vgl. auch den gleichnamigen Abschnitt, S. 14 ff.), aber da diese im Labor nur selten vermessen werden kann, lassen wir sie normalerweise „außen vor". Deshalb gewinnt den ersten Preis das (nächst-)HEIL-endste Gefühl, das wir kennen, nämlich, was wir fühlen (seelisch wie körperlich!), wenn wir jemandem verzeihen. Tut dies eine Person jemandem in einem Labor (angeschlossen an diverse Meßgeräte), dann kann man regelrecht zusehen, wie seine Streß-Werte sinken und die Produktion der wichtigen T-Zellen zunimmt.

Deshalb sagen wir ja, daß wir aus Egoismus verzeihen sollten.

Und es gibt ein zweitbestes Gefühl, das wesentlich leichter zu „produzieren" ist. Seine HEIL-Kraft ist beinahe so stark wie die

---

PERT, Candace B.: *Moleküle der Gefühle – Körper, Geist und Emotionen.* Das Buch erzählt sowohl von ihrer Forschungsarbeit als auch von ihrem persönlichen Schicksal (knapp am Nobelpreis vorbeizuschrammen, kann ziemlich frustrierend sein).

T-Zellen sind die Kampftruppen unseres Immun-Systems. Bei Immun-Schwäche verringert unser System diese Anzahl dramatisch; bei sogenannten Krankheiten, die das eigene Immun-System lahmlegen (Aids), sterben die Betroffenen an allen möglichen Krankheiten – zu deren Bekämpfung haben sie zu wenig Killerzellen. Deshalb ist die Stärkung des Immun-Systems die beste Maßnahme für Genesung bzw. geringe Anfälligkeit in der Zukunft.

des Verzeihens – und das ist das Gefühl der Dankbarkeit. Besonders schön: Wenn es gilt zu verzeihen, muß man aus (starken) Ärger-Gefühlen „aussteigen", und das gelingt oft nicht, wenn wir gerade „total sauer" sind. Aber:

> Wenn wir uns nur eine halbe Minute Zeit geben, um eine Frage zu beantworten („Wofür kann ich derzeit dankbar sein?"), dann schwächt dies nachweislich unsere Ärger-Gefühle, während es unser Immun-System stärkt!

Und das, wiewohl wir in diesen 30 Sekunden überhaupt nicht an unserem Ärger „gearbeitet" haben. Da ja jedes Gefühl mit gewissen hormonellen, neurophysiologischen und neurologischen Zuständen einhergeht, hat die halbe Minute unsere Gefühlslage maßgeblich verbessert. Und weil dies so wichtig ist, finden Sie in Teil II vier einfache Dank-Strategien.

Als ich diese Zusammenhänge begriff, machte ich spontan ein DANK-KaWa©:

D – Für mich gehen die beiden Gefühle miteinander einher. Dank erfüllt mich immer auch mit **Demut**.

A – **Abbau** von Streß (und den damit verbundenen unangenehmen Gefühlen von Unsicherheit oder Unmut über Ärger bis Zorn).

N – Wenn wir uns dankbar fühlen, haben wir einen **Nutzen** davon, weil Ärger und ungute Gefühle schwächen, während DANK vitalisiert und heilt. Wie schön!

K – **Kräftigung** des Immun-Systems durch Dank.

Wenn wir ein KaWa© (vgl. Merkblatt 1, S. 174) anlegen, um Inventur zu machen (Was weiß ich? Was denke ich? Was empfinde ich?), dann muß ich nicht begründen, warum dies so ist. In meinem DANK-KaWa© tauchte ganz spontan bei D der Begriff Demut auf.

Deshalb finden Sie in Teil II als strategischen Ansatz das Gefühlsrad (S. 105 ff.). Zum einen können Sie Inventuren vornehmen, um Ihre Gefühle besser kennenzulernen, zum anderen können Sie mit Hilfe des Gefühlsrades mit anderen kommunizieren.

H   HERAUS-Forderung VERZEIHEN

Ich weise gerne darauf hin, daß eine HERAUS-Forderung uns einlädt (oder zwingt), alte Denk- und Verhaltensrillen zu verlassen (= HERAUS), sonst hieße es ja HINEIN-Forderung. Nun ist die Fähigkeit des Verzeihens eine der größten HERAUS-Forderungen, denn:

MERKE → Je verärgerter Sie sind, desto wichtiger wäre es, daß Sie versuchen zu verzeihen!

Auf der anderen Seite gilt auch:

und: → Je verärgerter Sie sind, desto schwerer ist es zu verzeihen; desto größer ist demnach die gegenwärtige HERAUS-Forderung für Sie.

Nun betonen Erfolgstrainer gerne, daß die meisten Menschen immer nach dem persönlichen Vorteil fragen, wenn wir sie motivieren wollen. Was haben Sie davon, wenn Sie einem Typen verzeihen, der Sie maßlos aufregt, weil er Ihnen Furchtbares angetan hat (oder weiterhin antut)? Wird es Sie vor der Hölle retten? Wird es Ihren Weg in den Himmel erleichtern? Das sind die beiden Überredungsargumente, mit denen die Kirche seit Jahrtausenden für Vergebung plädiert.

Aber ich kann Ihnen heute ein weit besseres Argument bieten! Sie sollen weder aus altruistischen Gründen verzeihen noch, um Ihr Seelenheil im Jenseits nicht zu gefährden; es gibt nämlich einen „verdammt guten Grund" (pardon) zu verzeihen, nämlich Ihren eigenen gesunden Egoismus. Allgemein können wir daher festhalten:

Theoretisch ist das höchste aller Gefühle die bedingungslose Liebe, aber da sie so rar ist, kann man sie im Labor schlecht messen. Meßbar ist hingegen, wie rapide und umfassend Streß-Werte sich stabilisieren, wenn wir verzeihen. Deshalb gilt dies als unsere gesundmachendste Handlungsweise.

Erinnerung (vgl. **G**, Gefühle, S. 32 ff.): Da unser eigenes Immun-System gestärkt wird, wenn wir uns kürzer und weniger intensiv ärgern „müssen" und unser Immun-System geschwächt wird, wenn wir zu lange (oder tief) im Zorn „hängenbleiben", ist es äußerst sinnvoll, sich effizienter (also kürzer) zu ärgern.

Unilaterales Verzeihen ist möglich!

> Deshalb lohnt es sich, möglichst viele Argumente in diesem Buch zu sammeln, die für den „Angeklagten" sprechen und die uns helfen zu verzeihen. Da dies eine so große Hilfe für uns wäre, taucht der Gedanke bewußt mehrmals im Buch auf: Wenn Sie linear (der Reihe nach) lesen, dann begegnet er Ihnen immer wieder. Lesen Sie hingegen modular, dann könnte es ja sein, daß Sie Teile auslassen; dann wird die Wahrscheinlichkeit, daß dieser Gedanke Ihnen wenigstens einmal begegnet, erhöht.

Die Fähigkeit zu vergeben schenkt uns das HEIL-endste Gefühl, und das zweit-HEIL-endste Gefühl ist der DANK (siehe S. 98 ff.). Wann immer wir merken, daß unser Haß uns (noch) verzehrt und wir (noch) nicht verzeihen können, könnten wir auf DANK „ausweichen" und unser System so erleichtern. Denn: Wenn wir DANK-(Gefühle) erleben (nicht nur intellektuell überlegen, daß wir dankbar sein könnten oder sollten), dann produziert unser Körper keine weiteren Streß-Hormone mehr. Verzeihen wir aber jemandem, dann werden vorhandene sofort abgebaut. Im Klartext:

Einmal verzeihen (10 Sekunden) ist ungefähr so HEILSAM wie 10 Minuten Dank empfinden.

Bei sehr „schlimmen" Ärgernissen kann ich mir diese aufschreiben und mich **einmal pro Woche fragen**, ob ich der Person **jetzt** verzeihe, wenn es zuvor nicht möglich war.

Deshalb kann ich gar nicht oft genug wiederholen, daß wir nicht aus falsch verstandener „Nächstenliebe" lernen sollen, besser mit unserem Ärger umzugehen oder anderen zu verzeihen. Purer Egoismus reicht völlig, denn:

1. Es ist unsere **eigene Energie**, die wir mit unnötigen Ärger-Reaktionen vergeuden. Hinzu kommen noch die Energien anderer, die wir im Zorn verletzen, aber auch wenn wir ganz egoistisch nur an uns denken wollen: Unser Ärger schadet uns weit mehr, als er uns je nützen könnte.

Unilaterales Verzeihen heißt: Wir können jemandem verzeihen, ohne es ihm/ihr je mitzuteilen.

2. Es ist unser **eigenes Immun-System**, das wir mit „dunklen" (heißen) Gefühlen schwächen. Die Erleichterung des Verzeihens ist nachweislich die gesundmachendste Emotion, also das beste aller möglichen Gefühle. Wenn wir bedenken, daß alle großen Glaubens-Systeme (vom Buddhismus bis zum Christentum) uns raten, unsere Feinde zu lieben (ihnen zumindest zu verzeihen), dann sehen wir heute – mit dem „kalten" Auge der Wissenschaft – daß dieser Rat einer der bestmöglichen ist.

3. Es ist unsere **eigene Gesundheit**, die angegriffen bzw. ge-HEIL-t wird. Verzeihen stärkt nicht nur unser Immun-System, es trägt (durch Ausschüttung bestimmter HEIL-enden Peptide) aktiv zu HEIL-ungsprozessen bei. Im Klartext: Durch Verzeihen produzieren wir endogen (innerlich) die beste Medizin – eine, die man mit viel Geld nie kaufen könnte.

4. Es ist unsere **eigene Gedankenwelt**. Wollen wir diese negativen, haßerfüllten, leidenden Opfer-Gedanken wirklich denken? Wollen wir innerlich oder nach außen quaaaaken (vgl. Frosch, V, Verantwortung, S. 81). Wollen wir das wirklich? Wohl kaum, oder? Und, last but not least ...

gegen die seelischen Terroristen

5. Es ist unser **eigener Seelen-Frieden**. Wir regen uns über andere auf und wünschen uns weniger Kampf (gegen uns!). Aber wieviel tun wir selbst, um aktiv den Frieden zu fördern? Echter Friede kann nur im Inneren beginnen – so machen es uns die alten Weisheitslehren übrigens seit Jahrtausenden klar! Solange wir nicht verzeihen, herrscht eine aktive Kriegszone in uns. Im Klartext: Die seelischen Terroristen, die wir am meisten fürchten müssen, kommen nicht von außen, sie befinden sich bereits in unserem Inneren. Verzeihen läßt ihre Waffen verrotten ...

I

Strategie Nr. 2

Sie wissen ja: Ent-TÄUSCHUNG = die TÄUSCHUNG hört auf!

Illusion – oder: Wer spricht da?

Beginnen wir wieder mit dem Grundgedanken, daß Ärger prinzipiell eine Enttäuschung für uns bedeutet.

Irgend etwas verläuft anders als erwartet ... Sehen wir uns diesen Prozeß an, indem wir eine Metapher zu Hilfe nehmen. Stellen wir uns vor: **Jede Erwartung sei ein Spieler in einem großen Theaterstück auf einer gigantischen Bühne**, dessen Rolle jedoch nur dann Aufmerksamkeit fordert, wenn er aufgerufen wird. Normalerweise ist er Teil des Chorus, dort murmelt er ununterbrochen seine Erwartung, z.B.

→ **die Leute sollten** ehrlich sein,

→ **die Leute sollten** ihre Versprechen halten,

→ **die Leute sollten** nicht nur an sich denken,

Vgl. **F** (Freund oder Feind, S. 25 ff.).

→ **die Leute sollten** absolut pünktlich sein, etc.

Wir selbst achten immer nur auf den **Erwartungs-Spieler**, der gerade „dran" ist; die anderen bilden den Erwartungs-Hintergrund. Aber wenn eine spezifische Erwartung enttäuscht wird, dann hat dieser Spieler die Aufgabe, seine Erwartung laut herauszuschreien, z.B.: „Man muß perfekt sein!"

Vgl. **P** (Perfektion, S. 60 ff.).

Wenn wir nicht aufpassen, dann kann dieser Spieler uns regelrecht überwältigen. Es ist seine **Aufgabe**, seine ent-TÄUSCH-te Erwartung herauszuschreien, so laut, daß wir kaum denken können, aber die Erwartung kann völlig illusionär sein. Dem jeweiligen Spieler ist es gleichgültig, ob seine Erwartung realistisch oder unrealistisch ist (als ob alle Menschen ihre Versprechen immer halten würden!). Solange uns jedoch nicht klar ist, daß die Stimme in unserem Kopf die der ent-TÄUSCH-ten Erwartung ist, solange merken wir nicht, daß dieser Spieler (genaugenommen ein Glaubenssatz oder ein Kindheitsprogramm) für uns denkt und für uns spricht.

Die Bühne unserer Psyche ist gigantisch; (denken Sie an die Bühnen, auf denen ein Tanz-Happening oder Musical mit hunderten von Akteuren veranstaltet wird, das die Zuschauer über Riesen-Leinwände verfolgen). Und nun vergrößern Sie diese gedachte Bühne um den Faktor 1000. Nehmen wir an, auf diese Riesenbühne Ihrer Psyche passen zehntausende von Erwartungs-Spielern, die alle unablässig im Chor ihre jeweilige Erwartung (= ihren persönlichen Glaubenssatz) murmeln. Gleichzeitig verfolgen sie, was uns in dieser Welt widerfährt. Jedesmal, wenn eine Erwartung sich als unrealistisch herausstellt und deshalb ent-TÄUSCH-t wird, wird der jeweilige Spieler aktiviert und er fängt sein Solo an. Angenommen, Sie sind enttäuscht, weil jemand unpünktlich war, dann beginnt der Pünktlichkeits-Erwartungs-Spieler „sich aufzuspielen", er brüllt herum, stampft mit dem Fuß auf und gibt seine Enttäuschungs-Vorstellung – und wenn Sie nicht furchtbar aufpassen, lassen Sie ihn durch Ihre Person handeln. Da diese Spieler das Geistes-Niveau mitbringen, das unserem Alter entspricht, in dem sie jeweils aktiviert wurden, benehmen sie sich dementsprechend.

Waren Sie 8 Jahre alt, als Ihr Pünktlichkeits-Erwartungs-Spieler Ihre seelische Bühne betrat, dann benimmt sich dieser Spieler wie ein trotziger, aufgebrachter Achtjähriger. Merke:

> Je mehr Spieler unsere innere Bühne beherbergt, desto häufiger agiert einer dieser zehntausenden von Solisten und beginnt für uns zu denken, zu reden (schreien), zu handeln.

Wenn dies passiert (ob zweimal pro Woche oder zehnmal pro Tag), gilt:

> Wir können jeden Spieler dazu bringen, wieder brav in den Hintergrund zu treten!

Spieler, die längere Zeit nicht aufgerufen wurden, beginnen sich zu entspannen (die können dann endlich mal schlafen).

Und nachdem ja jeder Mensch gerne seinen Vorteil vor Augen hat, möchte ich diesen glasklar herausstreichen. Jedesmal, wenn Sie einen Spieler zum Schweigen bringen ...

Viele Techniken in diesem Buch helfen uns, Spieler zum Schweigen zu bringen, wenn wir erkennen, daß dies für uns von Vorteil wäre; insbesondere alles unter W, WORK in Teil I (S. 82 ff.) und Teil II (S. 166 ff.) Gesagte kann sich als extrem nützlich erweisen.

Minimum-Nutzen im Hier und Jetzt: Wir zwingen diesen Spieler in den Chor zurück, und er wird Ruhe geben, bis er erneut aufgerufen wird (hoffentlich nicht so bald).

Maximum-Nutzen, langfristig: Merken wir, daß einige wenige Spieler immer wieder auftauchen, lohnt es sich zu fragen: Sind wir bereit, ein wenig zu arbeiten (darum heißt es ja **WORK = Arbeit**), denn dann können wir so manche Spieler ganz von unserer inneren Bühne verbannen. Manche Spieler gehen (als ob sie heilfroh wären, endlich abtreten zu dürfen), andere aber weigern sich zunächst (der berühmte Widerstand). Wenn ein Spieler sich zunächst weigert, von der Bühne entfernt zu werden, dann muß er mehrmals hinauskomplimentiert werden. Und wenn wir dies von Anfang an wissen, dann sagen wir nicht erstaunt: „Da habe ich den jetzt schon dreimal rausgeworfen und trotzdem ist er wieder da!"

Manche Spieler wurden einst von unseren Eltern instruiert (als wir noch sehr klein waren), unsere Bühne nie und nimmer zu verlassen; die stellen sich dementsprechend ziemlich stur. Andere haben wir selbst später (vielleicht als Teenager) eingeladen, in unserem Stück mitzuspielen, und wieder andere sind noch neueren Datums. Es ist wie bei manchen Firmen, wenn man Leute feuern will: Die Dienstältesten machen die meisten Schwierigkeiten, sie kennen sämtliche Tricks und sind mit weit mehr anderen Spielern verbunden als neuere Mitarbeiter. Deshalb geht es uns mit ihnen wie mit dem sprichwörtlichen Verkäufer alter Schule früher: Kaum hatte man ihn zur Hintertüre hinausgeworfen, marschierte er vorne schon wieder hinein. Wenn wir dies aber begreifen, dann ...

→ geben wir nicht gleich auf, wenn wir merken, daß sich so mancher Glaubenssatz (Erwartung) hartnäckig festkrallt, wiewohl wir uns redlich bemühen, ihn von unserer inneren Bühne zu entfernen,

→ nehmen wir bewußter wahr, welche Spieler in Klüngeln und Grüppchen zusammenkleben und zusammenhalten, wann immer wir einen von ihnen erwischen und hinauswerfen.

Jammern & über Ärger reden   J

Wir alle kennen Menschen, die viel und laut jammern. Bitte sehen Sie den Begriff in seiner weitesten Bedeutung: Mit Jammern meine ich nicht nur das weinerliche Quaken, das allen Zuhörern auf den Geist geht.

Mit „quaken" meine ich jede Form der Beschwerde, vom lauten Schreien über ewiges Meckern und Lamentieren (oft mit weinerlichem Tonfall) bis hin zur sachlichen Schilderung einer Situation, die uns geärgert hat: jede verbale Auseinandersetzung mit etwas, das in uns Ärger oder Zorn ausgelöst hat.

Es geht um die Frage: Soll man bei Ärger darüber reden, um sich abzureagieren? Hinter der Frage steht die weitverbreitete Annahme, man müsse Ärger irgendwie „loswerden", will man verhindern, daß er sich nach innen wendet ...

bi	Die Anti-Ärger-Regel lautet: Laufen Sie nicht herum, um mit allen möglichen Leuten über Ihren Ärger zu sprechen.
Mike	Aber ich dachte, Ärger muß ausgesprochen werden, wenn er sich nicht innerhalb unseres Systems anhäufen soll und später entweder explodiert oder gar zu sogenannten streßbedingten Krankheiten führen soll.
bi	Das war die gebräuchliche offizielle Position, die von Wissenschaftlern und Ärzten vor mehreren Jahrzehnten vertreten wurde. Seitdem haben die Forscher wichtige Informationen herausgefunden, die sie dazu veranlaßten, diese Position aufzugeben. Allerdings halten viele Ärzte und andere Akademiker (insbesondere Psychologen und Berater) immer noch an diesem alten Hut fest.
Mike	Aber es scheint völlig sinnvoll; ich meine, jeder wird Ihnen sagen, daß wir das Gefühl haben, es sei richtig.
bi	Natürlich. Jeder hat auch das Gefühl, die Erde müsse eine Scheibe sein, weil seine Sinneswahrnehmung ihm sagt, die Erde müsse flach sein! Die meisten von uns wurden mit dem Glaubenssatz infiziert, *daß man Ärger aussprechen muß, wenn man nicht mit Haut und Haar von ihm aufgefressen werden will*. Dieser Glaubenssatz wirkt wie ein Virus, er hat sich wie eine Epidemie verbreitet und die meisten Leute angesteckt. Deshalb denken die meisten von uns, man müsse Ärger abreagieren, wegreden etc.

Ich erinnere an die wunderbare Metapher von Wayne DYER, gemäß welcher wir als Frosch quaken (nörgeln, lamentieren etc.) können oder als Adler Verantwortung übernehmen für unser Leben (vgl. auch **V**, Verantwortung, S. 79 ff.).

Der nebenstehende Dialog ist einer von drei Abschnitten dieses Buches, die ich meinem großen Gedächtnis-Kassettenseminar (*Memory Optimizer*, Oktober 2001, USA) entnommen habe, wobei die Textstellen leicht redigiert wurden. Es handelt sich um ein didaktisches Gespräch zwischen mir (bi) und einem Klienten (Mike).

Vgl. dazu auch meinen Video-Vortrag *Viren des Geistes*.

[Randnotiz: Von Ärger reden?]

Mike Um ehrlich zu sein, ich auch. Aber ich erzähle den Leuten auch von Dingen, die mir gefallen haben.

bi Wenn Sie sauer sind, dann erzählen Sie das gewöhnlich mehr Menschen als positive Erlebnisse, nicht wahr? Sie wissen, was man über Kunden berichtet: Ein verärgerter Kunde spricht mit 15 potentiellen Kunden darüber, während ein zufriedener Kunde es vielleicht drei bis fünf Personen weitersagen wird ... Das können Sie leicht selbst überprüfen. Achten Sie einmal darauf, wie oft und lange Menschen über negative Dinge reden und wie lange/intensiv sie bei positiven Erlebnissen bleiben. Sie brauchen die Themen ja nur selber vorgeben und sehen, wie lange sie sich jeweils im Gespräch „halten". Es werden die negativen Dinge sein!

Mike Ich mache den Test.

bi Es gibt verschiedene Gründe, warum dieses Verhalten kontra-produktiv ist: **Erstens** wissen wir inzwischen, daß alle Emotionen physiologisch mit neurologischen und endokrinen Vorgängen einhergehen, die immer besser verstanden werden ... Endokrine Drüsen produzieren gleichsam Säfte, die uns denken und fühlen lassen.

[Randnotiz: "wet brain"]

Mike Ich habe auch schon den Begriff „nasses Gehirn" gehört. Bezieht sich das auf diese feuchten Prozesse?

bi Genau.

Mike Sie sagten, daß erstens Gefühle physiologische Wirklichkeiten sind, hervorgerufen durch neuronale und diese feuchten (endokrinen) Prozesse?

bi Ja. **Zweitens** gibt es in der Natur Rückkoppelungs-Schleifen ...

Mike ... wie die in meinem Thermostat, die die Temperatur in meinem Haus konstant hält?

bi So ist es. Und es gibt auch eine Rückkoppelungs-Schleife für jeden unserer Gemüts-Zustände.

Mike Wenn ich also einen negativen Gedanken hege oder unter einem negativen Gefühl (wie Ärger) leide, verstärkt diese Schleife das physiologische Zeug, welches im Gegenzug mehr von dieser bestimmten Emotion erzeugt, so daß mein Zorn sich ausbreitet?

bi	Genau. Ich will Ihnen ein praktisches Beispiel geben und eine Metapher anbieten. Angenommen, jemand hat Sie als Trottel beschimpft. Nehmen wir weiter an, das geschah vor fünf Tagen. Setzen wir voraus, dieses Ereignis hat Sie fünf Ärger-Punkte gekostet.
Mike	Einverstanden.
bi	Jetzt nehmen wir an, daß Sie inzwischen fünf Leuten davon erzählt haben.
Mike	Zum Beispiel einmal pro Tag?
bi	Ja. **Drittens**: Jedesmal, wenn Sie es wieder erzählen, werden Sie genauso aufgeregt, wie sie es waren, als es geschah, denn:
	Darüber sprechen bedeutet, das Ereignis erneut erleben!
Mike	So habe ich das noch gar nicht gesehen ... aber es stimmt ... ja ... wow!!!
bi	Wir könnten auch sagen, man RE-KONSTRUIERT die Erinnerung und verstärkt dabei die Nervenbahnen, die dieses Ereignis mit jenen Gefühlen verbinden.
Mike	Das bedeutet ja, wenn das meine geistige Saat ist, dann brauche ich mich über die Ernte gar nicht zu wundern ... Oh, es steht sogar in der Bibel: *Wer Wind sät, wird Sturm ernten* ...
bi	Und worüber Sie oft reden, das **hören** Sie auch. Ihre Seele hört Ihnen gleichsam immer zu. Was immer Sie also in die Welt hinausleiten, das macht gleichsam eine Kehrtwendung und kehrt zurück zu Ihnen (wegen der neurophysiologischen Rückkoppelungs-Schleifen). Wollen wir jetzt vielleicht eine kleine Berechnung durchführen? Wir sagten, wenn wir diese Geschichte fünfmal erzählen, dann durchleben wir sie jedesmal, also kostet sie jedesmal wieder mindestens jene 5 Punkte, so kommen wir nach fünfmaligem Erzählen bereits auf 25 unserer Streß-Punkte. Und das sind nur unsere eigenen Streß-Punkte!
Mike	Was meinen Sie?
bi	Was ist mit den Opfern Ihrer schrecklichen Erzählung? Von denen erwartet man doch, daß sie mitleiden (also auch Streß erleiden) sollen. Oder erwarten Sie von Menschen, an die Sie gerade hinjammern, daß sie sich erheitert fühlen?

Marginalia:
- Metapher
- Jedesmal, wenn Sie es wieder erzählen, werden Sie genauso aufgeregt, wie sie es waren, als es geschah.
- Vgl. Abschnitt **D** (Denken und Fühlen, S. 20).
- Opfer!!

Vgl. **W** (WORK, S. 82 ff.), insbesondere für Augenblicke, in denen auch wir die Neigung verspüren, die Schuld in der Welt „da draußen" zu suchen.

Mike Darüber wäre ich verärgert.

bi Deswegen müssen wir die 25 Streß-Punkte gleich verdoppeln, wenn wir die Story fünfmal einer einzigen Person erzählt haben. Aber manchmal suchen wir uns ganze Gruppen als Publikum (der Kollegenkreis in der Kaffeepause) und schon wird die Zahl von Streß-Punkten, die unser Herumreden kreiert, ganz schön hoch.

Mike Ich vermute, daß einige Leute nun sagen werden, das ist natürlich die Schuld dieser ersten Person, die den Ärger ursprünglich ausgelöst hatte. Sie ist für **alle** schlechten Gefühle verantwortlich, die sie bei allen Betroffenen hervorgerufen hat.

bi Und was glauben Sie?

Mike Nun, ich ziehe es vor, für mein Leben Eigenverantwortung zu übernehmen. Also würde ich die Verantwortung dafür übernehmen, daß ich es all diesen Leuten weitererzählt habe und dadurch aus fünf Punkten schon 50 oder weit mehr geworden sind. Da könnte man ja fast deprimiert werden ...

bi Kennen Sie Dr. Wayne DYERs Metapher von den **Fröschen** und den **Adlern**?

Mike Ich habe davon gehört. Frösche quaken, während Adler handeln und Verantwortung übernehmen. Außerdem steigen sie hoch in die Luft und schaffen eine Distanz zu schlechten Dingen ... Mir gefällt diese Metapher. Aber ich habe doch manchmal noch ein Problem mit meinem alten Glaubenssatz „Wenn ich nicht über Schlimmes rede, dann bleibe ich sauer und fühle keine Erleichterung!".

bi Nun, Mike, genau das ist der landläufige Grund, Frosch zu spielen (vgl. **V**, Verantwortung S. 79) und andere mit unseren Unglücks-Stories zu belästigen; wir erwarten diese ERLEICHTERUNG, die wir **angeblich** erhalten werden, indem wir darüber reden ... Gehen wir es etwas anders an: Angenommen, Sie möchten sich bei jemandem entschuldigen, kann das passieren ...?

Mike Natürlich. Gutes Beispiel. Dann fühle ich eindeutig eine Erleichterung! Also?!

bi Fein. Aber: Wie oft würden Sie sich entschuldigen?

Mike Wie oft ...? Einmal.

bi Und wie oft erzählen Sie anderen von dem Kerl, der Sie Trottel genannt hat??

Mike Ich verstehe! Wenn es wirklich dazu führen würde, daß ich Erleichterung empfinde, dann bräuchte ich die Geschichte nur einmal erzählen.

bi So ist es. Genau.

Mike Aber wenn ich mein Angst- oder Ärger-Gefühl nicht in den Griff bekomme, könnte es mich nicht irgendwie ersticken?

bi Denken Sie an eine Mutter oder an einen Vater – und stellen Sie sich ein Kind vor, das gerade hingefallen ist. Was tun Eltern?

Mike Zuerst versorgen Sie das Knie und dann bringen sie das Kind so schnell wie möglich auf andere Gedanken.

bi Glauben Sie, daß der kleine Junge später darunter leidet, daß er keine Gelegenheit hatte, längere Zeit Schmerz, Ärger, Frust zu empfinden?

Mike Eigentlich nicht.

Sie sehen, liebe LeserInnen, man könnte die Idee, daß man über negative Dinge reden soll, durchaus in Frage stellen. Inzwischen wissen wir aus der PNI-Forschung:

Es gibt eine enge Verbindung zwischen Denken und Fühlen (vgl. auch den gleichnamigen Abschnitt, S. 20).

Wenn wir bestimmte Gedanken denken, dann erzeugen wir damit auch die dazugehörenden Gefühle (und umgekehrt).

Auch wenn wir über Dinge sprechen, „hängen" die Gefühle gleichermaßen „dran". Das heißt, Gefühle und Gedanken sind miteinander verbunden, aber auch die Gefühle an die Situation, über die wir sprechen, tauchen beim „Darüberreden" wieder auf!

Reden wir über Dinge, die uns positiv anmuten, dann fühlen wir uns gut. Daher sollten wir möglichst viel Zeit mit Dingen verbringen, die uns positiv anmuten, bzw. positiv anmutende Dinge in Situationen einführen, die uns eigentlich stressen (vgl. Teil II, Training mal zwei, S. 153 ff.).

Marginalien:
- Einmal viele male?
- Was tun Eltern?
- **PNI** steht für Psycho-Neuro-Immunologie.
- Wenn wir bestimmte Gedanken denken, dann erzeugen wir damit auch die dazugehörenden Gefühle (und umgekehrt).
- wichtig

Reden wir über Dinge, die uns negativ anmuten, dann fühlen wir uns (wieder) schlecht. Sprechen wir über Ärger, ärgern wir uns erneut. Sprechen wir über Ängste, so wachsen diese ebenfalls.

> Eines der besten Bücher, das eine Vielzahl solcher Studien und Experimente zitiert, ist Carol TAVRIS: *Danger – the Misunderstood Emotion* (vgl. Literaturverzeichnis). Leider ist die deutsche Übersetzung seit Jahren nicht mehr erhältlich, so daß man auf das Original zurückgreifen muß, aber es lohnt sich!

Studien (vgl. Randspalte) haben eindeutig gezeigt: Ärger „rauszulassen" (z.B. durch Schimpfen, Schreien oder körperlich ausgelebte Aggression) baut den Ärger nicht ab, sondern – im Gegenteil – vergrößert ihn!

Kinder, die ihrem Ärger freien Lauf lassen sollten (z.B. indem sie Spielzeug oder Möbel herumschubsen, werfen, treten etc. durften), wurden innerhalb weniger Wochen so aggressiv, daß das Experiment abgebrochen werden mußte.

Jugendliche, die bei Ärger körperlich aggressiv reagieren durften (z.B. Punchingbälle boxen), reagierten bald bei vergleichbaren Anlässen weit stärker verärgert als ursprünglich (auch diese Studie mußte abgebrochen werden).

Erwachsene, die ermutigt worden waren, bei Ärger laut hinauszuschreien (und sei es im Wald, ganz allein) oder Matratzen zu „schlagen" u.ä. stellten ebenfalls eine deutliche Zunahme von Ärger fest: Erstens ärgerten Sie sich schneller, zweitens heftiger und drittens länger.

Im Gegensatz dazu wissen wir seit Jahrtausenden, daß Menschen, die nach außen ruhig bleiben (müssen) – (z.B. Mönche, Schamanen, Judo-Meister, viele Japaner), auch innerlich weniger Zorn erleben. Heute kann man durch Meßergebnisse feststellen, daß sich bei diesen Leuten weniger Streß-Zusätze in Blut und Urin entwickeln. Außerdem produzieren Sie mehr T-Zellen; bei Streß dagegen fällt die **T-Zellen**-Produktion normalerweise schnell ab.

> T-Zellen sind die „GSG-9-Truppe" für Abwehr von Gefahren; sinkt ihre Anzahl, dann kann unser Körper kaum gegen Krebs oder Aids kämpfen.

Studien haben klar gezeigt, daß schneller Themenwechsel nicht nur bei Kindern hilfreich ist. Wenn es uns gelingt, unseren Geist mit etwas Interessantem zu „fesseln", werden sich auch die negativen Emotionen gar nicht erst voll „entfalten". Dies ist übrigens eine alte Spielregel der Stoiker, die zuerst checken, ob sie das Ärgernis kreativ verändern können. Wenn nein, dann lenke man sich tunlichst ab, weil man so am wenigsten leiden müsse. Recht haben sie (seit fast 2000 Jahren)!

Neuere Versuche haben auch gezeigt, daß Verständnis für die Ursachen des Ärgers nicht wirklich sehr hilfreich ist. In der Regel kann die Suche nach der Ursache weit mehr Streß schaffen als wenn Sie die Sache abhaken. Wohlgemerkt: Wir meinen nicht das Erkennen jener Ursachen, die uns helfen, denselben Fehler in Zukunft zu vermeiden. Wir meinen die Art der Ursachensuche im Sinne von „als Kind zu heiß gebadet", „als Teenager vom Lehrer zu oft kritisiert" und ähnliche „archäologische" Grabungen. Diese sind nur bei akutem Trauma (kurzfristig!) sinnvoll, z.B. nach Befreiung als Geisel oder nach dem Entkommen einer Naturkatastrophe. Was hingegen außerordentlich hilft, ist **Verzeihen**. Es ist die gesundmachendste Emotion, die wir kennen!

Natürlich können wir in dem Buch diese Themen nur streifen, damit Sie Verständnis für manche strategischen Ansätze in Teil II erhalten, die Ihnen sonst vielleicht unglaublich erscheinen.

REPERTOIRE: ANTI-ÄRGER-MASSNAHMEN (Teil II)

ENT-SPANNUNG

ÄRGER

ABLENKUNG

RELATIVITÄTS-PRINZIPIEN der Psyche (Teil II)

Gefühls-Oase (Teil II: Training der Gefühle)

K

Quelle: *Kritik der reinen Vernunft*, § 7

Ich muß darauf hinweisen, daß unser Ziel nicht Perfektion sein darf (vgl. **P**, Perfektion, S. 60 ff.), auch wenn wir uns darum bemühen, etwas (nicht immer, aber) immer öfter richtig zu machen! Dies gilt hier im besonderen, auch wenn ich (um das Prinzip zu verdeutlichen), so formuliere, als meinten wir „immer".

Ab jetzt bezeichnen wir die Frage nach KANTs kategorischem Imperativ als KKI; somit ist die KKI-Frage die Frage nach dem „Was wäre wenn" mein geplantes Handeln Gesetz würde?

KANTs kategorischer Imperativ
(die KKI-Frage stellen)

Natürlich haben wir vom KANTschen Imperativ gehört, aber wir könnten ihn konkret auf unser Thema beziehen. Beginnen wir mit dem Text dieses berühmten Satzes:

> Handle so,
> daß die Maxime deines Willens
> jederzeit zugleich als Prinzip
> einer allgemeinen Gesetzgebung
> gelten könne.

Was der Kategorische Imperativ uns in bezug auf unser Ärger-Verhalten „sagen" kann, soll die folgende Metapher zeigen:

> Angenommen, Sie lebten in einer verrückten Welt, in der man Sie unablässig beobachtet und Ihre Verhaltensweisen sofort zu einem Gesetz in diesem Land erheben würde. Was für Auswirkungen hätte dies?

Zwei Beispiele:

1. Eine Mitarbeiterin in einem Verlag hat mich wieder einmal unendlich genervt (Versprechen nicht eingehalten, zwang mich dadurch, ihr telefonisch stundenlang „hinterherzulaufen", wiewohl sie wußte, ich schreibe gerade ein Buch in einem Raum ohne Telefon) und, und, und ... Im ersten Zorn überlegte ich ernsthaft, ob ich den verärgerten Wechsel an Faxen, E-Mails etc. an die Verlegerin sende, die nämlich weit mehr Wert auf meine Zusammenarbeit legte als jene Mitarbeiterin. Aber dann stellte ich mir die KKI-Frage: Sollte es wirklich ein Gesetz sein, daß jeder, der sich über jemanden ärgert, sofort das ganze dessen Chef auf den Tisch knallt? Nun, das wäre doch entsetzlich, nicht wahr? Also ließ ich es ruhen.

2. Ein Kunde erzählte mir, er neige dazu, seine Mitarbeiter relativ leicht „anzuschnauzen", wenn er irgendwelche Kleinigkeiten sähe, die niemand bemerkt hatte (neulich war es eine Cola-Dose auf dem Pflaster des Firmenparkplatzes gewesen). Ich bat ihn, die KKI-Frage zu stellen: Sollte es wirklich ein Gesetz sein, daß jeder Chef, der eine Kleinigkeit bemerkt, die seine Mitarbeiter übersehen haben, rumschreien muß? Daraufhin mußte er selber lachen: „Eine entsetzliche Vorstellung", meinte er.

Spannend, nicht wahr? Natürlich ist das Gott sei Dank nur „ausgedacht", wir laufen nicht Gefahr, unser geplantes Handeln könnte Gesetz werden – aber wir könnten uns ab und zu die KKI-Frage stellen, wenn wir entscheiden müssen, wie wir uns nun verhalten sollen:

Was wäre wenn ...?

Die Antwort kann uns helfen, eine Entscheidung zu treffen. Sie ermöglicht die Prüfung der **Maxime unseres Willens**, wenn wir nicht sicher sind, was „gut" oder „richtig" sein könnte. Sie liefert uns also eine Art von eingebautem Werturteil-Kompaß für Zeiten, in denen wir uns verloren fühlen und niemanden haben, mit dem wir uns beraten können. Mir hat die KKI-Frage schon oft geholfen ...

Liste ent-GIFT-ender Ideen

Strategie Nr. 3
Quelle: LAZARUS, LAZARUS und FAY: *Fallstricke des Lebens*. Ich habe eine Handvoll ihrer Sentenzen ausgewählt.

Die drei amerikanischen Psychologen, (1) Vater und (2) Sohn LAZARUS sowie (3) ihr Freund und Kollege FAY, sagen, daß uns in Zeiten der Not bestimmte Ideen große Hilfe sein können. Wenn wir sauer sind, neigen wir eher dazu, andere unter Druck zu setzen, als lieb und nett zu sein. Wir wissen natürlich, daß man mit positiver Kommunikation viel weiter kommt, aber derzeit sind wir ja stocksauer!

Ich möchte Ihnen hier einige meiner Lieblinge aus einer langen LAZARUS-Liste von ent-GIFT-enden Ideen für harte Tage vorstellen. Jede dieser Denk-Anstöße kann rationales Handeln dramatisch erleichtern. Und rationaleres Handeln wiederum fördert unsere innere Ruhe.

1. Besser **bitten** als fordern!
2. Besser **kooperieren** als unter Kontrolle halten.
3. Jeder hat das Recht, nach seinem eigenen Drehbuch zu leben.
4. Wer die **Beherrschung** verliert, hat schlechte Karten.
5. Wenn ich stocksauer werde, gebe ich anderen zuviel **Macht** über mich!
6. Drohungen und Ultimaten machen eine weitere **Verständigung** unmöglich.
7. Nicht Schuldige suchen, sondern **Lösungen**!
8. **Anleiten** ist besser als Einschüchtern (oder Bedrohen).

9. Ich komme besser klar, wenn ich nicht versuche, über andere zu bestimmen.
10. Im umgekehrten Fall: Wie würde ich wollen, daß andere mit mir umgingen?

Das paßt hierzu: „Was du nicht willst, daß man dir tut, das füg' auch keinem anderen zu!"

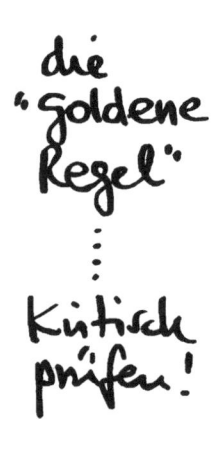

PS zum 10. Satz: **Sollen wir andere wirklich immer so behandeln, wie wir selbst** ... Die Amerikaner lieben die sogenannte „goldene Regel" (schon in der Bibel steht, wir sollten andere so behandeln, wie wir selbst behandelt werden wollen). Dabei übersieht man jedoch gerne, daß diese Regel nur auf einer höheren Ebene gilt. So sollten wir anderen einen gewissen Respekt entgegenbringen, wenn wir wollen, daß sie uns respektieren.

Aber Vorsicht, wenn Sie die Regel wörtlich nehmen, um kleine Verhaltens-Aspekte zu beurteilen.

Es gibt Menschen, denen macht es absolut nichts aus, unterbrochen zu werden, so daß ihre Art, andere zu unterbrechen, dieser „goldenen Regel" vollkommen zu folgen scheint und trotzdem andere verletzen kann!

die „goldene Regel" ... Kritisch prüfen!

Meines Erachtens halten wir die Regel besser ein, wenn wir überprüfen, ob unser Gegenüber das o.k. findet, um ihn im Zweifelsfall nicht zu unterbrechen – ihm zuliebe, auch wenn es uns nichts ausmachen würde. Ähnlich sind Millionen von Männern unfähig, wenn sie ängstliche Passagiere befördern (z.B. Frau oder Kind), langsamer zu fahren, als wenn sie allein sind, nicht zuletzt, da sie als Beifahrer keine Ängste „ausstehen" müssen. Wir wissen inzwischen, daß Männeraugen anders sehen (viel weiter geradeaus, Tunnel-Blick), während Frauen stark peripher wahrnehmen (gleichsam aus den Augenwinkeln). Daraus ergibt sich, daß Männer tatsächlich weit besser abschätzen können, ob ein Überholmanöver auf einer Landstraße in Ruhe abgeschlossen werden kann, ehe der entgegenkommende Wagen ankommt. Aber wenn Frau und Tochter dies nicht so gut beurteilen können, weil ihr Auge anders konstruiert ist, dann ist es eine Tortur für sie, wenn der Papa andauernd überholt, wiewohl sie Angst haben. Hier muß man die „goldene Regel" auf etwas anderes beziehen, was ihm Angst/Frust bereiten würde. Dann sollte er sich fragen: Wie fände ich es, wenn man **das** (was auch ich hasse) mit mir machen würde?

Vgl. auch meinen Video-Vortrag Männer/Frauen – mehr als der kleine Unterschied?, 2002.

.

Meditation

Meditation gehört zu den Dingen, die man sich nicht „anlesen" kann, man muß sie erleben. Allerdings gibt es mehrere Möglichkeiten, meditativ zu SEIN, sogar, indem man MEDITATIV HANDELT. Früher hieß es, alles Handeln sei a priori tuns-orientiert, Meditation aber müsse seins-orientiert ausgeführt werden (die Absichtslosigkeit des Tuns im Sein). Aber inzwischen wissen wir, daß man auch Handlungen meditativ ausführen kann.

Strategie Nr. 4

Vgl. Teil II, **Meditatives Tun**, ab S. 126 ff.

Deshalb möchte ich hier nur festhalten:

1. Meditativ ist in ihrer Wirkung **kumulativ**, d.h. man muß täglich meditieren, um die Vorteile dieser Wirkungen zu spüren. Am besten sechs Wochen lang täglich 10 Minuten ausprobieren und dann erst entscheiden, ob es Ihnen guttut. Wenn ja, dann möchten Sie weitermachen, wenn nein, dann werden Sie bereits die sechs Wochen nicht durchhalten. Ihr Unterbewußtsein weiß, ob es gut für Sie ist, aber Sie müssen ihm durch diesen 6-Wochen-Ansatz eine echte Chance geben.

   Es gibt zwei wichtige Begriffe, über die Sie ein wenig wissen sollten, nämlich MANTRA und MANDALA. Wir kommen später auf beide zurück.

   Mantra mandala

2. Falls Sie „altmodisch" meditieren wollen, im Sinne des **meditativen Sitzens**, dann müssen Sie eine ganz wichtige Sache über das Sitzen an sich wissen: Meditations-Gurus erzählen gern, man müsse mit einem geraden Rücken sitzen, aber wenn Sie den Trick nicht kennen, werden Sie (unnötige) Schmerzen erleiden. Deshalb gilt: Sie benötigen ein kleines Sitzkissen unter der hintersten Kante Ihres Allerwertesten (siehe Abb.), dann wird der Rücken automatisch gerade, und es tut Ihnen nichts weh. Es reicht auch ein zusammengerolltes Handtuch; wenn ich gar nichts habe, setze ich mich auf die Spitzen meiner Schuhe.

Schneider-Sitz 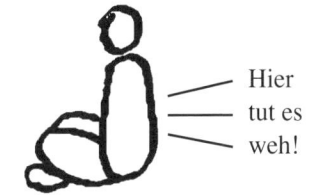   mit geradem Rücken (Hier tut es weh!)   mit Sitzkissen angenehm!

Übrigens könnte so ein Mini-Kissen auch auf Stühlen und im Auto günstig sein: Wird das Steißbein gestützt, dann wirkt sich das wohltuend auf den oberen Bereich aus. Testen Sie es einmal.

Augen auf? Augen zu?

Ein weiteres Problem für Einsteiger hängt an der Frage, ob die Augen offen oder zu bleiben sollen. Nun, mit geschlossenen Augen geht es anfangs leichter, aber nach einer Weile möchten Sie vielleicht mit offenen Augen üben. Dabei müssen Sie nämlich den „weichen Blick" erzeugen, den wir unter der zehnten Technik des **Meditativen Tuns** (Meditatives Schauen, S. 134 ff.) finden. Er ist so wichtig, daß diesem Buch neben dem farbigen Gefühlsrad auch eine Karte beigegeben wird, damit Sie diesen Blick trainieren können. Manche richten Ihren „weichen" Blick gerne geradeaus auf eine gegenüberliegende Wand, das ist die typische Sitzhaltung im japanischen ZaZen (stillen Sitzen), aber wenn Sie in der Natur oder einer großen (Meditations-)Halle meditieren, dann können Sie einen Punkt am Boden wählen, ca. anderthalb bis zwei Meter vor Ihnen (das hängt von der Sehkraft Ihrer Augen ab) und Ihre Augen dort „ruhen" lassen.

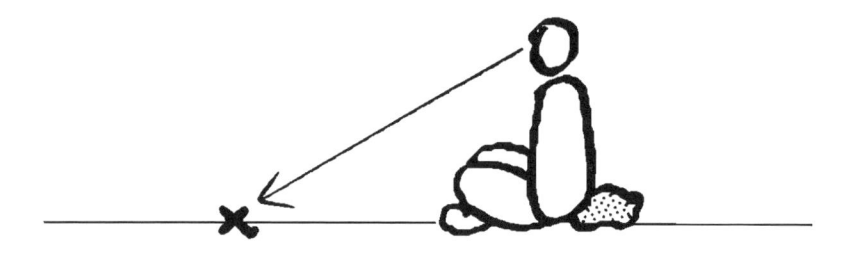

Wenden wir uns nun den beiden Begriffen des Mantras und des Mandalas zu.

Mandala

Der Begriff „**mandala**" ist ein Sanskrit-Wort und bedeutet wörtlich „Kreis". Deshalb waren die ältesten Mandalas **kreisförmige Bilder**, die man als Meditations-Hilfe benutzte. Indem man sich quasi „in das Mandala hineinversetzte", erzeugte man den „weichen Blick" (siehe S. 134 ff.) und die meditative geistige Haltung.

Teil I – Was Sie alles wissen sollten, bevor Sie sich effektiver ärgern können   53

Später entwickelten sich auch Mandalas, deren Grundform den Kreis nur noch andeuten, z.B. Blumenformen, deren (spitze) Blätter den (gedachten) Kreis zwar durchbrechen, aber weiterhin andeuten.

Auch gibt es Mandalas mit einer fast perfekten Kreisform, bei denen nur an vier Stellen eine Blüte durch den Kreis bricht (quasi die vier „Ecken" des Kreises), eine Sonderform (vgl. auch Randspalte).

Nun haben Untersuchungen gezeigt, wie HEIL-sam es sein kann, das Mandala lange anzuschauen, aber nicht jedem liegt das meditative Davorsitzen, deshalb entwickelte sich die Möglichkeit, sie auszumalen. Das enthebt uns der Notwendigkeit, diese geometrischen Formen selbst konstruieren zu müssen, hat aber eine ähnlich positive Wirkung (vgl. Teil II, S. 127 ff.).

Ausnahmen sind z.B. eckige Mandalas, die **in der Regel doppelt symmetrisch** sind, so daß ihre rechte und linke Hälfte, aber auch ihre obere und untere Hälfte je spiegelbildlich sind. Eine weitere Ausnahme stellen tibetische Mandalas dar, bei denen an jeder der vier Seiten unterschiedliche Elemente zu entdecken sind.

Mantra oder Mantram

Ein brillantes Buch über den Umgang mit Mantras im Alltagsleben (auch losgelöst von Meditation) ist Eknath EASWARAN: *Mantram – Hilfe durch die Kraft des Wortes*. Bitte lassen Sie (zumindest zunächst) das 20seitige Vorwort aus; es stammt aus der Feder eines Professors, der dem Autor in unzulässiger Weise vorgreift und die Leser eher verwirrt als aufklärt. Lesen Sie also bitte nur den Autor, EASWARAN, selbst.

Zwar sagen viele „Mantra", aber manche (vor allem Inder) neigen eher dazu, „Mantram" zu sagen.

Die Grundbedeutung des Sanskrit-Wortes „**mantra**" ist „Spruch oder magische Formel"; somit entspricht das Mantra gewissermaßen einem „Zauberwort". Im Hinduismus und Bhuddismus gehört die ständige Wiederholung solcher Mantras noch zum Alltagsleben – nicht nur als Meditations-Hilfe, sondern auch „nur so". So berichtet der Autor des empfohlenen Buches (vgl. Randspalte) von seiner Oma, die mit dem Reisigbesen den Hof kehrte und dabei laut ihr Mantram sang. Derselbe Autor gibt uns auch eine wunderbare Metapher für die Funktion eines Alltags-Mantras, das wir nicht als „Zauberwort" sehen, sondern als Hilfe, den Geist ruhigzustellen:

Bei den religiösen Zeremonien in Indien werden oft (heilige) Elefanten eingesetzt. Wenn nun so ein grauer Riese durch ein kleines Dorf marschiert, durch die enge zentrale Gasse, dann ist sein Rüssel ununterbrochen in Bewegung, und das birgt Gefahren: Hier grabscht der Elefant sich eine Melone vom Fruchtkarren, dort klaut er die Blumen vom Balkon im ersten Stock eines Hauses etc.

Nun, was macht der intelligente Elefantenwärter? Er gibt dem Elefanten einen Stab! Der Elefant schreitet nun majestätisch durch die enge Gasse und trägt den Stab.

So ähnlich ist es, wenn wir **unangenehme Gefühlszuständ**e „erleiden" – von Ärger, über Neid (eine besonders giftige Form von Ärger!) bis hin zu Sorgen. Jetzt neigen wir nämlich dazu, den Unlust-Zustand ständig zu verstärken, weil unsere ununterbrochen umherirrenden Gedanken dem Elefantenrüssel gleichen, der andauernd in Bewegung ist.

Wie aber soll aus dieser hektischen Gemütsaktivität **Ruhe** in unseren Geist einkehren können? In solchen Augenblicken scheint uns der Gedanke, Meister unserer Gedanken (sprich: der Elefantenführer) zu sein, vollkommen absurd. Wir „werden" gleichsam momentan „gedacht". Wir fühlen uns hilflos, ausgeliefert, Opfer des ruhelosen „Elefantenrüssels". Aber es gibt eine Möglichkeit, diesen „Elefantenrüssel" ruhigzustellen, nämlich mit einem Mantram. Es wirkt jetzt wie der „Stab" des Elefantenführers; es beruhigt den Geist, so daß wir aus dem hilflosen „Im-Kreise-Denken" ausbrechen können. Ganz abgesehen davon, daß die Art der inneren Ruhe, die sich durch die Mantram-Technik bald einstellen wird, uns in allen Situationen helfen wird, in denen wir früher leicht erregbar waren. Wir gewinnen also sowohl eine wunderbare Hilfe für akute Unlustmomente als auch, ganz allgemein, mehr Seelenruhe!

Üben können wir bei allen Tätigkeiten, die unsere Aufmerksamkeit nur teilweise beanspruchen (z.B. Körperpflege, Hof kehren, Auto waschen, Gassi gehen). Hier kann man das Mantram innerlich ständig wiederholen. Ebenso kann man kleine Wartezeiten mit dem Mantram „füllen": Sie warten auf eine Telefonverbindung, der Fotokopierer muß erst warm werden, der Paketdienst-Mitarbeiter braucht eine Weile, um das Paket die zwei Stockwerke hinaufzutragen – solche Momente sind hervorragend geeignet, um das Mantram zu wiederholen. Neben dem Mantram-Effekt (jede Wiederholung stärkt die Wirkung des Mantram) werden Sie gerade in solchen Situationen ruhiger wirken, in denen Sie früher vielleicht ungeduldig geworden waren ...

Wenn Sie mit dem Mantram „arbeiten", stellen Sie bald fest, daß kontra-produktive negative Gedanken (der „Elefantenrüssel in Bewegung") immer seltener werden bzw. daß Sie, wenn der Elefantenrüssel zu stören beginnt, ihn viel schneller als früher „in den Griff" bekommen werden.

Nun gibt es prinzipiell zwei Möglichkeiten: Einerseits kann man den Geist mechanisch zur Ruhe bringen, indem man stereotyp etwas wiederholt – diesem Zweck dienen auch die qualitativ hochwertigen Ablenkungen unter **Q** (Quintessenz oder Quatsch, S. 62 f.).

Andererseits kann man die Idee des „Stabes" für den Rüssel mit der Kraft, die Worten innewohnt, verbinden und eine positive Formulierung wählen. Oder man kann ein echtes Mantram wählen, wobei ich Ihnen das erwähnte Buch (Eknath EASWARAN: *Man-*

Hier handelt es sich sozusagen um einen schmucklosen Eisenstab für den Elefantenrüssel, z.B. könnten Sie immer wieder von 1 bis 7 zählen (das ergibt 8 Silben; eine gerade Silbenzahl eignet sich gut zum stetigen Wiederholen).

tram – *Hilfe durch die Kraft des Wortes*) sehr empfehlen möchte (ich wiederhole ebenfalls: bitte das Vorwort von Prof. APPLEBY auslassen!).

Neue emotionale Erfahrung

Die LeserInnen des Birkenbihl-Beratungs-Briefes werden Teile dieses Moduls wiedererkennen ...

Eine Frage, die immer wieder auftaucht, lautet: **Können wir Verhalten verändern?** Auf die Thematik dieses Buches bezogen, hieße das: Nützt es denn, so ein Buch zu lesen? Schaffe ich es, das eine oder andere umzusetzen?

Nun, um Verhalten (dauerhaft) zu ändern (unser eigenes oder das anderer Menschen), brauchen wir eine „new emotional experience" (= eine neue gefühlsmäßige Erfahrung). Diese neue emotionale Erfahrung muß in unserem **Herzen** etwas bewegen, nicht (nur) im Kopf! Sie kann (und wird in der Regel) eine wichtige Einsicht enthalten, aber Logik und Ratio allein werden niemals Verhalten verändern!

Wenn Sie nun eine Textstelle in einem Artikel oder Buch (inkl. Literatur!) lesen, die Sie bewegt, dann entsteht diese „Bewegung", weil eigene Saiten in Ihnen zum Schwingen kommen. So fühlt man sich im Wortsinn angesprochen, anders nicht. Das heißt: Wenn Sie sich „echt" angesprochen fühlen, dann haben Sie eine Chance, das Vorgeschlagene zu verwirklichen. Aber wenn Sie einen Punkt „theoretisch" einsehen, nur praktisch nie schaffen, sollten Sie darüber mit einigen Ihrer Mitmenschen sprechen – so lange, bis einer von ihnen ein eigenes Erlebnis beisteuern kann, das auf die „graue Theorie" paßt. Sie lauschen, und auf einmal macht es „Klick", Sie erfahren ein sogenanntes Aha-Erlebnis (nach Karl BÜHLER).

Wohlgemerkt, er sprach nicht von der *Aha-Schlußfolgerung* (Logik & Ratio), sondern von einem ER-LEB-nis, das das ganze LEBewesen erfaßt! Somit beschreibt auch das *Aha-Erlebnis* die Idee der neuen emotionalen Erfahrung!

Einer der besten Wege, eine neue emotionale Erfahrung zu kreieren, sind Stories. Geschichten können aufgrund der Fähigkeit des Menschen, seine Phantasie zu nutzen, (fast) so gut wie real Erlebtes sein. Wenn eine Story unser Hirn & Herz bewegt, dann hat sie in uns die Bereitschaft geschaffen, etwas zu verändern. Mit anderen Worten:

Jede Story kann eine andere (zukünftige) Wirklichkeit erzeugen als jene Zukunft, die wir ohne jene Story erlebt hätten.

Hört oder liest man eine Geschichte, in der jemandem eine wichtige Einsicht oder ein echtes überraschendes Aha-Erlebnis „zugestoßen" ist, dann kann ähnliches jeder Person widerfahren, die die Story liest/hört. Daher kann jede Story uns potentiell eine Pseudo-Erfahrung bieten, die zum Mit-Lernen einlädt!

Jede Story kann als mentale VR (virtuelle Realität) gesehen werden. VR steht ja für eine Simulations-Technik (ob mit PC, im Kopf, in einer Spielkonsole oder in einem großen Ereignis-Park). Jede VR kann ein ähnlich intensives emotionales Erlebnis in uns auslösen, wenn wir uns mit den „richtigen" Personen in der Geschichte identifizieren!

Deshalb „funktionieren" Stories so hervorragend. Dies gilt natürlich auch für Parabeln und Gleichnisse, wie sie uns die großen Meister (z.B. Buddha, Jesus) seit Jahrtausenden erzählen, eben weil sie neue emotionale Erfahrungen auslösen und deshalb das Verhalten der ZuhörerInnen (LeserInnen) verändern können, **wenn** die Betroffenen dies wünschen.

Für gute Stories vgl. CANFIELD et al.: *Hühnersuppe für die Seele* (im Deutschen sind bisher zwei Bände erschienen, mindestens einen davon gibt es auch als Hörbuch). Auch mein Taschenbuch *StoryPower* enthält eine Reihe von Stories, die mir etwas gesagt haben ...

Nicht zuletzt deshalb sollten wir auch Romane und Stories lesen, nicht nur Sachbücher!

S: Stories stiften Sinn!
T: In einer Story können die wichtigen Elemente (Weisheit, Hilfe) einzeln vorgestellt und geistig durchgecheckt (ge-**TEST**-et) werden, bevor das neue Element bekannt ist (Hautfarbe).
O: Stories **öffnen uns** für andere, alternative Möglichkeiten (vgl., wie z.B. gute Science-fiction uns für andere mögliche Zukünfte öffnet!).
R: Es muß (seelisch-emotionale) **Resonanz** bestehen, damit sich die Wirkung einer Story entfaltet. Wer die Idee hinter der Story nicht begreift, kann aus dieser keine Lehre ziehen (ohne Resonanz bleibt das Herz stumm).
I: Nur wenn wir uns **identifizieren**, kann eine Story uns bewegen und unsere ...
E: ... **Evolution** (Entwicklung) voranbringen, die individuelle wie die unseres Volkes ... Beide sind Voraussetzungen für die emotionale ERFA (Erfahrung).
S: Das zweite „S" möchte ich hier dem **Sehen & Schauen** widmen: Durch gute Stories können wir **Dinge anders sehen** als zuvor, und darin liegt ihre immense Be-REICH-erung für unser Leben!

Optimistisch/pessimistisch denken

Der Dialog ist einer von drei Abschnitten dieses Buches, die ich meinem großen Gedächtnis-Kassettenseminar (Memory Optimizer, Oktober 2001, USA) entnommen habe, wobei die Textstellen leicht redigiert wurden, damit sie allein stehen können. Es handelt sich um ein didaktisches Gespräch zwischen mir (bi) und einem Klienten (Mike).

erlernte Hilflosigkeit

Mike Als Student jobbte ich oft in einer großen Firma, und bei der Arbeit neigte ich dazu, mich über Dinge aufzuregen, wobei ich mit der Aufregung anders umging, als zu Hause bei vergleichbaren Ärger-Situationen. Wenn einer der Kollegen mir auf den Geist ging, dann konzentrierte ich mich immer auf etwas, das getan werden mußte. Rückblickend kann ich sagen, es hat mich niemals so lange beeinträchtigt wie zu Hause, wenn meine Freundin etwas getan oder gesagt hatte, was mich störte. Sie aber war eine große Meisterin, wenn es darum ging, an negativen Gefühlen festzuhalten. Wenn etwas mich im Büro zwei Minuten lang aus der Ruhe bringen konnte und etwas Vergleichbares mich zu Hause zehn Minuten lang schaffte, dann konnte sie sich stundenlang, ja tagelang davon vereinnahmen lassen! Im Vergleich zu ihr habe ich das besser geschafft!

bi Das ist bei Männern öfter so.

Mike Das klingt aber politisch nicht korrekt!

bi Nun, es wurde trotzdem von einem Mann festgestellt: Martin SELIGMAN. Er ist einer der Pioniere zum Thema „erlernte Hilflosigkeit". Er und seine Studenten und Kollegen fanden heraus, daß Frauen sich länger mit negativen Dingen beschäftigen. Sie fragen sich immer und immer wieder, ob sie anders hätten reagieren sollen, oder was sie besser hätten tun können; sie können stunden- oder tagelang innerlich wiederholen, wie dämlich sie zu sein scheinen, oder daß gerade ihnen diese Dinge ziemlich oft passierten und so weiter.

Mike Also heißt das, daß Frauen in punkto pessimistischem Denken besser sind?

bi Das Gegenteil ist wahr.

Mike Jetzt haben Sie es wieder geschafft, mich in Erstaunen zu versetzen!

bi Nun, das liegt daran, daß Sie anscheinend von einem anderen sehr ansteckenden Virus unserer Gesellschaft infiziert sind.

Vgl. Sie auch meinen Video-Vortrag hierzu: Viren des Geistes.

Mike Von welchem?

bi Daß Sie *pessimistisch denken* mit *negativem Denken* gleichsetzen. Das stimmt zwar manchmal, aber nicht immer, nicht einmal häufig. SELIGMAN wies darauf hin, daß das, was wir pessimistisches Denken nennen, die Fähigkeit beschreibt, eine Gefahr wahrzunehmen und sie in der Vorstellung durchzuspielen, so daß man das Richtige tun kann, um eben jene Gefahr zu vermeiden! Im Gegensatz hierzu steht negatives Denken, im Sinne einer Tendenz, sich selber klein zu machen, sich in die Pfanne zu hauen, sich einzureden, was für ein Trottel man denn sei, oder gedankliche Allgemeinplätze wie „Die Dinge werden NIE besser" oder „Keiner liebt mich" etc.

[Randnotiz: pessimistisch denken muß nicht unbedingt negativ sein!!]

Mike Das ist es, was man jedoch oft als *pessimistisches Denken* bezeichnet, ich verstehe. Und dieses negative Denken, darin sollen Frauen gleichsam besser sein?

bi Ja. Statistisch gesehen verharren Frauen länger als Männer in solchen Gefühlen; diese gehen nämlich schneller wieder zum Alltagsgeschäft über – wie Sie damals in der Firma, in der Sie gejobbt haben.

Mike Ich nehme an, meine Variante dürfte für unser Selbstwertgefühl besser sein! Reine Psychologie!

bi Ganz zu schweigen von unserem Immun-System!

Mike Das ist physiologisch! Oh! Deshalb haben Sie die Tatsache hervorgehoben, daß Gefühle eine physiologische Grundlage haben ...

Vgl. Candace PERT (unter **G,** Gefühle, S. 34).

bi ... die Rückkoppelungs-Schleifen hervorbringen ...

Mike Also gilt: Je länger wir an einem spezifischen Gefühl festhalten, desto mehr verstärken wir gerade dieses Gefühl. Wir RE-KONSTRUIEREN die Erinnerung an diesen mentalen Zustand fortwährend und stabilisieren ihn?

Sie sehen, es spricht einiges dafür, **optimistische Denk-Strukturen zu lernen.** Es geht bei SELIGMAN niemals um „leeren Optimismus", im Gegenteil. Er meint, die Fähigkeit, Probleme vorherzusehen und rechtzeitig zu reagieren, sei möglicherweise der wesentliche Punkt, der uns von anderen Menschentypen (wie dem Cro Magnon oder dem Neanderthaler) unterschieden haben könnte. Also könnte diese Weise, „pessimistisch" zu denken, unser Überleben schlechthin garantieren, als Art und als Individuum.

[Randnotiz: leerer Optimismus?]

SELIGMAN: Wer mehr darüber – auch Hintergrund plus die Technik, wie man seine Gedanken sinnvoll positivieren lernt – sucht, sollte *Pessimisten küßt man nicht* lesen. Wer lieber etwas weniger Text (und Hintergrund-Studien) sucht, dafür aber die Technik Schritt-für-Schritt, lese lieber *Kinder brauchen Optimismus*. Sie müssen weder ein Kind haben (noch eines sein), um von diesem (neueren) Titel zu profitieren! Für Forscher gibt es einen dritten SELIGMAN-Titel im Deutschen: *Erlernte Hilflosigkeit*.

Nun fragt man sich vielleicht: Ja, wann darf man denn jetzt positiv oder wann soll man negativ denken? Diese Frage beantwortet SELIGMAN mit einer brillanten Denk-Strategie, nämlich: **Fragen Sie nach dem Preis!**

Beispiel: Als verantwortungsvoller Busfahrer werden Sie, wenn ein rotes Lämpchen über dem Bremssymbol leuchtet, nicht weiterfahren (nach dem Motto: Neulich im Seminar für positives Denken gewesen ... wird schon gutgehen). Der Preis ist zu hoch und müßte von Menschen gezahlt werden, die in Ihrer Obhut sind!

Wenn Sie aber feststellen, daß Sie dazu neigen, oft und lange in negativen Gedanken (insbesondere der selbst-anklagenden Art) zu verharren, zahlen nur Sie den Preis. Diese Selbstkasteiung hilft Ihnen nicht, potentiellen Gefahren zu entkommen, es macht Sie einfach fertig. Wenn Sie gefährdet sind, empfehle ich Ihnen unbedingt, mindestens eines der angeführten SELIGMAN-Bücher zu lesen.

P Perfektion

Schon vor 2500 Jahren stellte ein asiatischer Weiser fest: Die Suche nach Perfektion kann uns krank machen. Dabei sollten wir zwischen zwei Arten von Perfektion unterscheiden: Zum einen eine naturgewachsene Erscheinung, z.B. ein perfekter Kirschblütenzweig. Sie wissen vielleicht, daß viele Japaner jedes Jahr lange Wege auf sich nehmen, um in irgendeinem Kirschbaumhain diese spektakuläre Blüte mitzuerleben. Da steht man staunend vor dem Kirschbaum und sieht die perfekte Ausformung dessen, was ein Kirschblütenzweig im Optimalfall sein kann.

Zum anderen gibt es von Menschen geschaffene Dinge. Nun neigen manche Menschen dazu, jede Handlung mit einem Perfektions-Maßstab zu messen und sie nun zu be- oder verurteilen. Darauf bezog sich der erwähnte Satz des Weisen, denn es macht uns verrückt (im Sinne von geisteskrank = krank im Geist), wenn wir dieser Art von Perfektion hinterherjagen wollen.

Ob wir nun unser eigenes Verhalten am Perfektions-Maßstab messen und auf uns selber böse werden oder ob wir andere angreifen, weil ihre Handlungsweise uns nicht gut genug erscheint: Immer produziert diese Suche nach Perfektion in der Menschenwelt Frust, Schmerz, Ärger – also Streß!

Vergleichen Sie Platos **Idee eines idealen (= perfekten) Kreises** mit einem gezeichneten, realen (materiellen) Kreis, den wir mit einem Stock in den Sand ritzen. Sie kennen wahrscheinlich die Story von Albrecht DÜRER, der freihändig einen perfekten Kreis gezeichnet haben soll. Selbst wenn DÜRER seinen Kreis tatsächlich für das nackte Auge „perfekt" gezogen hätte, gilt: Er arbeitete mit Kreide auf einer alten Tafel, und schon eine genaue Betrachtung mit dem Vergrößerungsglas hätte zahllose Imperfektionen (Einkerbungen und Löcher in der Kreislinie) zutage gefördert. Nähmen wir eine Lupe oder gar ein Mikroskop zu Hilfe, wäre die Wirkung der Imperfektionen gigantisch. Aber das nackte Auge kann diesen Prozeß schon bei dem Kreis im Sand nachvollziehen; auch er kann nur „annähernd rund" werden.

Ich möchte daher einen Wirklichkeits-Index© vorschlagen:

Je idealer der Maßstab, desto unwahrscheinlicher ist Perfektion in der materiellen Welt.

Wenn wir unsere **Meßlatte der Perfektion** anlegen, dann könnte der Vergleich wie folgt aussehen:

1. PLATOs idealer/ideeller Kreis **(0 % real)**   **100 % Perfektion**
2. DÜRERs realer Kreis **(weniger ideal)**   **90 % Perfektion**
3. Unser realer Sand-Kreis **(noch weniger ideal)**   **75 % Perfektion**

Im Klartext: Stellen Sie sich ein Spektrum von 0 bis 100 % vor: 100 % werden so gut wie nie erreicht, wenn der Wirklichkeits-Index© bei 100 % liegt. Entweder eine Sache ist perfekt, oder sie ist real, sie wird so gut wie nie beides sein (spätestens wenn wir den Blickwinkel verändern oder den Vergrößerungsfaktor, werden wir Unreinheiten wahrnehmen).

> Übrigens stehe ich zu meinem Perfektions-wunsch: Ich will absolute Perfektion erreichen, und zwar am Tag meines 525. Geburtstages. Zwar werde ich ihn höchstwahrscheinlich nie erleben, aber ich bin immer auf dem Weg dahin.

Nun machen manche Menschen sich und/oder ihre Mitmenschen regelrecht krank, weil sie ständig mit dieser unrealistischen Perfektions-Erwartung an die Dinge herangehen. Haben sie selbst oder hatte jemand in ihrer Nähe etwas vergessen, ausgelassen, falsch gemacht, dann reagieren sie überproportional negativ. Sie drücken Frust, Ärger und Mißachtung aus. Warum? Weil ihre unrealistische Erwartungshaltung ent-TÄUSCHT wurde (Ent-TÄUSCHung = die Täuschung hört auf). Wenn man aber ein für allemal begriffen hat, wie unrealistisch diese Perfektions-Suche ist, kann man lernen, gelassener zu reagieren.

Fazit: Wir dürfen Perfektion anstreben, denn hohe Ziele helfen uns, stetig besser zu werden. Wir dürfen uns darum bemühen, uns immerfort zu verbessern und uns über jeden Millimeter, den wir uns diesem hehren Ziel nähern, zu freuen. Aber wir müssen erstens begreifen, daß 100 % Perfektion nur in einer ideellen oder idealen Welt möglich wären, und zweitens sollten wir uns darüber klar sein, daß die meisten von uns unbewußt Perfektion von der Welt erwarten. Diese Erwartung aber ist unrealistisch und muß ent-TÄUSCH-t werden, was uns dann frustrieren oder ärgern kann. Deshalb wollen wir diesem Ärgernis vielleicht entgegenwirken (mit der Strategie in Teil II, **Perfektion**, S. 139 ff.).

Q Quintessenz oder Quatsch

Es gibt zwei Quintessenzen für dieses Buch-Seminar:

> Quintessenz Nr. 1
> Vgl. Frosch-Adler-Metapher von Wayne DYER, S. 81.

1. Frosch oder Adler? Können wir wirklich wählen?

Sie kennen die leidige Streitfrage zwischen dem metaphorischen Frosch und dem Adler. Die Frosch-Position macht uns zum Opfer (unserer Gene, Hormone und/oder unserer Erziehung), während die Metapher des Adlers uns Verantwortung für unser Leben gibt.

   Leider verwechseln viele Menschen Verantwortung
   mit Schuld.

Wenn ich **Verantwortung** übernehme, dann bemühe ich mich um das mir jeweils mögliche beste Ergebnis (ich verpflichte mich also zu lebenslangem Lernen, hohem Qualitäts-Standard etc.). Aber Verantwortung darf nicht mit Schuld verwechselt werden, denn Schuld löst Scham- und Peinlichkeits-Gefühle aus. Schuld impliziert außerdem, daß man willentlich „böse" war (vgl. Schuld-Bekenntnis) bzw. daß man andere zum eigenen Vorteil betrogen, verletzt, getötet (etc.) hat. Die Schuldfrage vernebelt meines Erachtens die Zielstellung vollkommen, deshalb lassen Sie uns deutlich sagen: Schuld? **Quatsch!**

2. Perfektion – natürlich nicht!

Quintessenz Nr. 2

Diesem Gedanken schließt sich an, daß wir der Suche nach Perfektion immer wieder in die Falle gehen. Deshalb sagen Menschen mir, wenn ich nicht optimal reagiere: „Aber Sie machen doch Seminare und Vorträge dazu!" Im Klartext: Ich muß nun perfekt sein! **Quatsch**. Wenn etwas nicht optimal läuft, dann bemühe ich mich zwar, aus dieser (jetzt vielleicht) problematischen Situation das (mir heute) beste zu machen, aber:

Vgl. hierzu **P** (Perfektion, S. 139 ff.).

Natürlich gelingt es nicht immer bzw. nicht immer zu 100 %.

Aber erstens bin ich durch mein Wissen und mein Bemühen heute weit sensibler geworden, so daß ich es (meistens) merke, wenn ich im Begriff bin, Leute zu verletzen, was mir die Chance gibt, damit aufzuhören (während ich früher völlig unsensibel weiterpreschte!). Zweitens kann ich mich heute entschuldigen, wenn ich im nachhinein merke, daß ich stur, rechthaberisch, unfair etc. war. Auch das war früher undenkbar, war ich doch überzeugt, daß die Welt mir an den Kragen wollte (damals, als ich noch viel häufiger Opfer war).

Jede Verbesserung bringt uns weiter. Lieber „wenig" anstreben und erreichen, als Perfektion zu fordern, die unmöglich ist.

Wenn es „immer öfter" gelingt, dann halte ich das für ein erstrebenswertes Ziel.

Auch das ist wichtig: Natürlich gibt es noch immer Bereiche, in denen ich „herumquake", aber es sind weniger geworden, und ich quake weniger heftig und kürzer als früher. Und genau das ist die 2. Quintessenz: Effizienter ärgern!

Erinnerung: Effizienter ärgern = seltener, kürzer und weniger tief/heftig ärgern.

Alles klar?

R

Repertoire

Beginnen wir mit einem Gedanken, den wir uns nicht oft genug „vorhalten" können:

> Jedes Verhalten kann durch Training verbessert werden. Bei „klassischen" Tätigkeiten (von Sport bis Sprachen lernen) wissen wir das natürlich. Aber im normalen Leben? Wie sieht es aus mit unserem Repertoire für den Umgang mit Frustration, Streß, Ärger etc.?

Im Seminar stelle ich manchmal ein Keyboard auf die Bühne und spiele mit einem spitzen Finger (wie jemand, der nicht spielen kann) „Hänschen klein". Nun frage ich, wer diese Melodie auf einem Instrument nachspielen (oder auch nachsingen) könnte. Es melden sich viele Menschen. Klar. Dann spiele ich eine kleine Passage aus einem „klassischen" Stück und stelle dieselbe Frage. Diesmal gehen nur wenige Hände in die Höhe. Nun erkläre ich:

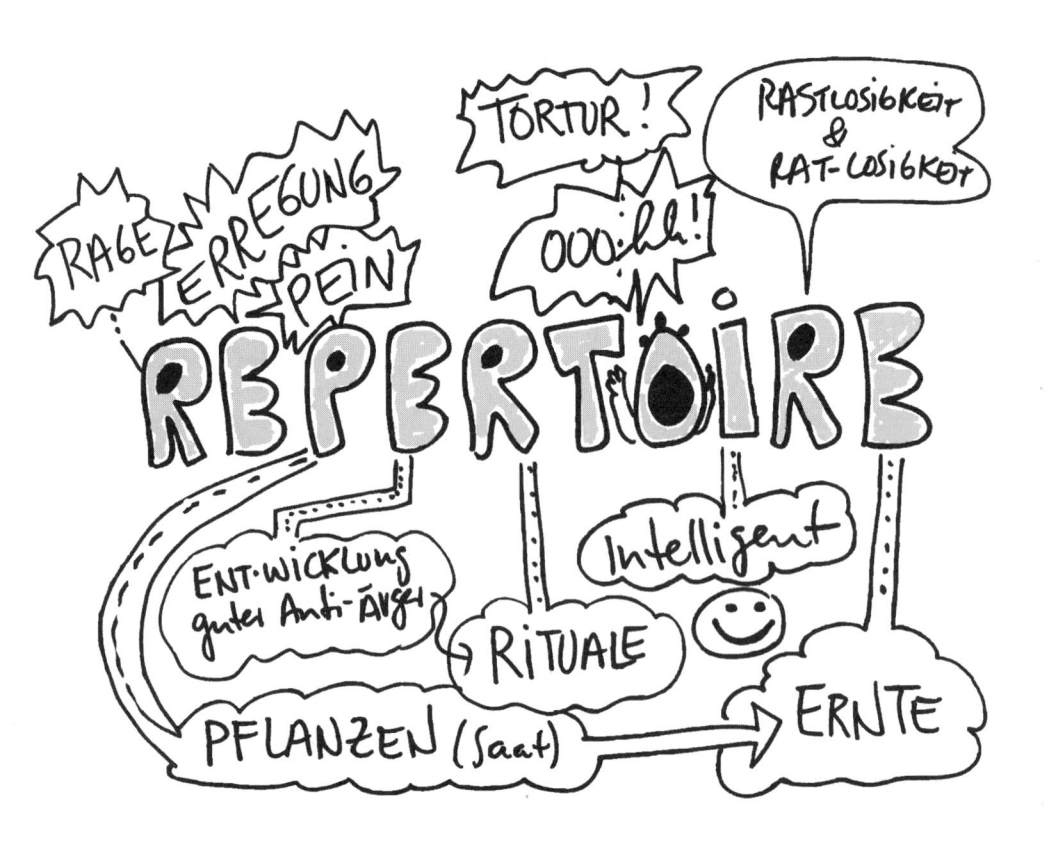

Genaugenommen setze ich diese kleine Demonstration nicht nur ein, wenn es um Ärger-Bewältigung geht, sondern immer dann, wenn es um Bereiche geht, in denen wir anzunehmen scheinen, man müsse mit der notwendigen Kompetenz geboren worden sein.

Bei einem Musikinstrument wissen wir alle, daß Kompetenz nur durch Üben erreicht wird. Aber wenn es darum geht, kompetent mit unserem Ärger umzugehen, dann sagen wir: „Das habe ich schon einmal versucht, das kann ich nicht!" Ist das nicht absurd?

Wenn wir lernen wollen, uns weniger zu ärgern, dann sollten wir besser mit diesen dunklen, heißen, lähmenden, krank machenden Gefühlen klarkommen. Das fordert **Verhaltens-Kompetenz**, und diese ruft nach Training (vgl. **Teil II**, Training der Gefühle, S. 153), und so vergrößern wir unser Verhaltens-Repertoire (mit möglichst vielen der Strategien in Teil II dieses Buches).

Samariter-Effekt

S

Es gibt zahlreiche Studien, die einen faszinierenden Effekt aufzeigen. Da Forschungsergebnisse besser zu merken sind, wenn man einem beobachteten Effekt einen Namen gibt, spricht man in Bezug auf diese Hilfsbereitschafts-Beobachtung vom Samariter-Effekt. Nämlich:

Strategie Nr. 5

Vgl. auch **A** (Ärger ist ansteckend, S. 13 f.). Matt WEINSTEIN berichtet (in seinem hervorragenden Buch: *Management by fun*) über zwei Studien seines Freundes, des Psychologen Dale LARSON.

Wenn man jemandem eine Freude macht, ist er anschließend hilfsbereiter.

LARSON hat beobachtet, daß so gut wie niemand die Telefonzelle verläßt, ohne in das Geldfach zu greifen (ist da eine Münze?). Dies galt sogar für Leute, die mit Karte telefoniert hatten.

Ist da eine Münze drin?

10 Cent hatten danach etwa den Gegenwert einer Tasse Kaffee in einem Restaurant.

Deshalb entwickelten er und sein Team ein Experiment, bei dem manche Leute ein 10-Cent-Stück fanden, manche nicht.

Nun war es Teil des Experimentes, daß im Augenblick, da die Versuchsperson (VP) die Telefonzelle verließ, ein/e StudentIn (als UntersuchungsleiterIn) des Weges kam und just in dem Augenblick, da die VP aus der Zelle trat, einen Meter entfernt alle seine/ihre Bücher auf die Straße fallen ließ. Ein kleines Mißgeschick!

Was LARSON und seine Leute wissen wollten, war: Würde es einen Unterschied in der **Bereitschaft** zum Helfen (bücken, Bücher einsammeln) geben? Und wenn ja (das habe ich ja schon verraten), erhebt sich die zweite Frage: Um wieviel steigert dies die Hilfsbereitschaft (im statistischen Schnitt)? Raten Sie bitte:

- ❐ 25 % höher
- ❐ 50 % höher
- ❐ doppelt so hoch
- ❐ dreimal so hoch
- ❐ viermal so hoch

Fragen wir uns zuerst, wie es mit dem Gegenteil aussieht – schließlich wissen wir aus eigener Erfahrung: Schon kleinere Läuse, die uns über die Leber laufen, können unsere Stimmung beeinträchtigen. Und wenn unsere Stimmung sinkt, dann wahrscheinlich auch unsere Hilfsbereitschaft, oder?

Na ja, Sie vielleicht nicht, aber Sie sind sicher die einzige Ausnahme, die die Regel bestätigt ...

Können wir uns vorstellen, daß auch die Antithese Sinn macht? Natürlich! Des weiteren halten solche „Läuse" oder auch ihr Gegenteil oft stundenlang an. Einer der erfolgreichsten Verkäufer Amerikas (das hieß damals „Klinkenputzen") hatte eine faszinierende Angewohnheit entwickelt: Er überreichte der ersten Dame, die ihm die Tür öffnete (das war noch vor den Tür-Sprechanlagen) eine frisch geschnittene Rose (er züchtete sie zu diesem Zweck). Sie reagierte freudig überrascht, und er sagte: „Gnädige Frau (das waren noch Zeiten, was?!), Sie sind die erste, bei der ich heute klingle. Und der ersten Dame überreiche ich immer diese Rose, auch wenn Sie mich nicht hereinlassen. Ich möchte den Tag mit einer positiven Note beginnen und Ihr Gesicht eben – ich glaube, es freut Sie ein bißchen?" Daraufhin erwiderte die Beschenkte in der Regel etwas Nettes, meist ließ sie ihn auch herein, und ihre erhöhte Bereitschaft, anderen eine Freude zu bereiten, könnte das Zünglein an der Waage gewesen sein, wenn eine nicht genau wußte, ob sie kaufen wollte.

Es ist natürlich unwahrscheinlich, daß jemand, der gar nicht kaufen wollte, wegen der Rose kaufen würde (sonst hätte dieser Superverkäufer jeder potentiellen Kundin eine Blume überreicht). Aber zwischen null Kaufbereitschaft und 100 % (Geben Sie schon her!!) liegt die berühmte Schwelle, welche überschritten sein muß, damit ein Kauf stattfindet. Und ich könnte mir vorstellen, daß die Rose die Skala um einige Prozentpunkte hinaufbewegt hat.

Nun, neben der erhöhten Bereitschaft, jemand anderem auch eine Freude zu bereiten, wollten LARSON und sein Team herausfinden, wie es konkret um die Bereitschaft zu helfen bestellt war. Hier ist das Ergebnis: Das Auffinden einer Münze erhöht die Hilfsbereitschaft nicht nur um den Faktor 4 (!!), sondern ...

Die Hilfsbereitschaft war auch Stunden später noch merklich erhöht.

Das sollten wir uns zunutze machen: Wenn wir verärgert sind und es gelänge uns, jemandem eine kleine Freude zu machen, dann hätten wir nicht nur unseren eigenen Ärger maßgeblich reduziert, wir hätten auch die Welt ein wenig besser gemacht. Falls Sie nicht glauben können, daß das Helfen einen selbst glücklich/er macht, probieren Sie es aus! So wie man, wenn man lächelt, seinen Ärger nicht lange „halten" kann (60 Sekunden am Stück lächeln, auch wenn niemand Sie sieht und es nur eine „Grimasse" ist), so kann man nicht „böse" bleiben, wenn man sich vorstellt, wie der Empfänger unserer kleinen guten Tat sich freuen wird.

Vgl. in Teil II einen strategischen Ansatz hierzu (**Unerwartete Freude mal zwei**, S. 158 ff.).

Toleranz

Der nachfolgende Beitrag über eine eigene jahrelange Untersuchung (U) zum Thema Ärger zeigt u.a.:

Wenn wir feststellen, daß andere Menschen intolerant sind, dann werden die meisten von uns ziemlich intolerant!

Faszinierend! Warum ist das so? Denken Sie mit: Wenn wir Toleranz von anderen fordern, dann sind das Momente, in denen sie uns nicht akzeptieren oder zumindest respektieren. Ähnlich bitten wir um Toleranz für Dritte, mit denen wir sympathisieren, von Leuten, die das nicht tun. Anders sieht es aus, wenn andere von

T

Strategie Nr. 6

U = Untersuchung (ab S. 71)

uns Toleranz erwarten bzw. erhoffen, weil wir sie ablehnen und sie darunter leiden.

Stellen wir uns (wieder einmal) eine Skala (von 0 bis 100 %) vor: Also von **null Toleranz** bis **100 % Toleranz**. Damit meinen wir die theoretisch größtmögliche denkbare Toleranz, zu der ein Mensch fähig sein könnte!

Toleranz SKALA 0% |————————————————| 100%

Nun stellen wir uns diverse „Typen" vor und fragen uns: Wie tolerant sind wir eigentlich?

Ich stelle Ihnen hier einen Fragebogen aus dem Seminar vor, er enthält einige der meistgehaßten Personen(gruppen). Fragen Sie sich ganz ehrlich: Für welche dieser Menschen(gruppe) könnten Sie wieviel Toleranz aufbringen, wenn Sie sich große Mühe gäben?

Tragen Sie hier Ihre Schätzung ein:

_____ %
_____ %
_____ %
_____ %
_____ %

_____ %
_____ %

_____ %

Auszug aus dem Haß-ABC (die zehn am höchsten gewerteten Haß-Objekte sind):

1. **Drogendealer, Fixer**
2. **Fanatische Fundamentalisten**
3. **Geizhälse**
4. **Homosexuelle**, die heiraten und/oder Kinder adoptieren wollen
5. **Journalisten**, die Homosexuelle outen, die sich gar nicht outen wollten
6. **Mörder** und: **Männer**, die ihre Frauen schlagen
7. **Neo-Nazis** (z.B. wenn sie das Haus von Asylanten anzünden), Skinheads, wenn sie z.B. Ausländer verprügeln
8. **Väter**, die ihre kleinen Töchter **sexuell mißbrauchen**

Ihre Wahl: Fehlt Ihnen noch etwas in dieser Haß-Liste?

Wenn wir die Übung im Seminar machen, sind die TeilnehmerInnen oft sehr betroffen. Denn die Übung macht uns etwas klar, was manche nicht unbedingt lernen wollten:

> Irgendwie glauben wir, wenn wir Leute ablehnen bis hassen (also nicht tolerieren), dann sei das schon o.k. – schließlich ist es doch normal, gewisse Leute abzulehnen!

Es ist also, genaugenommen, eine Glaubensfrage! Ebenso glauben wir: Wenn andere uns (oder von uns akzeptierte Gruppen) gegenüber intolerant sind, ist das eben nicht o.k. Arthur KOESTLER hat es vorgerechnet:

> In der Menschheitsgeschichte sind mehr Menschen aufgrund von Glaubensfragen verletzt, gefoltert und (nicht nur in Glaubenskriegen) ermordet worden, als durch alle großen Naturkatastrophen und Seuchen zusammengenommen.

Annahme: wir dürfen andere ablehnen; sie dürfen uns aber NICHT ablehnen ...

Wenn wir die Wortwurzel betrachten, wundern wir uns nicht mehr so sehr. Denn:

> Im Gegensatz zur Liberalität (von liber = frei hergeleitet) bedeutet **tolerare** „ertragen", „erdulden" und „erleiden".

Im Klartext: Wenn es nicht weh tut, ist es keine Frage der Toleranz, sondern eine der Liberalität! Die aber fällt uns leicht, da brauchen wir uns nichts darauf einzubilden. Aber:

> Erst wenn es schwerfällt, wenn wir innerlich kämpfen, können wir Toleranz üben (im Wortsinn!).

Bedenken Sie bitte, mit welcher Inbrunst wir uns über islamische **Fundamentalisten** aufregen, weil diese **Fanatiker** völlig unfähig seien, auch nur einen Gedanken zu akzeptieren, der nicht in ihr Schema paßt. Wir tun das, ohne auch nur einen Gedanken daran zu verschwenden, wie offen wir sind, wenn andere unsere Meinung angreifen. Wie finden wir es außerdem, wenn andere unseren Gedanken absolut nicht folgen (so daß wir ihre Meinung nicht erfolgreich angreifen können)?

*Wenn wir unser Repertoire (vgl. **R**, Repertoire, S. 64 f.) auch in diesem Punkt erweitern wollen ...*

Um diese Zusammenhänge geht es auch in meinem Video-Vortrag *Viren des Geistes*, in welchem ich eine Checkliste gegen Intoleranz und Fanatismus anbiete. Diese Liste basiert auf vier **T**s (wenn wir den englischen Begriff „truth" aus dem Englischen entlehnen). Je häufiger wir Ja sagen, desto fanatischer sind wir. Die erste Frage werden wir wohl immer beantworten, wenn die Situation die Checkliste sinnvoll macht (weil wir unsere Gedanken anderen aufzwingen möchten), aber wieviel weitere Ja-Antworten müssen wir geben? Bei drei oder vier Ja insgesamt sollten wir aufhören, andere als sture Fanatiker zu bezeichnen und uns darüber klarwerden: Wir sind die Sturköpfe!

- ❏ **T – TRUTH?** Halten wir unseren Gedanken für WAHR?
- ❏ **T – TUGENDHAFT?** Halten wir unsere Position für tugendhafter als die unseres Kontrahenten? (Mehr als ein Wortspiel: tugendhaft = Tugend in Haft, also eine gefangene Tugend, die nicht weglaufen kann.)
- ❏ **T – TABU?** Ist das Thema tabu, dann kann man weder forschen noch sich austauschen! In meinem Video-Vortrag zeige ich, wie das Thema Selbstbefriedigung jahrzehntelang so tabu war, daß die hanebüchsten „Forschungsergebnisse" nie in Frage gestellt werden durften (von wegen: da fallen uns die Finger ab, wir werden irrsinnig, etc.).
- ❏ **T – TOLERANZ?** Sind **wir** wirklich so tolerant, wie wir annehmen, oder fordern wir mal wieder jede Menge Toleranz von unseren Gesprächspartnern, während wir fanatisch auf unserem Standpunkt beharren?

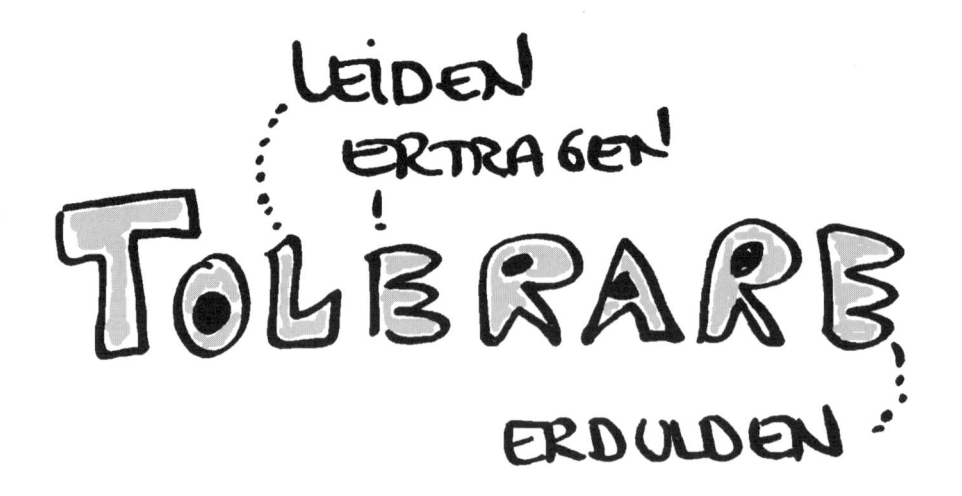

TOLERARE
LEIDEN
ERTRAGEN
ERDULDEN

Untersuchung

U

oder: Was wir an anderen nicht ausstehen können

Vor vielen Jahren stieß ich bei Ron SMOTHERMON (*Drehbuch für Meisterschaft im Leben*) auf eine einfache Übung, bei der wir festhalten, was uns an Menschen stört und warum es uns stört. Wenn Sie kurz mitdenken wollen, dann stellen Sie sich diese Fragen:

Wen mögen Sie nicht?	Warum?
Wen lehnen Sie ab?	Was ist es, das Ihnen nicht gefällt?
Wen verachten oder hassen Sie sogar?	Warum stört diese Person Ihren inneren Frieden?

FORMEL: (Name) – weil er (dies-und-jenes) TUT oder (so-und-so) IST.

Anschließend macht SMOTHERMON klar, daß unsere Ablehnung mit der Person selbst herzlich wenig zu tun hat, sondern mit **uns** (unseren Glaubenssätze, unserer Intoleranz, unserer Ablehnung).

Ich begann diese Übung in manchen meiner Seminare einzusetzen und die Zettel (anonym) einzusammeln, weil ich mich fragte, ob und inwieweit es „globale" Ablehnungsgründe gab oder nicht. Nun, unsere Auswertung von weit über 13.000 Bögen im Laufe der Jahre ergab ein erstaunlich konstantes Bild, das auch über Ländergrenzen hinweg ziemlich stabil bleibt. Beginnen wir mit diesem **Bild** (also dem CHART):

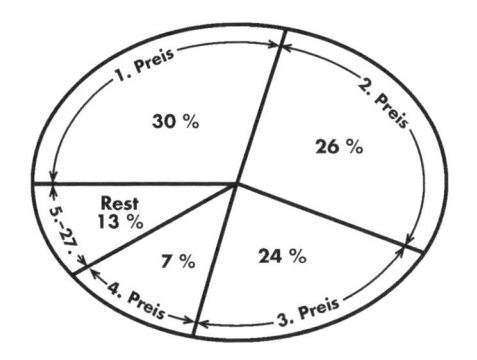

Kreisdiagramm:
- 1. Preis: 30 %
- 2. Preis: 26 %
- 3. Preis: 24 %
- 4. Preis: 7 %
- 5.–27.: Rest 13 %

{ 13.000 ausgewertete Bögen

Vielleicht möchten Sie raten, ehe Sie die Auflösung lesen? Wo liegen, Ihrer Schätzung nach, die größten Ärgernisse? Was stört uns am allermeisten? Was macht uns „krank", „böse" und erfüllt uns voller Haß gegenüber unseren Mitmenschen?

Raten Sie doch mal!

1. Preis _____
2. Preis _____
3. Preis _____
4. Preis _____

So einen gewaltigen Sortiervorgang mache ich natürlich nicht allein. Eingangs besteht die Aufgabe für das Team darin, die Kategorien zu definieren (finden), in die sortiert wird. Da wir bei einer Studie dieser Art vorab noch nicht wissen können, was uns erwartet, ergeben sie sich erst während der Auswertung. Ich schätze, daß wir an die 700 Bögen analysiert hatten, bis sich die endgültigen Kategorien abzuzeichnen begannen. Wiewohl wir eingangs das Gefühl hatten, es müßten weit über 50 Kategorien werden, merkten wir bald, wie viele Beschreibungen ein ähnliches Phänomen abdeckten. Somit reduzierten sich die Kategorien bald auf vier erste „Preis-Gewinner", nämlich (alphabetisch sortiert):

→ **Arroganz**, inkl. Formulierungen derselben psychologischen Kategorien wie „überheblich", „erhebt sich über andere", „hält die Nase hoch" bzw. „schaut auf andere herab" u.ä.

→ **Egoismus**, inkl. „sie denkt nur an sich", „er kümmert sich nicht um andere/mich", „egozentrisch", „kennt keinen außer sich", „bezieht aber auch alles auf sich" u.ä.

→ **Rechthaberei und Sturheit**, inkl. „muß immer das letzte Wort behalten", „Besserwisser", „setzt seinen Willen immer durch", „respektiert nur seine eigene Meinung", „sein eigener Standpunkt geht über alles" u.ä. Natürlich tauchten auch „Besserwessis" auf (die Studie lief von 1989 bis 1998).

→ **Unzuverlässigkeit**: Hier ordneten wir jede Art von Enttäuschung ein, die Menschen erleben, weil sie annahmen, ein Mitmensch werde anders handeln, als er letztlich handelte. Kleines Ent-TÄUSCHUNGS-ABC:

Wir ordneten auch **Angeberei** unter Arroganz ein, weil Angeber sich in den Augen anderer zu erhöhen versuchen, was psychologisch eine ähnliche Wirkung auf die Kritiker hat, die sich kleiner fühlen (sollen).

Zwar taucht der Begriff „Fanatismus" nicht extrem häufig auf, wenn aber, dann reagieren die TeilnehmerInnen extrem intolerant (vgl. auch **T**, Toleranz, S. 67 ff.).

Zu Ent-TÄUSCH-ung: Vgl. Textstellen 62, 72, 74 und 119 f., auch **W** in Teil I (S. 82 ff.) und Teil II (S. 166 ff.).

Beispiele für alltägliche Enttäuschungen (aus den Fragebögen):

1. A = **ARROGANZ, Abgesprochenes** nicht eingehalten
2. B = **Bereitschaftsdienst** mehrmals nicht angetreten (ich mußte einspringen!)
3. C = **charakterlos** (intrigiert und korrumpiert das Team)
4. D = **Drängler** auf der Landstraße, wo überholen verboten/ unmöglich ist
5. E = **EGOISMUS, Emanzen!**
6. F = **Feigheit** vor dem Feinde
7. G = **Geiz**
8. J = **Journalisten**, die einen falsch zitieren!
9. K = **kaltes** Essen (igitt!)
10. M = **Machos**
11. P = **Parkplatz** (trotz Buchung) vergeben
12. Q = **Quasselstrippen** (vgl. Vielredner scheinen eher Männer zu sein)
13. R = **RECHTHABEREI**, Reinschneider[1] (auf der Autobahn)
14. S = **Säufer**, die aber dann Auto fahren
15. U = **UNZUVERLÄSSIGKEIT, Unpünktlichkeit**
16. V = **Vielredner** (weibliche werden eher als Quasselstrippen bezeichnet, siehe oben)

Die Frage lautete: **Was hat Sie in den letzten Tagen persönlich enttäuscht?** Wenn Sie ein komplettes ABC (vielleicht mit Freunden) erstellen wollen, dann gilt: Die Antworten können in zwei Gruppen fallen, a) **Stichworte** (vgl. F) und b) **Satzfragmente** (vgl. A). Hier nur ein Ausschnitt, wobei die vier zur Debatte stehenden Schüsselbegriffe VERSAL gesetzt sind.

Möchten Sie versuchen, die Rangordnung der VERSAL gedruckten Ärgernisse zu erraten? Welche Ärgernis-Kategorie bekommt den ersten Preis, welche den zweiten, etc.? Nun stehen ja nur noch vier Kategorien zur Wahl:

1. Preis _____

2. Preis _____

3. Preis _____

4. Preis _____

alphabetisch:

→ **Arroganz**

→ **Egoismus**

→ **Rechthaberei und Sturheit**

→ **Unzuverlässigkeit**

---

1 REINSCHNEIDER – Das finde ich faszinierend: Ich erzähle seit ca. 20 Jahren das Fallbeispiel von Menschen, die einem vor die Kühlerhaube fahren und einen zum Bremsen zwingen etc. Früher schauten die ZuhörerInnen ganz verständnislos, bis ich meine Wortschöpfung erklärte. Heute taucht der Reinschneider schon in Teilnehmer-Listen auf! Vielleicht landet er eines Tages im Duden, neben meiner „ZWEI-nigkeit" (die ebenfalls schon große Kreise gezogen hat) und „gehirn-gerecht". Wer weiß?

Zumindest solange wir uns über Ent-TÄU-SCHUNGEN (noch) aufregen. Wer erst einmal lernt, in Ent-TÄU-SCHUNGEN immer häufiger den (kosmischen) Witz zu sehen, braucht sich nicht mehr so oft (so tief, so lange etc). zu ärgern (vgl. den Abschnitt: **Humorfähigkeit stärken**, Teil II, S. 117 ff.).

INTOLERANZ: Versuchen Sie eine Diskussion zu einem Toleranz-Thema anzustiften, und lehnen Sie sich zurück. Hören Sie nur zu! Achten Sie auf den aggressiven Tonfall, verbissene Minen, ungute Gefühle (bis Haß), und lernen Sie: Wenn es darum geht, andere **wegen ihrer Intoleranz** zu kritisieren (zu verurteilen!), z.B. die Inquisiteure im Mittelalter oder islamische Fundamentalisten heute, dann merken die meisten gar nicht, wie intolerant sie dann selber werden!!! Wo kämen wir denn da hin, wenn wir Intoleranz tolerieren würden??!!

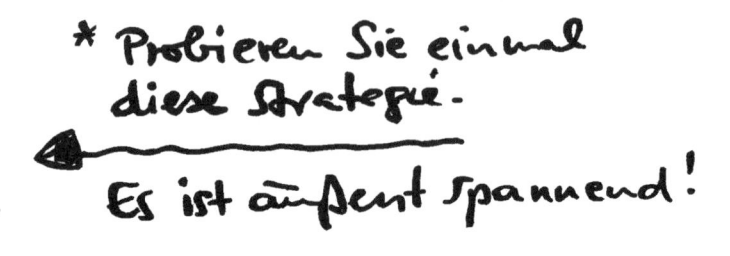

Es war diese Studie, die uns lehrte, daß letztlich hinter so gut wie allen Ärgernissen eine Enttäuschung steht. Beispiele:

❐ Wir dachten, die Fähre wäre da, wenn wir kommen, aber wir müssen warten.

❐ Wir nahmen an, unser Parkplatz sei (verabredungsgemäß) reserviert worden, aber da steht ein roter Lieferwagen.

❐ Wir gingen davon aus, das Essen werde heiß sein, aber die Pommes sind schon kalt, als der Ober sie bringt ...

Genaugenommen können wir uns über **Verhalten** gar nicht ärgern, weder über unser eigenes noch über das anderer Menschen.

Was uns in Wirklichkeit aufregt, ist die Diskrepanz zwischen unserer Erwartungshaltung (ERWA) und unserer tatsächlichen Erfahrung (ERFA): Ärger nährt sich demnach aus unserer Unfähigkeit, mit Unerwartetem fertig zu werden. Je größer diese Diskrepanz, desto größer ist die EntTÄUSCHUNG und desto größer ist der Ärger.

Hier nun die Ergebnisse der 13.788 ausgewerteten Bögen: Zufällig ergab sich, daß die alphabetische Rangordnung auch die endgültige ist, nachdem wir die erste Kategorie „Arroganz" tauften (ursprünglich „Überheblichkeit"), also:

1. Den ersten Preis gewinnt **Arroganz**.
2. Den zweiten Preis gewinnt **Egoismus**.
3. Den dritten Preis gewinnt **Rechthaberei und Sturheit**.
4. Den vierten Preis gewinnt **Unzuverlässigkeit**.
5. bis 27. Diese Kategorie enthält alle anderen Klagen über unsere Mitmenschen (von deren furchtbarer Intoleranz* über Mund- oder Körpergeruch bis zu Unehrlichkeit ... hier splittet sich das Feld stark auf).

* Probieren Sie einmal diese Strategie. Es ist äußerst spannend!

Die Kategorien-Torte© sieht demnach so aus:

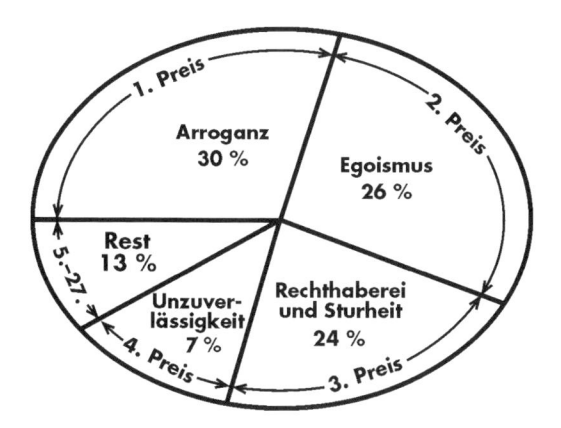

```
         1. Preis
    ┌─────────────┐  2. Preis
    │  Arroganz   │
    │    30 %     │  Egoismus
    │             │   26 %
    ├──────┬──────┤
    │ Rest │Rechthaberei
    │ 13 % │und Sturheit
    │Unzuver-│  24 %
    │lässig- │
    │keit 7%│
    4. Preis  3. Preis
    5.-27.
```

Um zu lernen, mit diesen vier Haupt-Kategorien des Ärgers besser „klarzukommen", könnten wir wieder einmal unseren Kopf einsetzen. Hierzu können Ihnen vielleicht folgende Gedanken (aus meinem Insel-Seminar) helfen:

Zu 1: **Arroganz**

Stellen Sie sich vor, daß wir uns (meist unbewußt) mit anderen vergleichen. Das ist ein sehr tief liegender Mechanismus, der uns die Orientierung in Gruppen erlaubt. Gerade diese Fähigkeit, uns in Beziehungen zu anderen zu sehen, erzwang ein größeres Gehirn, das diese Vergleichsdaten berechnen konnte.

Geht dieser Vergleich nun zu unseren Gunsten aus, dann fühlen wir uns sicher. Wir mögen Menschen besonders gerne, denen wir uns **minimal überlegen** fühlen. Aber nur minimal, damit wir so tun können, als hielten wir den anderen für ebenbürtig, uns selbst aber einen minimalen Tick „ebenbürtiger".

Fällt dieser Vergleich jedoch zu unseren Ungunsten aus, dann mögen die meisten das nicht so gerne. Da dieser Prozeß aber fast immer unterhalb der Bewußtseins-Schwelle abläuft, kann dieses Unterlegenheitsgefühl unbewußte Kampf-Maßnahmen einleiten:

Entweder man kämpft, indem man den anderen auf das eigene Niveau „runterbringt", dann sagen wir hinterher mit Genugtuung: „Und dann war er sooooo klein mit Hut!" Oder aber wir kämpfen indirekt, indem wir uns „aufblasen". Wenn wir aber den Fehler machen, uns ein wenig zuviel aufzublasen, so daß wir jetzt einige Millimeter höher ragen als unser Gegenüber, dann könnte dieses sich kleiner fühlen und mit Kampfmaßnahmen seinerseits reagieren.

Achten Sie in Zukunft bewußt darauf, mit welcher Ablehnung (bis Haß) Menschen von anderen sagen, diese seien arrogant bzw. Angeber. Warum? Was bedroht uns so? Merke:

> Wenn wir so großherzig wären, wie wir gerne glauben, dann würden wir es dem Menschen doch gönnen, seine Unsicherheitsgefühle so kreativ zu beheben, oder?

Der Volksmund weiß es natürlich schon lange: „Wer angibt, hat's nötig!" Recht hat er! Und Arroganz können wir fortan definieren als: „Die Summe der körpersprachlichen Signale der Unsicherheit, z.B. erhobenes Haupt (steifer Hals, Blick von oben), steifer (= verkrampfter) Rücken u.ä."

Hier nutze ich mein „Insel-Modell": Stellen wir uns jeden Menschen als in einer metaphorischen Insel lebend vor. „In" einer Insel (nicht „auf"), denn diese Psycho-Insel können wir nie verlassen! Sie enthält unsere Vergangenheit (z.B. alle Erfahrungen, die bestimmte Erwartungen in uns aufbauen, Programme und Glaubenssätze aus Kindheit und Jugend etc.), die Gegenwart (unsere derzeitige Stimmung) sowie unsere Zukunft, inkl. aller Hoffnungen, Ziele, Ängste, die sich auf vor uns Liegendes beziehen. Mehr dazu finden Sie in meinem Taschenbuch Erfolgstraining – schaffen Sie sich Ihre Wirklichkeit selbst!

Zu 2: **Egoismus**

Tja, da stehe ich in meiner Insel und denke nur an mich. Und dieser fiese Typ, der steht in seiner Insel und denkt nur an sich! Und das nehme ich ihm übel! Schon eigenartig, nicht wahr? Denn, wenn ich bereit gewesen wäre, mich auf ihn einzulassen, hätten wir beide an ihn gedacht. Es kann mir sein Egoismus ja nur auffallen, weil ich gerade (gar nicht egoistisch?) an mich denke und mich aufrege, weil er nicht auf mich eingeht. Faszinierend, nicht wahr?

Merke: Menschen denken immer **zuerst** an sich. Wenn sie Energien übrig haben, dann denken sie auch an andere (wir tun das schließlich auch).

Um mich auf andere Menschen einzustellen, benötige ich E-Energie, die (letzte) im Modell, die menschlichste! Wenn ich aber derzeit alle Kraft mit A-, B- und C-Energien verbrauche und vielleicht gerade noch minimal D-Energie für meine Arbeit und Pflichten übrig habe, dann ist da Null E-Energie, mit der ich mich auf die Welt einlassen kann. Sie erinnern sich: E steht u.a. für Ent-DECK-ungen (ich muß Neugierde empfinden, um den DECK-el liften zu wollen, Neugierde aber wird mit E-Energie „finanziert" und darum sind Kinder noch so viel neugieriger als die meisten Erwachsenen).

Vgl. Sie auch das Energie-Modell (S. 22 f.) und Merkblatt 3 (S. 177).

Halten wir fest: Der Egoistische ist sich derzeit selbst der Nächste, weil es ihm an E-Energie mangelt. Wenn mich das aufregt, so ist dies ein Zeichen dafür, daß auch ich zuwenig E-Energie zur Verfügung habe, um mich auf ihn einzustellen.

EGOISMUS

Diese Einsicht ist weit konstruktiver, um mein Leben zu leben (statt gelebt zu werden). Erstens höre ich auf, mich über den Egoismus anderer zu ärgern (wir sitzen schließlich im selben Boot), und zweitens kann ich etwas gegen meine Energie-Armut tun (z.B. möglichst viele der Strategien, Techniken, methodischen Ansätze und Tips in diesem Buch auszuführen; ich kann also handeln!).

Zu 3: **Rechthaberei und Sturheit**

Auch dieses Ärgernis ist faszinierend, wenn wir es näher betrachten. Denken Sie wieder an das Insel-Modell: Ich stehe in meiner Insel. Dort befindet sich meine Meinung, dort „lebt" mein Standpunkt, dort ruht meine Forderung, von dort beziehe ich meinen Blickwinkel (den ich für den einzig möglichen/richtigen halte!). Und da drüben steht der Typ, in dessen Insel sich ebenfalls Inhalte befinden, die er für die einzig richtigen hält. Statt nun die Brücke zu ihm zu bauen und mich für seine Insel-Inhalte zu interessieren, zwinge ich ihn, meinen Insel-Inhalten zuzuhören. Stimmt er mir dann zu, ist er „vernünftig" (intelligent, nett, sympathisch etc.) – andernfalls ist dieser sture Bock natürlich rechthaberisch und meint doch tatsächlich, seine Insel-Inhalte seien besser als meine (und schon landen wir bei einer Parallele zu Teil I, S. 75; im Ver-

Das bereits erwähnte Taschenbuch *Erfolgstraining* enthält eine faszinierende Überzeugungs-Übung, die Ihr Bewußtsein für diese Prozesse spielerisch schärft. Dort finden sie auch die Resultate einer jahrelangen Studie, aus der hervorgeht: Überschneiden sich unsere Inseln, mögen wir uns andernfalls lehnen wir einander ab. Es ist frappierend! Ich hätte das niemals für möglich gehalten, als ich mit dieser Untersuchung begann.

gleich mit ihm möchten wir besser abschneiden, dummerweise will er das auch!).

Überschneidung:
Der/die ist aber nett ...

Zu 4: **Unzuverlässigkeit**

Da stehe ich in meiner Insel; dort befinden sich meine Ziele, meine Hoffnungen, meine Erwartungen – und jetzt wagt es ein Mensch, diese zu ent-TÄUSCHEN. Er zwingt mich, mir darüber klarzuwerden, daß ich eine unrealistische Erwartung hatte. *(Unrealistisch ist alles, was in der Realität nicht eintraf, unabhängig von unseren Wünschen, Erwartungen etc.)* Nun kann ich ihn zum Schuldigen deklarieren und mich in „berechtigtem Zorn" verlieren, oder ich kann mich effizient ärgern (also kürzer, weniger intensiv und auf Dauer weit seltener).

Vgl. auch **I** (Illusion, S. 38 ff.) und **P** (Perfektion, S. 60 f.).

The WORK von Byron Katie, Grundlagen in Teil I (S. 82 ff.), die Technik selbst in Teil II (S. 166 ff.).

Es ist unsere Wahl. Wir können Opfer sein und zulassen, daß der Ärger uns auffrißt, oder wir können Lebens-UnternehmerIn sein und selbst bestimmen. Besonders hilfreich ist die W-Strategie (siehe Randspalte).

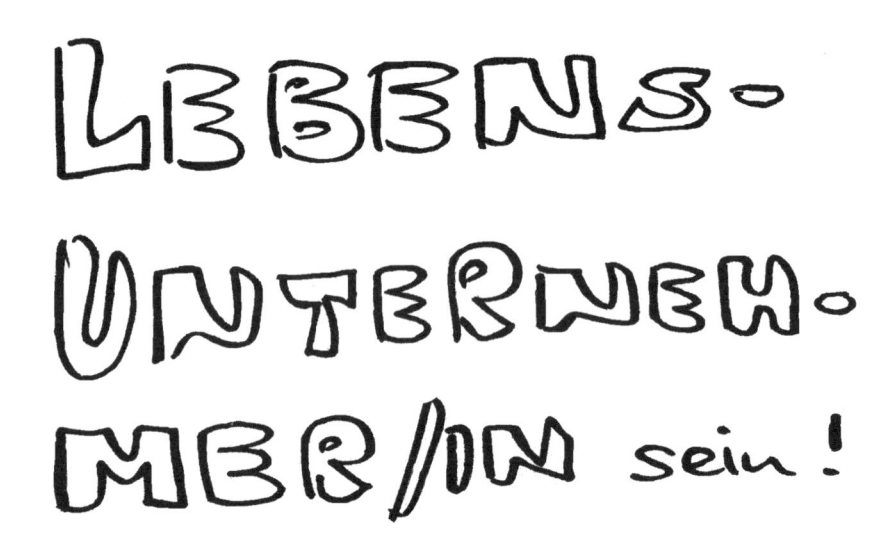

LEBENS-UNTERNEHMER/IN sein!

Verantwortung

V

Thorwald DETHLEFSEN weist darauf hin, daß wir in einer **Kinderkultur** leben. Frühere (oft als „primitiv" verunglimpfte) Gesellschaftsformen kannten zwei Arten der Geburt: eine physische (Verlassen des Uterus; endet mit dem Durchschneiden der Nabelschnur) und eine soziale Geburt. Hier wird das erwachsene Individuum geboren, hier muß die metaphorische Nabelschnur durchtrennt werden. Als Kind haben wir ein Recht darauf, versorgt, geschützt, geliebt zu werden. Wir dürfen die Verantwortung auf die Schultern anderer legen, weil wir später selbst Verantwortung tragen werden.

In seinem Buch Ödipus der Rätsellöser.

In reifen Kulturen zeigen Pubertäts-Rituale, daß junge Leute den Wandel vom Kind zum Erwachsenen vollzogen haben. Wie die physische Geburt von Kämpfen begleitet wird (schließlich ist der Weg durch den Geburtskanal für einen Säugling kein Honigschlecken), so geht auch der zweiten (sozialen) Geburt eine besondere „vorgeburtliche" Phase voraus, die den Übergang vorbereitet. In manchen Gesellschaften ist diese Phase mit großen Prüfungen, Folter, Todesgefahren verbunden, in anderen verläuft sie milder – immer aber werden die Kinder für einige Tage bis Wochen vom Dorfleben entfernt, um nach ihren Prüfungen als vollwertige Stammesmitglieder, als Menschen-mit-Verantwortung, wiederzukehren. Das Kind gilt als gestorben; an seine Stelle tritt der erwachsene Mensch, der seine Pflichten und Rechte im Stammesleben einfordert.

*In manchen Gesellschaften trauern die Mütter ganz real um ihre „gestorbenen" Kinder. Wenn diese als Erwachsene zurückkehren, sind sie Stammesmitglieder wie alle Erwachsenen. Nur Kinder haben Mütter. Für Erwachsene gilt nur die Bindung zum ganzen Stamm. Nie wieder darf die Mutter ihrem Kind „Mutter sein", denn **ihr Kind ist tot**. In einer patriarchalischen Gesellschaft muß sie sich dem zurückkehrenden Sohn als Mann unterordnen, wie jede Frau im Stamm.*

In unseren modernen Industriegesellschaften jedoch gibt es keine wirkliche soziale Geburt mehr. Dadurch aber verharren Millionen von Menschen in der Haltung des Kindes:

→ Sie **erwarten, daß andere sich um sie kümmern:** Vater, Mutter, LehrerInnen, Chefs, die Alma Mater und natürlich soll im Zweifelsfall Vater Staat sein soziales Netz ausbreiten, in dem alle ruhig schlafen können.

→ Wenn ihre **Erwartungen** ent-TÄUSCHT werden, dann reagieren sie mit Unmut, Frust, Geschrei und lautem **Quaken**.

→ Sie pochen auf **Rechte** (ohne Rücksicht auf ihre Pflichten).

→ Sie schieben die **Schuld** für ihre Probleme auf die Welt (die machtgeilen Politiker, rechthaberische Kollegen, egoistische Lebenspartner etc.).

Kindliche Haltung

Vgl. Frosch-Adler-Metapher, S. 81.

Wann immer etwas Schlimmes passiert (ob wir den Job verlieren oder ob ein Sturm das Hausdach abreist), „dann muß doch da irgendwer verantwortlich sein!" (DETHLEFSEN).	➜ Wenn andere ihren Zorn auf diese üble Welt teilen, dann halten sie ihren **Ärger für berechtigt** und bestehen noch mehr darauf, daß die Welt da draußen schuld an ihren Problemen sei.
	Wenn wir weniger Ärger in unserem Leben wollen, müssen wir uns darüber klarwerden, daß negative Energien oft „hausgemacht" sind und daß sie in einer direkten Relation zu Verantwortung stehen. DETHLEFSEN hat in einem Vortrag darauf hingewiesen, daß der Begriff die Antwort enthält: Ver-ANTWORT-ung. Es geht also darum, wie wir der Welt antworten. Wenn alles glatt abläuft und unsere Antworten Freude, Dank, Zufriedenheit etc. sind, dann neigen wir sehr wohl dazu, „unsere Gefühle" als *unsere* Gefühle zu empfinden. Aber wenn die Dinge nicht so glatt ablaufen, dann sagen wir: „Der Müller macht mich krank!", „Die Kollegin kostet mich den letzten Nerv!" oder „Du machst mich rasend!" u.ä. Das heißt: Plötzlich soll der Mitmensch Verantwortung für unsere Gefühle übernehmen. Er ist „schuld", nicht wahr? Solange aber andere „schuld" zu sein scheinen, solange sind wir **Opfer**. Wir fühlen uns hilflos. Solange wir uns aber hilflos fühlen, leiden wir.
Viele Leute berichten, daß sie als Kinder erwarteten, sie würden eines Tages wissen, daß sie erwachsen seien; daß dieser Tag aber nie eingetreten sei und daß sie sich irgendwie ein wenig betrogen fühlten ... innen noch das Kind, außen Ende 50. Deshalb sagt DETHLEFSEN: „**Viele werden älter, aber nicht erwachsen.**"	Ob wir das Leiden „Ärger", „Frustration", „Depression" etc. nennen, ist relativ gleichgültig, denn jede Bezeichnung ist gleichermaßen gültig! Wichtig ist nur, daß wir den Mechanismus begreifen: Je negativer unser Erleben, desto größer unsere Tendenz, die Schuld in der Welt zu suchen, wie kleine Kinder. Nach dem Motto „Da muß doch irgendwer verantwortlich sein!" benehmen wir uns wie Kinder, die von den Erwachsenen erwarten, daß sie es schon richten werden. Dabei vergessen wir oft, daß wir die Erwachsenen sind.
	Wenn wir aus diesem Hilflosigkeits-Gefühl aussteigen wollen, könnten wir von zwei Metaphern profitieren: erstens dem Bild von Frosch und Adler und zweitens der Metapher von der Welt als Spiegel.

1. Verantwortung für Einsteiger:
Frosch und Adler

Wayne DYER, ein amerikanischer Psychologe, schuf folgende Metapher: Wir sollten uns überlegen, ob wir **Adler** oder **Frösche** sein wollen. Mit dem metaphorischen Adler verbindet er, Verantwortung für sein Leben zu übernehmen. Der Frosch gibt seinen Laich der Umwelt und ist danach nicht mehr verantwortlich, während der Adler seine Jungen eigenverantwortlich aufzieht. Der Adler klagt nicht über die Umwelt. Der Frosch dagegen schon, er quakt. Damit meint DYER: Für den Frosch ist im Zweifelsfall immer die Umwelt schuld.

Sind wir bereit, Verantwortung zu übernehmen?

Als Adler entscheide ich mich selbst, ob ich mich ärgere. Ich gebe anderen nicht mehr die Macht, mich zu ärgern. Jeder muß sich nämlich erst einmal dafür entscheiden, sich zu ärgern. „Er ärgert mich" gibt es nicht mehr in meinem Sprachgebrauch, das ist verboten. Als Adler sage ich dann konsequenterweise: „Ich ärgere mich über ..." Kleiner Unterschied, große Wirkung (vgl. auch das 1. Relativitätsprinzip der Psyche, Das transformatorische Vokabular, S. 144).

In dem Moment, da ich sage, ich will Adler sein, weiß ich auch, daß ich derjenige bin, der sich ärgert. Frösche hingegen quaken: „Dieser Mensch ärgert mich!" Adler wissen, daß niemand „uns" ärgern kann, wenn wir nicht als Komplizen mitspielen wollen.

2. Verantwortung für Fortgeschrittene:
Welt als Spiegel

Wir projizieren unsere Probleme in die Welt und bemerken oft nicht, daß wir **uns** anschauen, während wir glauben, in die Welt zu blicken. Ist dies der Fall, dann ist unsere Unfähigkeit, anderen zu verzeihen, eigentlich gleichbedeutend mit der Unfähigkeit, uns selbst vergeben zu können.

Spätestens seit C.G. JUNG sprechen wir von den verborgenen Teilen unseres Selbst, von unseren **Schwächen** (die wir uns nicht vergeben können) als dem **Schatten**. Stellen Sie sich vor, daß wir die Teile unseres Selbst, die wir der Welt präsentieren wollen, von der Sonne bescheinen lassen; sie sind gut sichtbar. Aber die Teile, die wir verbergen, halten wir gleichsam im Schatten, damit man

Mehr Details finden Sie unter WORK in Teil I (S. 82 ff.). Außerdem gibt es eine großartige Technik, mit der man testen kann, wie Sie die Welt als Spiegel nutzen können: Teil II, (S. 166 ff.).

sie nicht wahrnehmen kann. Das Dumme ist, daß niemand den Schatten im Dunkeln sieht, auch wir selbst nicht.

Wenn wir begreifen, daß wir die Welt benutzen können, um unseren eigenen Schatten zu finden, beginnen wir auch, Verantwortung zu übernehmen.

Vgl. Teil II: Training mal zwei (S. 153 ff.) und Entspannung in 4 Schritten (auch Fragen, S. 102 f.).

W

WORK

Strategie Nr. 7

Da viele Menschen zu dem Begriff „esoterisch" unangenehme Assoziationen haben, stelle ich seit vielen Jahren klar: Die Teebeutelschwinger auf Eso-Messen haben mit seriöser Esoterik absolut nichts zu tun! Es ist traurig, wenn Journalisten alles, was sie nicht verstehen oder sauber einordnen können, unter „Esoterik" subsumieren, aber den Begriff nicht ändern, nur weil einige ihn ohne Verstand benutzen.

Da der Schwerpunkt in Teil I dieses Buches auf Theorie (und in Teil II auf dem, was wir praktisch TUN oder TRAINIEREN können) liegt, möchte ich klarstellen: Wir können die bahnbrechende (in Teil II vorgestellte) Technik (der sogenannten WORK) auch ohne Hintergrundwissen anwenden. Daher können Sie die Info dieses Moduls auch überspringen. Aber wenn Sie mehr über die Wurzeln oder Grundlagen erfahren wollen, dann lesen Sie weiter. Allerdings könnte es in diesem Fall besser sein, die Praxis vor der Theorie kennenzulernen und sich dieses Modul also für später aufzuheben. Diese WORK hat nämlich sowohl uralte (esoterische) als auch moderne psychotherapeutische Wurzeln. Beginnen wir bei der **Esoterik**:

Nun lautet eine jener esoterischen „Weisheiten", daß die Welt unser Spiegel sein kann. Wir deuteten dies bereits unter **V** (vgl. Verantwortung für Fortgeschrittene, S. 81) kurz an. Hier wollen wir diesen Gedanken etwas vertiefen.

Thorwald DETHLEFSEN wies einmal darauf hin, daß wir uns wie ein Wellensittich benehmen: Wenn Sie diesen nämlich vor einen Spiegel setzen, dann sucht er den Artgenossen, weil er nicht begreift, daß er sich selbst sieht. Zwar können Menschen ihr Spiegelbild als solches erkennen, aber auf einer höheren Ebene tun wir dasselbe: Wir starren fassungslos auf diese „furchtbare" Welt und begreifen nicht, daß wir uns selbst sehen.

Diese Idee kann für Menschen, die ihr das erste Mal begegnen, vollkommen unakzeptabel sein. Sie als LeserIn werden selbstverständlich selber entscheiden, wie Sie darüber denken wollen. Aber es lohnt sich, die Argumente einmal (rein theoretisch) durchzudenken.

Wir befinden uns ja im Theorie-Teil dieses Buch-Seminars!

Wir neigen dazu, uns über Dinge aufzuregen, die **in** uns liegen, indem wir sie hinaus in die Welt „verlagern" und über diese Welt, also über unsere Mitmenschen, schimpfen. Sie kennen genügend Beispiele aus Ihrem eigenen Leben, wer fällt Ihnen spontan ein?

Person   regt sich (regelmäßig) auf über:

_____   _____

_____   _____

_____   _____

_____   _____

_____   _____

_____   _____

Einige Beispiele:
Der Geizige regt sich über den Geiz anderer auf; der Vielredner beschwert sich, daß keiner ihm zuhört; der Aggressive hält die Welt für böse, schlimm, angreiferisch; der Unehrliche vermutet (vor-)schnell Lug und Trug; der heimlich Lustvolle startet eine Aktion „Saubere Leinwand" (und will anderen verbieten, „dreckige Filme" zu sehen) etc.

Wollen wir uns die Beispiele etwas genauer ansehen?

→ Wenn nun der Geizige begreifen würde, daß ein großherziger Mensch es selbstverständlich allen Geizigen dieser Welt gönnen würde, etwas zu „sparen", dann würde ihm klar, daß es sein eigener Geiz ist, der hinter seinem Vorwurf an die bösen Geizigen in der Welt steht.

→ Der Vielredner beschwert sich doch nur deshalb laufend und lautstark, daß keiner ihm zuhört, weil er selbst ja ständig sprechen will. Wiewohl er selbst nicht bereit ist, anderen zuzuhören, ärgert es ihn, daß andere dasselbe tun. Er weiß nicht, daß er in den Spiegel blickt, wenn er feststellt, daß kaum jemand ihm zuhören will.

→ Der Aggressive hält die Welt deshalb für böse, schlimm, angreiferisch, weil er seine eigenen aggressiven Maßnahmen für Abwehrmanöver hält (nach dem Motto: Angriff ist die beste Verteidigung).

→ Der unehrliche Mitmensch vermutet (vor-)schnell Lug und Trug, weil er von sich auf andere schließt. Wir können aber immer nur von uns auf andere schließen. *Indem ich „man" sage* (meint Jean Paul SARTRE), *meine ich „mich"*.

In seinem Buch *Die hilflosen Helfer* hat Wolfgang SCHMIDBAUER vor vielen Jahren schon aufgezeigt, daß (und warum) sich viele Menschen zu einem Helferberuf hingezogen fühlen, der mit ihrem eigenen Defizit zu tun hat. Das kann durchaus gutgehen, wenn der Betroffene begreift, daß er eigentlich an seinem eigenen Problem arbeitet, indem er anderen hilft. Andernfalls kann es zu schlimmen Fällen von „Angriff auf die Welt" führen, z.B.:

→ **Verbrecher und Verbrechensbekämpfer** haben weit mehr gemeinsam, als die Bekämpfer sich je eingestehen würden. Tagtäglich blicken sie in diesen Sündenpfuhl und verurteilen Menschen, deren Neigungen den ihren nicht unähnlich sind, nur daß sie sich offiziell auf der richtigen Seite des Zaunes befinden. Deshalb verwundert es uns nicht, immer wieder von Polizei-Brutalität zu hören, und deshalb mußten in allen modernen Gesellschaften sehr klare Gesetze gegen Folter etc. erlassen werden.

→ **Ex-Drogensüchtige** bewirken weit mehr als Therapeuten mit Null Ahnung, d.h. als „unschuldige" Menschen, die nie „straffällig" gewesen waren. Der „Ex" weiß genau, daß er und sein Klient gegenseitig der Spiegel des anderen sind.

→ Viele **LehrerInnen** haben mit wirklichem Lernen nichts im Sinn. Sie wollen erzwingen, daß gewisse Dinge, die im Lehrplan stehen, von den SchülerInnen gelernt werden, ob es diesen paßt oder nicht. Trotzdem sind gerade sie oft unfähig, sich mit den bahnbrechenden neuen Forschungsergebnissen (z.B. aus der Gedächtnis- und Hirnforschung) zu befassen. Sie blicken in den Spiegel und schimpfen über Menschen, denen es an Lernbereitschaft mangelt! Sie schimpfen über De-Motivation, Des-Interesse und Nicht-Bereitschaft, sich mit Neuem auseinanderzusetzen. Sie jammern, daß die SchülerInnen nicht fähig seien, selbständig zu recherchieren. Im Klartext: Sie regen sich auf über Menschen, denen es schwerzufallen scheint hinzuzulernen, wobei sie genau das nicht tun, was sie von anderen fordern!

Innovative LehrerInnen hingegen haben komischerweise fast ausschließlich lernbereite SchülerInnen; lernwillige LehrerInnen haben kaum Motivations-Probleme (weder bei sich noch bei den ihnen Anvertrauten), und sie stellen immer wieder fest, wie prächtig ihre Schützlinge sich entwickeln. Leider sind dies nur maximal 40 % der Lehrkräfte, nicht zuletzt, weil dieser Berufsstand ziemlich überaltert ist, da ja viel zu wenige junge lehr- und lernfähige LehrerInnen eingestellt wurden (und noch immer werden).

→ Ich habe jahrelang einen speziellen **Fragetechnik-Zyklus** entwickelt, um Menschen zu helfen, die im weitesten Sinne verkaufen/verhandeln, den Weg vom „Sagen" zum Fragen zu finden. Mir war jedoch immer klar, daß ich damit meine eigene Tendenz loszureden, mit Aussagen und Argumenten „zuzuschlagen", aktiv anging!

Wir sehen also: Es spricht nichts gegen helfende Berufe, im Gegenteil; Helfer können sogar sehr effektiv helfen, **solange** sie sich über die Spiegel-Funktion ihrer Alltagswelt im klaren sind. Sonst besteht die Gefahr, sich in der Schleife („Ich will der Welt ja nur helfen und habe selber gar nichts davon ...") zu verfangen.

Verlassen wir den alten esoterischen Standpunkt und sehen, ob er in der modernen Psychologie oder Psychotherapie eine Entsprechung gefunden hat. Die Antwort lautet eindeutig Ja! Es gibt eine Reihe moderner Analytiker (von C.G. JUNG über Viktor FRANKL oder Virginia SATIR); ich werde jedoch nur einen herausgreifen, dessen Denk-System die in Teil II vorgestellte WORK quasi vorwegnimmt.

Albert ELLIS entwickelte in den frühen fünfziger Jahren einen Ansatz, den er rational-emotive Therapie (RET) nannte.

Grundgedanke dieses Anti-Ärger-Ansatzes ist es, den Gefühlen mit dem Kopf beizukommen. Indem man sich bestimmte Fragen stellt, trennt man die subjektive Bauch-Erfahrung und die objektive Welt durch rationales Denken.

Die Fragen, die ELLIS vorschlägt, sind brillant, aber es sind doch einige und es gehört schon Übung dazu, sie im Alltag einzusetzen. Man merkt, daß er als Therapeut davon ausging, man würde die Fragen im direkten Kontakt lernen. Zwar bietet das Buch alles Nötige an und man kann es selber lernen, aber es ist „nicht leicht", und das schreckt dann viele ab. Wiewohl ich das Buch seit Jahren empfehle, ist die Anzahl derer, die mir sagen, daß sie diesen RET-Weg gegangen wären, sehr klein.

Ganz anders bei dem neueren Ansatz einer Frau, die als Nicht-Therapeutin aus der Ecke des normal-leidenden Mitmenschen „kommt". Byron Katie (bewußt ohne Nachnamen!) wurde durch ein Schüssel-Erlebnis in eine Art von Satori hineinkatapultiert. Menschen, die einmal „dort" gewesen sind, berichten später, daß ihnen mit einem Schlag alles klargeworden sei, was sie Jahre oder

HELFER?

Einige der brillanten Bücher der amerikanischen Familien-Therapeutin Virginia SATIR sind auch auf deutsch erhältlich – z.B.: *Sei direkt, Kommunikation – Selbstwert – Kongruenz* oder *Das Satir-Modell* (siehe Literaturverzeichnis).

Das in Teil II vorgestellte Vorgehen hat aus einem relativ aufwendigem System quasi eine „Concorde" gemacht. Wenn Sie mehr über das ursprüngliche System erfahren wollen: Es gibt ein ELLIS-Standardwerk auf deutsch (siehe Literaturverzeichnis).

Statt einer gigantischen Erleuchtung können wir viele gewinnen, und zwar jeweils bezogen auf einen Punkt, an dem wir jetzt begreifen, inwieweit die Welt uns wieder einmal Spiegel sein könnte.

Jahrzehnte gequält hatte. Sie sprechen von Einsichten, neuen Weltsichten (Paradigmen), die mit einem Schlag viele kleine Glaubenssätze mit einem Schlag zertrümmert hätten. Sie sprechen von der ungeheuren Be-FREI-ung, die sich daraus ergab. Nur daß wenige der Betroffenen mit einer klaren, praktikablen Technik zurückkommen, die es anderen Menschen erlaubt, sich diesem Punkt (in kleinen Schritten) ebenfalls zu nähern.

Vgl. Moritz BOERNERs: *Byron Katies The WORK* und *Gemeinsam lieben*. Es gibt auch Tonkassetten-Protokolle (siehe Literaturverzeichnis) oder www.Moritz Boerner.de.

Ein deutscher Autor, der durch einen sogenannten Zu-FALL auf diesen Weg „gefallen worden war", berichtet in seinen Büchern von dieser Technik; er hat sie de facto in Deutschland bekanntgemacht.

Wer eine gewisse **Bereitschaft, in den Spiegel zu sehen**, aufzubringen vermag, kann Ärger-Probleme mit dieser Technik lösen (und wenn wir etwas „lösen" können, gewinnen wir Freiheit!). Selbst Probleme, die uns seit Jahren (Jahrzehnten!) gequält haben mögen, können in kurzer Zeit auf ein verträgliches Maß reduziert werden. Oft kann man sie sogar ganz „loswerden", indem man lernt, **das** Element (bzw. die Elemente) loszulassen, das (die) den heutigen Konflikt in uns „gemacht" habe(n) ...

Frage: Möchten Sie einige Ihrer Probleme loslassen? Dann sollten Sie die Technik unbedingt ausprobieren (mehr dazu in Teil II, S. 166 ff.).

X X-beliebige Strategie

oder: Wann (und wie) welche Strategie wählen?

Eine Frage, die im Seminar oder in den Gesprächen meiner monatlichen Hotline regelmäßig auftaucht, lautet: „Wie entscheidet man am besten, welche Anti-Ärger-Strategie man wann einsetzen will?" Meine Antwort:

Beim Lesen dieses Buches **wählen Sie bereits einige Strategien aus**, die Sie unmittelbar „ansprechen" (oder zu denen Sie eine besondere Affinität verspüren bzw. die Ihnen „sympathischer" als andere erscheinen). Deshalb schlage ich vor, daß Sie eine Liste der für Sie in Frage kommenden strategischen Ansätze erstellen. Sie können ein Anti-Ärger-Arbeits(ring-)buch anlegen oder direkt ins Buch schreiben.

In den Buchdeckeln finden Sie alle Maßnahmen numeriert aufgelistet. Beginnen Sie mit Ihren „Lieblings-Ärger-Situationen" (z.B. Chef schimpft, olle Schwiegermutter ...), und überlegen Sie sich, welcher der 59 Ansätze dieses Buches Ihnen in der konkreten Situation helfen könnte. So erstellen Sie eine Liste für regelmäßig auftretenden Ärger und was Sie dagegen tun wollen.

Darüber hinaus gibt es jedoch unvorhergesehene Situationen, in denen wir plötzlich merken, daß wir „stocksauer" sind. Was tun?

Nun, hier könnten Sie das Schicksal entscheiden lassen, denn es ist wirklich gleichgültig (= gleichermaßen gültig), welche Maßnahme Sie jetzt wählen. Sie sind alle praxiserprobt, und wenn Ihnen spontan keine einfällt und Sie gerne aus den Ärger-Gefühlen „aussteigen" möchten, dann lesen Sie in Teil II unter **X** (S. 171 f.); dort finden Sie mehrere **Lotterie-Maßnahmen**, mit deren Hilfe Sie **eine** Anti-Ärger-Maßnahme für **heute** auswählen können.

Anti-Ärger-Prophylaxe

Vorbeugen ist besser, als aus Ärger-Gefühlen „aussteigen" zu müssen. Daher möchte ich Ihnen auch vorschlagen, sich folgende Frage zu stellen:

> Wollen Sie eine der Lotterie-Maßnahmen nutzen, um jeden Tag ein Tages-Motto zu finden und heute vorbeugend (= prophylaktisch) besonders auf diesen einen Aspekt zu achten bzw. die dort vorgestellte Aufgabe heute besonders oft/intensiv etc. durchzuführen?

vorsorglich vorbeugen...

Y Yin & Yang

Sie kennen das jahrtausendealte Symbol für Gegensätze (hell–dunkel, alt–jung, männlich–weiblich, hart–weich, Tod–Leben, Ärger–Freude).

Wir können uns Gegensätze auch als zwei Enden eines Spektrums vorstellen, z.b. von plus zu minus:

+ _____ –

*Vgl. Teil II, **Verlangsamen von Gefühlen** (S. 161).*

Es kann sehr hilfreich sein, sich klarzumachen: Je **intensiver** ein Gefühl, das wir gerade erleben (erleiden), desto weiter sind wir in diesem Moment vom anderen Pol entfernt.

Auf der einen Seite erleben wir „heiße" Ärger-Gefühle, auf der anderen Seite des Spektrums liegt das COOLe Gefühl des rationalen Denkens. Auf der einen Seite rast die Zeit, zur anderen Seite hin wird sie immer langsamer und scheint in Extrem-Situationen regelrecht stillzustehen. Angenommen, wir sind gerade ziemlich sauer. Am Gegenpol unserer Kampfeslust liegt wunderbare Ruhe, aber am Gegenpol unseres Ärgers könnten wir die Freude suchen. Oft reicht allein die Konzentration auf den Gegenpol, um sofort (etwas) ruhiger zu werden. Neben dem gefühlsmäßigen Gegenpol gibt es auch einen inhaltlichen Gegenpol, Gegensatz, eine Umkehrung eines Gedanken ...

Vgl. Byron Katies The WORK (S. 166 ff.).

Angenommen, unsere Ärger-Aussage lautet: „Peter soll mich nicht herumschubsen!", dann spielt man mit der Aussage, z.B.

→ **Peter** soll **mich** nicht herumschubsen.

→ **Ich** soll **Peter** nicht herumschubsen.

→ **Er** soll **sich** nicht herumschubsen.

→ **Ich** soll **mich** nicht herumschubsen.

Solche Beispiele können erst beginnen, etwas zu „bedeuten", wenn Sie an einem eigenen Satz „arbeiten" (daher der Name WORK). Nur lesen kann nicht überzeugen.

Dabei können außerordentlich spannende Einsichten gewonnen werden, wobei wir so ganz nebenbei unseren „heißen Zorn" verlieren. Denn je klarer das Denken, desto weniger „heiß" sind die Gefühle geworden.

Aber wir können auch den Anlaß des Ärgers nehmen und einen Gegenpol suchen. Auch hier können sehr spannende Einsichten gewonnen werden, wobei wir so ganz nebenbei unseren „heißen Zorn" verlieren ...

Zeitaufwand?

Das ist eine Frage, die wir uns **immer dann** stellen können, wenn wir merken, daß wir bereits seit Minuten, Stunden oder gar seit Tagen „sauer" sind. Es gibt ja Menschen, die ihr ganzes Leben durch Zorn über eine Sache oder über einen Menschen vergiften. Das Traurige ist, daß sie den Umständen oder Personen die Schuld geben, also keine Verantwortung übernehmen (vgl. **V, Verantwortung, S. 79 ff.**). Nun heißt Verantwortung übernehmen ja nicht, Schuld zu übernehmen, denn die Schuldfrage ist absolut nicht hilfreich.

Wenn wir begreifen, daß Ärger unser eigenes System ver-GIFT-et sowie unser eigenes Immun-System schwächt, dann ist es doch vollkommen egal, wie „berechtigt" unser Ärger ursprünglich gewesen sein mag. Die ersten Minuten sind ja akzeptabel: Sie wurden ent-TÄUSCHT und reagieren erst einmal „sauer". Fein. Aber wenn Sie nun lange leiden, sind Sie es, der sich „leiden macht". Schließlich kann der andere nichts dafür, daß sie sich entscheiden, noch stunden-, tage-, wochen- oder gar monatelang zu grollen (schmollen, leiden). Wenn Sie also merken, daß Sie bereits zu lange im Ärger gefangen sind, gilt es, einen möglichst schnellen Ausweg zu finden. Startschuß könnte die Frage sein:

> Wieviel Zeit möchte ich für diesen Ärger (noch) „ausgeben"? (Wenn ich ihn ablegen könnte, müßte ich darauf keine Zeit mehr verwenden.)

Bitte bedenken Sie: Durch das, **was Sie jetzt tun**, gestalten Sie – ja Sie, höchstpersönlich! – Ihre **Zukunft**. Je besser Ihr **Anti-Ärger-Repertoire** (vgl. S. 64), desto besser wird diese Zukunft. Ich wünsche Ihnen viel Erfolg mit möglichst vielen Ideen und praktischen Maßnahmen aus Teil II dieses Buches.

Teil II – Was Sie alles tun können für effektiveres Ärgern

A Atmen

Strategie Nr. 8

Die nachfolgende Übung ist zwar extrem einfach durchzuführen, bringt jedoch ungemein viel. Als dramatisches Beispiel gelten die Ergebnisse an einem amerikanischen Drogen-Therapiezentrum. Die Übung war den Entzugs-Leidenden (Ex-)Süchtigen eine große Hilfe: Wutanfälle, Feindseligkeiten dieser jungen Leute untereinander, Angst, Verwirrung, Phobien, Depressionen etc. gingen zurück.

Kommentar des Trainer-Kollegen und Schauspielers Wolfgang KLEIN aus Stuttgart zu dieser Übung: „Ich habe sie vor vielen Jahren gelernt, um das Atemvolumen zu stärken, um mein Handwerkszeug (als Schauspieler und Trainer) zu beherrschen. Aber ich empfehle die Übung schon seit ein paar Jahren meinen Seminarteilnehmern, um sich **Ärger wegzuatmen.**"

Ärger weg atmen

Ärger wegatmen – ist das nicht eine super Formulierung? Dann sollten wir uns doch bald entschließen, mit dem Training zu beginnen, um unser Repertoire auch in diesem Punkt zu verbessern, oder?

Durch diese Atem-Technik können wir viel gewinnen: Schmerzhafte Regelblutungen bei Frauen wie auch Streßzustände allgemein sowie Verspannungen und Fehler bei der Arbeit gingen zurück. Die Liste der **positiven Auswirkungen** ist lang:

Seit Jahren Standardwerk zum Atem und zum Erlernen des richtigen Atmens ist das Buch der deutschen „Atempäpstin" Ilse Middendorf *Der Erfahrbare Atem* (mit 2 CDs) – siehe Literaturverzeichnis.

- größeres Selbstvertrauen,
- emotional mehr Stabilität,
- verbesserte Lernleistungen,
- größere geistig-intellektuelle-emotionale Unabhängigkeit,
- zunehmende kognitive Fähigkeiten (Denken, Problemlösen, Entscheiden, Kreativität, Gedächtnis),
- Stimmungen (anti-depressive Wirkung),
- schärfere Wahrnehmung der Sinnesorgane (manche TeilnehmerInnen berichten, die Sinnesorgane wären wie gereinigt, plötzlich sieht man schärfer, hört man klarer),
- Selbstkontrolle, Selbstdisziplin wurde erhöht (effizienteres Arbeiten war die Folge).

Das bedeutet, daß diese Übung ähnliche Auswirkungen wie ein Entspannungstraining oder Meditation hat. Denn das sind die typischen meditativen Erfahrungen (nach einigen Monaten). Dabei ist sie so viel leichter durchzuführen für den „normalen" handlungsorientierten westlichen Menschen als zu meditieren. Durch das Zählen (siehe unten) wird der Geist ähnlich minimal gebunden wie beim meditativen Atem-Zählen oder dem Wiederholen eines Mantras.

Die Technik selbst

Es handelt sich um ein rhythmisches Atmen. Sie können die Übung z.B. beim Laufen (Gehen, Walking, Joggen etc.) durchführen, aber auch im Sitzen oder Liegen. Das Schema ist sehr einfach; Sie werden mit je zwei Zählern beginnen. Ein Zähler ist je ein Schritt. Ich beschreibe die Technik für das Gehen, während Sie die einzelnen Schritte mit dem Finger auf der Stuhllehne (dem Bauch) „gehen", wenn Sie die Übung in einer Ruhehaltung durch- „laufen" wollen.

Wir beginnen mit **zwei**: Atmen Sie zwei Schritte ein, zwei aus.

Anschließend werden Sie **drei** Schritte ein- und drei Schritte ausatmen.

Dann **vier** ...

Dann **fünf** ...

Sie steigern so lange, bis Sie an **Ihre persönliche Obergrenze** kommen – also so lange, bis es nicht mehr angenehm ist. (Ich gehe immer genau einen Zähler höher, als gerade bequem ist.)

Beispiel: Beim allerersten Mal Gehen (wir haben ein hügeliges Gelände im Ort) kam ich (mit etwas Müh und Not) auf **sechs** Zähler. Einige Wochen später schaffte ich **zehn**, und ich kenne Leute, die schaffen sogar 20 Zähler. Aber das ist vollkommen egal! Wenn Sie eingangs nur auf vier kommen, dann sieht Ihr Training wie folgt aus:

2 Zähler ein, 2 aus.
3 Zähler ein, 3 aus.
4 Zähler ein, 4 aus. (Ab jetzt wieder „runter":)
4 Zähler ein, 4 aus.

3 Zähler ein, 3 aus.
2 Zähler ein, 2 aus. (Neubeginn:)
----
2 Zähler ein, 2 aus.
3 Zähler ein, 3 aus.
4 Zähler ein, 4 aus. (Ab jetzt wieder „runter":)
4 Zähler ein, 4 aus.
3 Zähler ein, 3 aus.
2 Zähler ein, 2 aus. (Neubeginn:)   etc.

Es ist wirklich völlig egal, wie Ihre Ausgangsposition aussieht: Sie gehen jeweils so weit, wie Sie (heute) können, und ab dann gehen Sie genauso systematisch wieder retour. Probieren Sie es bitte gleich einmal aus und tragen Sie Ihr heutiges (erstes) Ergebnis hier ein:

Ich bin bis _____ Zähler gekommen.

Diese Atemübung ist eine Art Basis-Training. Ob Sie liegen, sitzen, schlendern, auf Ihrem Heimtrainer radfahren, sky-walken oder laufen, ist Ihnen völlig freigestellt. Je weniger Kondition Sie derzeit haben, desto ruhiger werden Sie die Übung angehen wollen (z.B. liegen statt gehen, sitzen statt schlendern oder schlendern statt laufen.). Es gibt weitere Variationsmöglichkeiten, wie z.B. Schrittlänge, Tempo etc. Aber das finden Sie am besten durch Experimentieren heraus.

Wichtig ist nur **das rhythmische Atmen** als solches. Innerhalb von ca. 10 Tagen (bei ca. 10 Minuten Training pro Tag) werden Sie erste echte Resultate messen können, denn dann beginnt sich Ihre Kapazität bereits zu steigern. Sie vergrößern Ihr **Repertoire** (hier im rhythmischen Atmen!).

Vgl. Teil I, **R** (Repertoire, S. 64).

Das schöne an diesem Training ist, daß man keine extra Zeit bereitstellen muß. Ob Sie zum Einkaufen gehen oder in der Firma ins Nebengebäude müssen, beim Gassi gehen, vor dem Fernseher, in der Badewanne etc. – überall können Sie das bewußte Atmen durchführen.

Optimal wäre mehrmals am Tag 10 Minuten lang.

Für akute Fälle: Wann immer Sie merken, daß Sie besonders „sauer" sind, können Sie das Unangenehme bis zu einem gewissen Grad „wegatmen", wie der Kollege KLEIN so schön sagt. Schon nach 2 Minuten spüren Sie eine merkliche Verbesserung. Der Grad an Verbesserung ist bei Menschen, die diese Übung regelmäßig ausführen, größer als bei anderen, aber selbst wenn jemand die Übung **nur** in Zeiten von Streß durchführt, hilft sie bereits.

Beten

Heute wissen wir, daß ernsthaftes Beten einem **meditativen Zustand** gleicht, deshalb möchte ich hier nur kurz festhalten:

Strategie Nr. 9

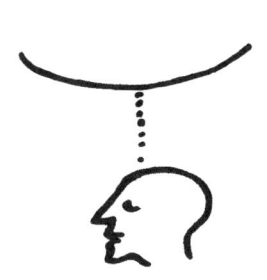

1. Alles unter **Meditatives Tun** (ab S. 126 ff.) Gesagte gilt auch für das Beten, so daß Sie es als Meditative Tätigkeit Nr. 9 sehen können.

2. Wann immer wir Kontakt mit dem „Was-größer-ist-als-wir-selbst" aufnehmen, beginnt unser Organismus sich auszudehnen und zu entfalten (im Wortsinn). Streß und Ärger aber verkrampfen, ziehen zusammen und verhärten, während Ausdehnen mit **Loslassen** verbunden ist. Deshalb fühlen sich manche Menschen beim Beten (und einige Zeit danach) „so richtig frei". Eine Leserin meines Beratungs-Briefes erzählte mir, beten sei für sie weit besser als Autogenes Training!

3. Wer Probleme mit dem Gottesbild des älteren Herrn mit Rauschebart (oder einem anderen offiziellen Gottesbild) hat, sei daran erinnert: Selbstverständlich können Sie auch dem Universum oder Ihrem Schicksal danken bzw. Ihren Dank an Mitmenschen wie ein **Dank-Gebet** meditativ innerlich formulieren.

Vgl. auch **Dank** (S. 98 ff.).

4. Es gibt unter Fachleuten die Meinung, daß gerade der Gedanke „**Dein Wille geschehe!**" immens hilfreich sein kann, irgendwelche kleinkarierten Teilziele loszulassen und sich weit entspannter auf Situationen, die vor uns liegen, einzulassen. Versuchen Sie es ruhig einmal.

5. Studien haben klar gezeigt, daß **Gebete Dinge bewirken, ja sogar heilen** können, aber am besten wirken Gebete für andere (vgl. die Arbeiten von Larry DOSSEY und Bernie SIEGEL). Vielleicht möchten Sie dies einmal testen?

6. Es gibt auch eine Reihe von Studien, die zeigen, daß **betende Gruppen besonders starke positive Wirkungen auslösen können.** Vielleicht möchten Sie sich mit Ihren Freunden absprechen, daß Sie alle z.b. um 13 Uhr fünf Minuten lang beten – unabhängig davon, wo sie sich gerade befinden. Wenn mindestens 10 Personen mitmachen, von denen an jedem Tag mindestens sechs aktiv dabei sind, kann man einen solchen Gebetskreis starten. Aber vielleicht möchten Sie lieber bei einem viel größeren Kreis mitmachen, es gibt weltumspannende Gebetsgruppen.

Am besten schauen Sie mal ins Internet.

Wichtig: Bei allen meditativen Tätigkeiten gilt, daß sie kumulierende Wirkung haben – d.h. sie wirken am besten, wenn man sie regelmäßig ausführt. Ab und zu einmal ist besser als nichts, aber die Tätigkeiten **wirken** weit besser, wenn sie meditativ eingesetzt werden!

Kumulativ

Bedingungslose Liebe

Strategie Nr. 10

Strategie 1: Anti-Zorn pro Liebe

Natürlich kann man bedingungslose Liebe nicht direkt trainieren, aber wir können Vorübungen machen, die uns helfen. Ein Beispiel aus meiner eigenen Erfahrung kann dies gut illustrieren, das absolviere ich auf der Autobahn.

Das ist am Anfang ähnlich wie bei dem berühmten „Münchner im Himmel", der „stocksauer" auf einer Wolke sitzt und „Halleluja" singen soll; er klingt ganz böse (zefix halleluja!!!). Zuerst geht es mir ebenso. Es ist genaugenommen (noch) nicht wahr, aber ich mache weiter, und nach ungefähr einer Minute fängt es an, etwas wahr zu werden. Spätestens nach ca. zwei Minuten ist es wirklich wahr geworden. Ich erlebe ein völlig anderes Gefühl (und oft läßt mich jetzt auch jemand rein).

Wenn ich mit meinem 3,5-Tonnen-Büromobil in der rechten Spur hinter einem stinkenden Laster „hänge" und niemand mich in die linke Fahrspur wechseln läßt, damit ich überholen kann, ist mein erster Impuls, mich furchtbar zu ärgern. Mit dem großen Wagen besteht eine erhebliche Gefahr, daß ich mich völlig hilflos fühle (vgl. Teil I, Opfer, S. 80). Aber bald merke ich, was da passiert und entscheide mich zu einer Anti-Ärger-Strategie, z.B. diese Vorübung zur bedingungslosen Liebe:

Nun wünsche ich allen, die da (so „böse") an mir vorbeifahren, wiewohl ich geblinkt habe (!!), **Gesundheit und ein langes Leben.**

Das ist meine Vorübung zur bedingungslosen Liebe. Es gibt sicher noch viele andere Varianten als auf der Autobahn; so könnte man sich z.B. vornehmen, jeden Tag zwei bis drei Minuten lang allen Menschen, an die man denkt (insbesondere jenen, die man nicht so sehr gerne mag), Gesundheit und ein langes Leben zu wünschen. Übrigens muß es auch nicht Gesundheit und ein langes Leben sein – wünschen Sie diesen Menschen das, was Sie sich selber wünschen. Denn Ihre Seele hört immer zu: Jedesmal, wenn Sie jemandem Böses wünschen und jedesmal, wenn Sie einer Person Gutes wünschen. Schon allein deshalb ist diese Übung gut für uns selbst ...

Strategie 2: Anti-Neid pro Liebe

Neidhammel gönnen anderen nichts, weder materiell (das schicke Auto!) noch immateriell (z.B. Erfolg!). Wenn Sie nicht sicher sind, ob unangenehme Gefühle gegen andere Neid sein könnte, überlegen Sie bitte:

Da der Neidige anderen nicht gönnt, was diese sind/haben, sucht er eher Wege, das Neid-Objekt zu zerstören als Wege, um selbst an ähnliches zu gelangen. (Zum Beispiel verklagen deutsche Geschäftsleute ihre Konkurrenten lieber wegen „unlauteren Wettbewerbs" als selbst bessere Ideen zu entwickeln, wie sie Kunden gewinnen oder halten können.)

Wenn wir merken, daß wir anderen Böses wünschen, ist es an der Zeit für eine kluge Gegenmaßnahme, denn Neid ist eine emotionale Bremse für Herzenswachstum. Daraus leitet sich die folgende Strategie ab, die mir seit vielen Jahren hilft.

Wenn ich merke, daß das Neid-Gift in mir zu wirken beginnt (Gott sei Dank selten, aber auch mich trifft es manchmal), dann konzentriere ich mich auf die Person, die meinen Neid ausgelöst hat und beginne, einen Satz innerlich ständig zu wiederholen – so lange, bis er wahr wird, nämlich: **„Ich gönne es ihm/ihr!"**

Anfangs mag das noch nicht wahr sein, aber da ich mir fest vorgenommen habe, momentane Neid-Schwachstellen so zu überwinden, wird es bald wahr. Früher konnte es 2 bis 3 Minuten dauern, heute sind es nie mehr als 20 Sekunden.

Strategie Nr. 11

Sie wissen ja, Neid ist das einzige Gefühl, unter dem immer nur andere leiden; nach dem Motto: Ich doch nicht!

Neid-Test

Columbo-Effekt©

Strategie Nr. 12

Man kann TV-Sendungen, die zur „falschen Zeit" laufen, inzwischen Gott sei Dank programmiert mitschneiden und ansehen, wann man will.

In einem deutschen Krimi wird eine Person, die in den Verdacht gerät, möglicherweise verdächtig sein zu können, sicherheitshalber bereits geduzt. Null Respekt für jemanden, von dem wir noch nicht einmal wissen, ob er schuldig ist! Das sagt viel über die menschenverachtende Einstellung derer, die das vorleben, was sich dann in solchen Drehbüchern widerspiegelt ...

Auch andere Krimis bieten gute Modelle, z.B. *Practice – Die Anwälte, Murder One* etc. Mein Vorschlag: In unserem Forum (www.birkenbihl.de) können Sie mit anderen Teilnehmern Ideen für Serien mit Vorbild-Charakter austauschen.

In Teil I haben wir uns gefragt, ob wir eine charakteristische Zorn-Reaktion haben und ob diese per Imitation „zu uns" gekommen war. Wenn dies der Fall ist, dann wollen wir uns heute überlegen, welche Menschen (einschließlich Charaktere in Romanen, Theater, Fernsehrollen) uns bessere Vorbilder sein könnten. Als junge Menschen haben wir vorbehaltlos imitiert, was sich in unserer Nähe abgespielt hat (das hat die Natur so vorgesehen), aber heute können wir selbst entscheiden.

Nun gibt es zwar sehr gute TV-Serien, die uns ausgezeichnete Modelle für „schwierige Gespräche" liefern (z.B. *Unsere kleine Farm, Ein Engel auf Erden*), aber wenn Sie halt lieber einen Krimi sehen wollen? Nun, auch Krimis können uns gute Modelle bieten, wenn wir wissen, worauf wir achten wollen.

Inspektor Columbo – Columbo-Effekt©

Ich finde, Peter Falk als Inspektor Columbo bietet uns ein hervorragendes Modell, weil er mit allen Menschen höflich kommuniziert. Er behandelt sogar Verbrecher bis zur Verhaftung mit Respekt. Er bleibt ruhig und gelassen, auch wenn die Leute ihn verletzen wollen. Er bleibt immer höflich, auch wenn man ihn anschreit oder bedroht. Wenn wir ihn uns also als Modell aussuchen, um ein wenig seines Verhaltens durch Imitation zu übernehmen, dann nutzen wir den Mechanismus des Imitations-Lernens bewußt aus, und das nenne ich den **Columbo-Effekt©**.

Darüber hinaus kann jede Figur, real oder fiktiv, lebend oder sogar tot, uns als Modell dienen, wenn wir uns einmal dazu entschieden haben. Bitte notieren Sie hier Ihre ersten Assoziationen, wer Ihnen als Modell dienen könnte, und führen Sie die Liste im Laufe der Zeit weiter:

	Wer?	**Warum?**
1.	Columbo	Höflichkeit
2.		
3.		
4.		
5.		
6.		
7.		
8.		
9.		
10.		
11.		
12.		
13.		
14.		
15.		
16.		
17.		
18.		
19.		
20.		
21.		
22.		
23.		
24.		
25.		
26.		

D

Rangfolge:
1. Verzeihen, 2. DANK-Gefühl und 3. Lachen.

Dank

Das Dank-Gefühl ist (nach dem Verzeihen) **die gesundmachendste Emotion**, die wir kennen. Es ist sogar gesünder als Lachen (das kommt erst an dritter Stelle). **Danken stärkt das Immun-System.**

Strategie Nr. 13

Strategie 1: 60 Sekunden lang Dank empfinden

Wir können uns hinsetzen und aufschreiben, wofür wir zu diesem spezifischen Zeitpunkt besonders dankbar sein können (z.b. dafür, daß wir in keiner Kriegszone leben oder für besondere Menschen in unserer Nähe). Da es im Zorn aber schwerfallen kann, mit der Dankbarkeit zu beginnen, hilft die zweite Strategie ...

Strategie Nr. 14

Strategie 2: Das Dankes-ABC

Legen Sie ein ABC der Dinge an, für die Sie dankbar sind. Dabei kann es sich sowohl um rein materielle Dinge (Ihr Haus, Auto, der wunderschöne Kirschbaum im Garten) als auch um immaterielle Freuden handeln.

Wenn Sie Ihre Liste erstellt haben, können Sie in einer Ärger-Situation 60 Sekunden lang bewußt in der Dankes-Liste lesen. Im Notfall zwingen Sie sich ruhig dazu. Wer so etwas noch nicht erlebt hat, kann vorab nicht ahnen, wie hilfreich diese 60 Sekunden sein können. Ich garantiere Ihnen: Es wird Ihnen unmöglich sein, so sauer zu bleiben, wie Sie vor dem Lesen waren. Wetten?

Strategie Nr. 15

Strategie 3: Die Dankes-Hierarchie

Vor vielen Jahren entwickelte ich eine Art von Dankes-Hierarchie für mich persönlich, die ich der Öffentlichkeit erstmals im Fixstern-Seminar (1993) bekanntgab. Was mich überraschte, waren die vielen Reaktionen hierauf, auch Jahre später noch. Es scheint, daß diese kleine „Ordnung" vielen Leuten etwas sagt. Also möchte ich sie auch Ihnen anbieten. Die Hierarchie beginnt mit einfachsten Dank-Gefühlen, die meines Erachtens jeder Mensch empfinden (oder zu empfinden) lernen kann und bewegt sich dann zu Dank-Gefühlen, die wir in wachsendem Schwierigkeitsgrad auch nach außen hin zeigen werden.

1. **Allgemeine Dank-Gefühle** gegenüber dem Universum (Gott, dem Schicksal): Einige Momente lang halten – dies entspricht quasi einem Dank-Gebet, auch wenn Sie es nicht als „beten" empfinden.

2. **Konkrete Dank-Gefühle**: Hier können Sie Ihre ABC-Liste konsultieren, einen Punkt auswählen, der Ihnen heute besonders zusagt und sich auf diesen konzentrieren. Oder Sie überlegen (und notieren), wofür Sie heute besonders dankbar sein möchten.

3. **Konkrete Dank-Gefühle** anderen Menschen gegenüber, die Sie jedoch noch **nicht äußern**.

4. **Konkrete Dank-Gefühle** anderen Menschen gegenüber, die Sie nur **non-verbal äußern** (ein dankbarer Blick, ein freundliches Kopfnicken etc.).

5. **Konkrete Dank-Gefühle** anderen Menschen gegenüber, die Sie (kurz) verbal äußern; Minimum ein netter Satz. Diesen dürfen Sie live (persönlich) oder telefonisch sagen, aber auch schriftlich (E-Mail, Fax, Postkarte).

6. **Konkrete Dank-Gefühle** anderen Menschen gegenüber, die Sie verbal äußern (am Telefon oder persönlich): Machen Sie der Person ein ausführliches Kompliment, loben Sie, danken Sie – wie auch immer Sie es nennen wollen. Drücken Sie aus, daß Sie durch diese Person angenehme Gefühle erleben durften. Ob die Person etwas getan (Handlung) oder durch ihr Sein gewirkt hat, ist dabei gleichgültig (= gleichermaßen gültig).

7. **Konkrete Dank-Gefühle** anderen Menschen gegenüber, die Sie schriftlich (lang) äußern (E-Mail, Brief; hier reicht eine Postkarte nicht mehr). Schreiben sie der Person mindestens fünf ganze Sätze, gern auch ein bis zwei Seiten. Diese zu komponieren mag einige Tage dauern, in denen Sie immer wieder anfangen. Es kann nicht das Ziel sein, die Übung in einer Sitzung zu absolvieren.

Wenn Sie sich vornehmen, einen schönen Dankes-Brief pro Monat an diverse Mitmenschen zu versenden, dann sind das 12 Gelegenheiten pro Jahr, an denen Sie Menschen eine große Freude machen. Wer schon einmal gesehen hat, wie jemand einen Dankes-Brief las, ihn mit sich herumtrug, ihn anderen zeigte (oder vorlas), der weiß, wieviel so ein Brief bedeuten kann.

Die Dank-Hierarchie

Ein freundliches
Wort kann drei
kalte Wintermonate
erwärmen.

(Japanisches Sprichwort)

Optional: Meines Erachtens sollte der lange Dankes-Brief so lange **keine** E-Mail sein, wie Sie (leider) noch nicht sicher sein können, daß Ihre Formatierungen erhalten bleiben. So ein Brief sollte auch wie ein Brief aussehen.

8. **Diese Aufgabe ist die schwerste**: Denken Sie an Leute, denen Sie derzeit „böse sind", und finden Sie irgend etwas an Ihnen, wofür Sie dankbar sein können (etwas in der „Gegenwart", ein „früher ..." ist nicht zulässig). Sie wissen ja, wir sollten lernen, unsere Feinde zu lieben. Vielleicht können wir damit beginnen, uns der positiven Seiten jener Menschen zu erinnern, an deren negative wir gerade so viel denken?

Variante: Falls Sie es (noch) nicht schaffen, Dank zu empfinden, könnten Sie sich fragen: Was kann ich an dieser Person akzeptieren, respektieren, vielleicht sogar bewundern? Oder: Was könnte ich von ihr lernen, wenn ich nicht so damit beschäftigt wäre, sie abzulehnen?

Sie können an „schlimmen" Tagen mit der leichtesten Hierarchie-Ebene noch etwas anfangen, aber manchmal möchten Sie vielleicht einen Schwerpunkt-Dankes-Tag einlegen und mehrmals täglich einige Minuten „opfern". An solchen Dankes-Tagen kann man mit „leicht" beginnen und sich systematisch durch die höheren Ebenen „arbeiten". Probieren Sie das an Tagen, an denen Sie eigentlich „null Bock auf Nix" haben und staunen Sie über sich selbst.

Strategie Nr. 16

Strategie 4: Über Dank-Gefühle reden

Täglich einmal, wöchentlich einmal, mindestens einmal im Monat tauschen wir uns mit anderen aus und erzählen uns gegenseitig von Augenblicken, in denen wir Dank empfanden.

Diese Strategie ist so hilfreich, weil schon allein das **Hören von Dank-Gefühlen** anderer in uns (per Resonanz-Gesetz) ähnliche Schwingungen auslöst, so daß wir den Dank wirklich (mit-)empfinden können. Das sogenannte Mitleid im Falle, daß jemand leidet, wird hier zur echten **Empathie** (Mitgefühl). Diese Übung hat drei Vorteile:

1. Intellektuell begreifen Sie immer wieder, wie stark alle Gefühlsäußerungen anderer uns „mitreißen" (infizieren) können. Das gilt auch für unangenehme Gefühle. Also hilft uns diese Ein-

sicht vielleicht, uns etwas mehr von den ewigen Lamentierern vom Dienst (die in der Mecker-Ecke herumstehen und alles „runtermachen") fernzuhalten und uns bewußt länger und lieber in der Nähe von Menschen aufzuhalten, die uns positiv anmuten.

2. Intellektuell wird Ihnen natürlich auch klar, daß unsere eigenen Gefühle andere in ähnlicher Weise „infizieren". Das hilft, mehr Ver-ANTWORT-ung für unsere Gefühle zu übernehmen und öfter aktiv etwas zu tun, um sie zu verbessern. (Schließlich bietet dieses Buch Ihnen ja genügend strategische Ansätze an, nicht wahr?)

3. Wenn Sie Dank (mit-)empfinden, stärken Sie Ihr Immun-System. Nachdem Dank die zweitbeste HEIL-Emotion ist und wir uns mit dem Verzeihen in der Regel um einiges schwerer tun, können wir leicht auf Dank ausweichen. Es bringt uns nicht nur einiges, es fühlt sich auch gut an. Was will man mehr?

GEFÜHLE INFIZIEREN

Übrigens sind physiologische Meß-Ergebnisse bei intensiven Dank-Gefühlen denen des Betens (siehe S. 93 f.) sehr ähnlich. In der Materie (also körperlich) lösen ähnliche geistig/spirituelle Schwingungen auch ähnliche Materialisierungen aus, deshalb ähneln sich die entsprechenden Blut-, Urin- und Korikal-Werte. Langsam gewinnen die uralten Vorstellungen der Schamanen immer konkretere Gestalt, selbst im modernen Labor. Aber Sie brauchen keine Meßwerte: Wenn Sie eine dieser Strategien praktizieren, und es fühlt sich gut an, wissen Sie alles, was Sie brauchen ...

DENKEN   KURSWECHSEL

DANK

Anti-Ärger-Strategie   NEURO-REAKTIONEN ⊕

E

Entspannung in vier Schritten

Strategie Nr. 17

Quelle:
Jonathan ROBINSON:
Shortcuts to Bliss.

Der amerikanische Psychologe Jonathan ROBINSON schlägt eine einfache Technik vor – sie dauert nur ca. 3 Minuten – kann aber dramatisch verändern, was wir glauben, erleiden zu müssen. Nach der Übung fühlt man sich weit besser (oft sogar ausgesprochen gut!). Negative Gefühle sind in der Regel verschwunden, der Körper ist entspannt ...

Schritt 1

Setzen (oder legen) Sie sich bequem hin, und schließen Sie Ihre Augen.

Schritt 2

„Durchkämmen" Sie Ihren Körper systematisch, und identifizieren Sie das unangenehmste Gefühl, das Sie (in diesem Augenblick) finden können.

Schritt 3

Konzentrieren Sie sich auf diese Stelle Ihres Körpers, und fühlen Sie, was immer dort „sitzt". Indem Sie sich auf die vorhandenen Gefühle einstimmen und Ihren Widerstand gegen sie loslassen, werden Sie feststellen, wie eine Änderung eintritt. Ironischerweise ist es vor allem unser Widerstand gegenüber negativen Gefühlen, welcher zu dem Stuck-Zustand in unserem Körper führt! Indem Sie diesen Widerstand loslassen und sich darauf fokussieren, was Sie (wirklich) fühlen, öffnet sich der Damm der Stuck-Gefühle, und aus der Flut wird wieder ein Fluß, dann ein Flüßchen, ein Bach und ein Rinnsal, welches sanft versiegt ...

Stuck-Zustand/-Gefühle (engl. *stuck* = steckengeblieben, klebend, unbeweglich, starr).

Schritt 4

Stellen Sie sich der Reihe nach die folgenden **sechs Fragen:**

1. An welcher Stelle in meinem Körper befinden sich die unangenehmsten Gefühle (Empfindungen)?
2. Wie groß ist das Areal im Körper, welches das Zentrum dieser unangenehmen Empfindungen bedeckt?
3. Ist diese Stelle wärmer oder kühler als der Rest meines Körpers? Wie genau fühlt sich ihr Anderssein an?
4. Welchem Aspekt dieser Empfindungen gilt mein Widerstand genau (was finde ich ganz besonders schlimm)?
5. Kann ich den Widerstand loslassen und diesen Empfindungen erlauben, durchzufließen?
6. Gibt es etwas, woran ich jetzt denken kann, was in mir Gefühle von Dankbarkeit oder Vorfreude auslöst?

Beantworten Sie die Fragen so exakt wie möglich! Zum Beispiel, bei Frage 2 (Wie groß ist das Areal im Körper ...?): Indem Sie die Größe der Stelle mit konkreten Dingen vergleichen, deren Größe Ihnen vertraut ist, antworten Sie ganz konkret (z.B. so groß wie ein Zwei-Euro-Stück oder so groß wie ein Fußball).

Sicher haben Sie gemerkt, daß die ersten fünf Fragen Ihnen helfen, ins HIER & JETZT zu kommen und das zu fühlen, was Sie derzeit normalerweise zu unterdrücken geneigt sein könnten. Stellen Sie sich vor, Sie seien ein/e WissenschaftlerIn: Registrieren Sie die Empfindungen in Ihrem Körper so objektiv wie nur möglich. Bis Sie zu Frage 6 kommen, sind Sie schon entspannt. Nun stellen Sie sich die letzte Frage und konzentrieren sich auf etwas, wofür Sie Dank empfinden oder etwas, worauf Sie sich schon freuen. **Dann erst öffnen Sie die Augen und beenden die Übung.**

Diese Übung kann sowohl eingesetzt werden, um unangenehme Gefühle aufzulösen, als auch, um kleine bis mittelgroße Probleme (und/oder Ärger-Situationen) schnell zu überwinden. Die Übung kann auch in Zeiten von Trauerarbeit als flankierende Maßnahme (häufig!) eingesetzt werden und diese Lebensphase maßgeblich erträglicher machen ...

Im Alltag: Wenn Sie merken, daß Sie verspannt sind – schenken Sie sich diese kurze Zeitspanne! Mit Übung brauchen Sie keine drei Minuten mehr: Sie holen einfach Luft, registrieren die unangenehmste Stelle und definieren sie, dann entspannen Sie sich und lassen alles wie einen Fluß durch Sie hindurchströmen.

Geübte Fortgeschrittene schaffen die Übung jederzeit (auch stehend oder gehend) in wenigen Sekunden.

Auch die folgende Strategie kostet Fortgeschrittene nur einige Sekunden; Einsteiger benötigen noch etwas länger.

Sie brauchen nur anfangs die vollen drei Minuten. Mit Übung geht es weit schneller, weil Sie einen Entspannungs-Reflex aufbauen.

Friedens-Strategie

F

Strategie Nr. 18

In Teil I kündigte ich eine Strategie für Mutige an, für Zeiten, in denen wir darauf warten, daß andere „Ruhe geben" oder uns freundlich gesonnen sein mögen. Es folgt eine Strategie für Mutige, aber Pazifisten sind ja keine Feiglinge, nur ziehen sie den inneren „Kampf" (im Sinne von Selbst-Disziplin) dem äußeren vor.

Dies kann weit mutiger sein, als mit einer Keule auf jemanden einzuschlagen, deshalb sagte schon Konfuzius:
Wer andere besiegt, mag mächtig sein, aber wer sich selbst besiegt, ist wahrhaft stark.

Die Friedens-Strategie wurde in Teil I (Bedingungslose Liebe, S. 16) schon angekündigt.

Also, wenn Sie es wagen, in den „friedfertigen Kampf" zu ziehen, dann lesen Sie hier weiter (alle anderen springen zum nächsten Modul, S. 105).

Es gilt, den Kontrahenten zu SEGNEN (spätestens jetzt werden einige entsetzt weiterblättern). Ich weiß, die Reaktionen sind teilweise heftig. Erstens, weil wir völlig falsche Vorstellungen mit diesem Begriff verbinden mögen, und zweitens, weil wir Menschen der Neuzeit das Segnen mit einer bestimmten Kirche oder einer spezifischen Glaubensrichtung verbinden. Aber wie Catherine PONDER uns erklärt:

Catherine PONDER: Ihr Weg in ein beglückendes Leben.

Die Tätigkeit des Segnens ging den Wurzeln der kirchlichen Tradition weit voraus, es war etwas, was Leute „taten", es entspricht einem Handeln mehr als einem Glauben.

Sie definiert dies nicht nur im Sinne des „für eine Situation oder Gegebenheit Gottes Gnade erbitten", sondern sie bietet Erklärungen an, mit denen so mancher „Ungläubige" auch umgehen kann, nämlich: Segnen ist ...

→ mittels gesprochener Worte HEIL/heilig machen,
→ für eine Person/Situation GUTES (er-)wünschen,
→ glücklich, erfolgreich machen,
→ erfreuen, loben, preisen.

Es heißt weiter:

„Segnen heißt, in einer Situation, Person oder Bedingung Gutes zu bewirken [...]", und jetzt folgt der Schlüsselsatz: „Segnen bedeutet NICHT nach dem Anschein zu richten, sondern [...] das Gute zu sehen und es dadurch in einer Situation hervorzurufen"!

Segnen: Gutes bewirken

Und nun fragt sie:
Wie oft haben wir eine Situation kritisiert, verurteilt oder verflucht und dadurch nur noch mehr Schwierigkeiten und unerfreuliche Erfahrungen verursacht?

Tja, und genau darin besteht die mutige Strategie, wenn wir von anderen mehr Frieden in unseren Beziehungen herbeiwünschen würden: Bei uns anzufangen und diesen „fiesen Typen" jetzt zu segnen. Das wäre groß, das wäre stark!

Denken Sie einfach so lange, bis es stimmt, folgende Gedanken:
1. Ich wünsche (Namen) Gutes!
2. Ich höre auf, (Name) zu verurteilen.
3. Ich beende das Fluchen.
4. Ich beginne stattdessen zu segnen und
5. wünsche (Namen) nur Gutes! (und so weiter, bis es stimmt).

Gutes wünschen!
nicht ver- urteilen!

Sie haben es gemerkt: Satz 5 ist identisch mit dem ersten Satz, also geht es wieder zu Satz 2, 3, 4 und 5 und wieder zu Satz 2, 3, 4 und 5 etc., bis es stimmt. **Eine Strategie für Mutige** ... denn jemandem Gutes zu wünschen, den wir mögen, ist leicht (ob Sie nun den Begriff „segnen" verwenden wollen oder nicht). Dies aber zu tun, wenn wir gerade sauer auf die Person sind, das fordert einen großen Geist, oder besser ein großes Herz.

Wir schaffen es natürlich nicht immer, aber immer öfter????

Gefühlsrad

Das Gefühlsrad ist ein in Amerika entwickeltes Kommunikations- „Werkzeug". Es stellt eine Einladung zum Dialog, zu offener und ehrlicher Kommunikation dar.

(s. Poster zum Buch.)

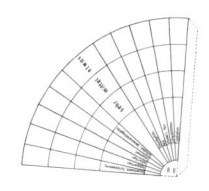

Wie einige Autoren (MASLOW, BERNE, SCHULTZ, PERLS u.a.) immer wieder betonen, haben wir es verlernt, offen und ehrlich miteinander zu reden. Der Grund liegt in der Erziehung (Programmierung) unserer Kulturkreise: Man soll „die Zähne zusammenbeißen", man soll „es schlucken", man soll „über Gefühle nicht reden", man soll „sich zusammennehmen". Man verlernt es als Kind, sich dem anderen wirklich mitzuteilen.

Psychologen erleben immer wieder die erleichternde Funktion eines offenen Gespräches, in dem der andere auch über Ängste und Gefühle reden darf, die er normalerweise hinter seiner Maske des Gleichmuts verstecken muß. Deshalb war auch die Funktion des Beichtens so positiv für den einzelnen. Das ist auch der Grund dafür, daß man einem Fremden in der Bar, im Zug, im Flugzeug oft Dinge erzählt, die man sonst niemals verlauten läßt, weil man den Menschen erstens nie mehr wiedersehen wird und weil man

Eine schwarz-weiße Version finden Sie im Merkblatt 6, S. 182 ff., zum Ausschneiden und zusammenkleben.

zweitens dem tiefen Bedürfnis, sich einmal auszusprechen, nachgeben durfte (weil der andere ja einen nicht kennt).

In der psychoanalytischen Literatur spricht man von der verschobenen Aggression. Zum Beispiel der „klassische Kreislauf": Der Chef redet den Vater dumm an, Vater kommt nach Hause und schreit die Mutter an, diese beschimpft dann den älteren Sohn ...

Solange Menschen, die in engem Kontakt miteinander leben, sich nicht ab und zu einmal aussprechen dürfen, müssen sich die angestauten Gefühle irgendwie anders ausdrücken.

Warum kann es überhaupt zu solchen „Kreisläufen" kommen? Weil weder der Vater dem Chef noch die Mutter dem Vater gegenüber in der Lage waren, ihre Gefühle der Aggression zu zeigen. Das heißt nicht, daß der Vater unbedingt den Chef anschreien sollte, aber das bedeutet: Entweder der Vater kann dem Chef gegenüber ausdrücken, daß er sich ärgert (Wissen Sie, Herr Müller, ich finde Ihre Kritik zu hart ... Ich glaube, daß Ihr Ärger eigentlich in keinem Verhältnis zu der Situation steht ...), oder aber, wenn ihm dies nicht möglich ist, kann er doch zumindest den Ärger, den er fühlt, wahrhaben! Aber leider beinhaltet der Prozeß des „Runterschluckens", des „Zähne-Zusammenbeißens" mehr, als die Kontrolle nicht zu verlieren. Er bedeutet gleichzeitig, daß das Individuum den Ärger so gut versteckt hat, daß es ihn selber nicht mehr wahrhaben kann. Deshalb wird sich dieser verborgene (aber vorhandene) Ärger zu einem späteren Anlaß ausdrücken. (Dies gilt natürlich auch für andere Gefühle. Nur, beim Ärger ist es am besten sichtbar.) Da reagiert man dann wegen Kleinigkeiten

Deshalb nennt man diese Art der Aggression ja auch eine verschobene.

zu aggressiv, man reagiert den Ärger ab. Man richtet ihn auf eine Person oder Sache, die mit dem auslösenden Gefühl nichts zu tun hatte.

Das Gefühlsrad kann nun helfen, diesen Teufelskreis zu durchbrechen. Man lernt, sich seiner Gefühle wieder bewußt zu werden und man hat die Möglichkeit, diese Gefühle auszudrücken. Da dies aber in der „Umgangssprache" lange verboten war, können wir nicht einfach anfangen, über unsere Gefühle zu reden. Aber

Mit Chips meinen wir kleine Plastik-Chips, Cents oder Spielmarken jeder Art.

wir können einen „Chip" auf das betreffende Gefühl legen. Dies ist leichter und umgeht die jahrelang beachteten Gebote („über Gefühle darf man nicht sprechen!").

Wenn man sich einmal an das Gefühlsrad gewöhnt hat, kann man später auch ohne dieses Hilfsmittel frei sprechen, und zwar nicht nur mit Personen, mit denen man schon „am Rad gesessen" hat.

Übung 1: Lernen Sie Ihre Gefühle wiedererkennen (Inventurübung)

Strategie Nr. 19

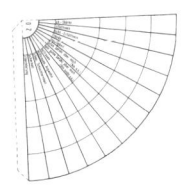

Setzen Sie sich vor das Rad. Studieren Sie die aufgeführten Gefühle genau. Wenn ein Gefühl für Sie (im Moment) zutreffend ist, „spüren" Sie das. Probieren Sie es aus. Sollte es Ihnen besonders schwerfallen, Ihre Gefühle zu „finden", dann bedeutet dies lediglich, daß Sie besser programmiert wurden, diese zu verleugnen. Es wird bei Ihnen ein wenig länger dauern, die Wirkung wird aber für Sie um so erleichternder sein!

Legen Sie die Chips auf „Ihre" Gefühle. Ganz außen am Rad bedeutet „wenig", die Mitte bedeutet „mittelschwer" und die innerste Reihe ist für sehr intensive Gefühle gedacht. Sie bestimmen also den Grad des Gefühls, indem Sie den Chip weiter nach außen bzw. weiter nach innen legen.

Wenn Sie „einmal herum" sind, lesen Sie nochmals alle gelegten Gefühle durch. Sie werden feststellen,

→ daß der Mensch immer mehrere Gefühle gleichzeitig empfindet;
→ daß der Mensch gleichzeitig widersprüchliche Gefühle haben kann (z.B. Ärger über den verschütteten Kaffee vorhin; Freude darüber, daß man hier an sich arbeitet, daß man sich weiterentwickelt, daß man innerlich wieder freier wird).

1. LEGEN
2. LESEN

Hat man diese Übung einige Male gemacht und ist schon etwas erfahren im Erkennen der Gefühle, kann man zu den Partner-Übungen übergehen.

Variationen der Inventurübung

Variation 1: Man macht diese Übung regelmäßig um die gleiche Zeit und schreibt hinterher die Resultate auf. Vielleicht stellt man dann fest, daß man immer, wenn man vom Büro kommt, besonders viele Aggressionen aufgestaut hat. Das heißt dann, daß der Streit, den man vielleicht um diese Zeit mit der Familie zu führen pflegte, Ab-Reaktion der in der Arbeit aufgestauten Gefühle war.

NOTIZEN

vgl. Vorlage S. 110 f.

Regel: Wenn man sich immer um die gleiche Zeit oder immer in der gleichen Situation über seine Mitmenschen ärgern „muß", liegt der Grund in der Regel im Betreffenden selbst.

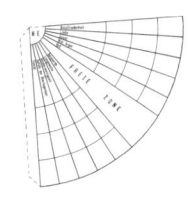

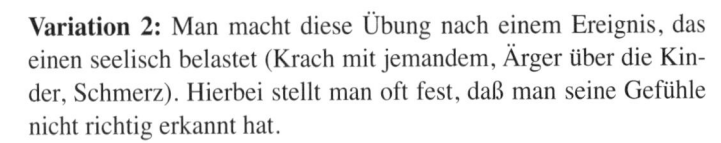

Variation 2: Man macht diese Übung nach einem Ereignis, das einen seelisch belastet (Krach mit jemandem, Ärger über die Kinder, Schmerz). Hierbei stellt man oft fest, daß man seine Gefühle nicht richtig erkannt hat.

Ein Seminarteilnehmer merkte z.B., daß der Ärger, den er über den Ungehorsam seines „eigensinnigen" Sohnes zu empfinden glaubte, in Wirklichkeit Schmerz war. Schmerz, weil sein Sohn und er nicht miteinander sprachen, sondern aneinander vorbeiredeten. Schmerz darüber, daß sein Sohn sich ihm nicht anvertraute. Später besprach er dies mit seinem Sohn (am Gefühlsrad). Dieser sagte dann, daß auch er Schmerz empfunden hätte, weil er sich unverstanden und nicht anerkannt fühlte. Nun, als sie ihren „Ärger" als Schmerz identifiziert hatten, konnten sie sich damit auseinandersetzen.

Variation 3: Man legt erstens die Gefühle, die man einem Partner gegenüber hat, und schreibt diese auf. Man legt zweitens die Gefühle, die man beim Partner erwartet, und schreibt sie ebenfalls auf. Nun tut die andere Person das gleiche. Später setzt man sich hin und diskutiert diese beiden Aufstellungen durch. Dabei stellen sich oft sehr wesentliche Erkenntnisse ein.

Eine Fallstudie

Mr. und Mrs. A hatten die Inventurübung (Variation 3) gemacht, dann folgte diese Diskussion:

Mr. A   Du hast ausgedrückt, ich würde dir gegenüber ein Gefühl der Überlegenheit empfinden. Wie kommst du denn darauf?

Mrs. A   Hast du's denn nicht gelegt?

Mr. A   Aber nein. So was wäre mir nie in den Sinn gekommen.

Mrs. A   Ich fühle mich aber dir gegenüber minderwertig.

Mr. A   Ich glaube, es geht hier nicht darum, ob du dich minderwertig fühlst. Das besprechen wir gleich. Momentan müssen wir klären, wie du dazu kommst zu meinen, ich würde mich dir gegenüber überlegen fühlen.

Mrs. A   Das drückst du ja manchmal aus.

Mr. A   Wieso?

Mrs. A Na, wenn du immer sagst: Laß mich das machen. Ich kann das besser.
Mr. A Wann tue ich denn das?
Mrs. A Beim Steakbraten. Immer wenn wir Steaks machen, bestehst du darauf, denn Grill selber zu bedienen.

> Immer wenn wir Steaks machen, bestehst du darauf, den Grill selber zu bedienen.

Mr. A Na ja, Steak braten kann ich ja auch besser als du!
Mrs. A Weil ich einmal die Steaks verpatzt habe. Das liegt doch schon Jahre zurück …
John (ein weiteres Gruppenmitglied): Wann war denn das?
Mrs. A Ganz am Anfang unserer Ehe.
Mr. A Du hättest mal sehen sollen, wie die Steaks damals aussahen …
John Das erklärt doch aber nicht, warum du ihr keine zweite Chance gegeben hast.
Mr. A Weil ich nicht noch mal so verbrannte Steaks essen will, deshalb!
John Also meinst du, daß sie immer alle Steaks verbrennen wird, die sie auf dem Grill zubereitet …

> Also meinst du, daß sie immer alle Steaks verbrennen wird, die sie auf dem Grill zubereitet …

Mrs. A Das heißt, im Steakbraten bin ich minderwertig, und er fühlt sich überlegen!
John Das haben wir jetzt alle gemerkt.

Mr. A war still geworden. Mr. und Mrs. A wollten das Gespräch zu Hause weiterführen. Wir baten um einen Bericht. Sie stellten fest: Mr. A gab ihr wirklich manchmal zu verstehen, daß er sich überlegen fühlte. Mrs. A jedoch förderte dies, indem sie gewisse Dinge einfach nicht erledigte. Wenn sie ihm wirklich hätte beweisen wollen, daß sie Steaks grillen kann, hätte sie ja bloß einmal fertige Steaks zum Abendessen servieren können, wenn er heimkam.

Solche Ausgangspunkte können eine Partnerschaft zum Guten hin verändern. Wenn er nämlich heute seine Überheblichkeit zeigt, dann sagt sie lachend: „Ich weiß, ich bin ganz klitzeklein." Dann lächelt er verlegen und sagt: „Das habe ich dir ja auch nur beweisen müssen, weil ich heute der Elefant bin …" Dann ist die Situation gerettet.

Vorlage

Inventur der Gefühle

Datum: _____ Zeit _____

Anlaß _____

Gefühl	schwach	mittel	sehr intensiv	Grund: (etwaige Bemerkungen)
Haß				
Wut, Ärger				
Angst				
Liebe				
Unzufriedenheit				
Zufriedenheit				
Verwirrung				
Klarheit				
Antipathie				
Sympathie				
Versagen				
Erfolg				
Zärtliche Zuneigung				
Die anderen sind nicht o.k.				
Die anderen sind o.k.				
Befriedigung				
Frustration				
Sich wohl fühlen				
Schmerz/Pein				
Neid				
Schuldgefühle				
Teilhaben/ Gemeinschaftsgefühl				
Einsamkeit				
Isoliertheit				
Engagiertheit				
Zurückweisung				

Gefühl	schwach,	mittel	sehr intensiv	Grund: (etwaige Bemerkungen)
Erleichterung				
Sicherheit				
Scheu, Schüchternheit				
Mißtrauen, Argwohn				
Vertrauen				
Kein gutes Gefühl über mich (bin nicht o.k.)				
Gutes Gefühl über mich (bin o.k.)				
Traurigkeit				
Freude				
Nicht-Erfülltsein				
Erfülltsein				
Ich-Stärke				
Furcht				
Gefühl der Überlegenheit				
Minderwertigkeit				
Langeweile				
Neugierde				

Übung 2: Ein Gespräch am Rad (zu zweit)   Strategie Nr. 20

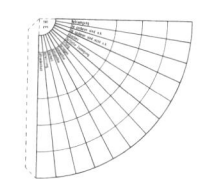

In dieser Übung sitzen sich die Gesprächspartner am Rad gegenüber. (Man sollte sich gegenüber sitzen, damit der Augenkontakt ermöglicht wird.) Beide legen jetzt schweigend ihre Chips. Sind beide fertig, kann das Gespräch beginnen. Hierbei sind jetzt zwei Zonen zu erklären:

1. Die Freie Zone: Diese ist zu belegen, wenn man ein Gefühl ganz klar verspürt, es aber auf dem Rad nicht vorfindet. Zum Beispiel „Eifersucht". Wenn man später die einzelnen Chips durchspricht (nicht vorher), sagt man: „Dieser Chip steht für …"

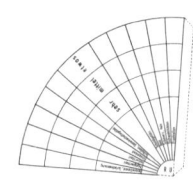

2. Die Ruhe-Zone (Zentrum des Gefühlsrades): Diese Zone steht nicht für ein „Gefühl der Ruhe" und wird beim ursprünglichen Belegen der Felder keinesfalls mitbelegt.

Das Feld hat folgenden Zweck: Nehmen wir an, Sie sitzen mit einer Person am Rad, von der Sie annehmen, daß diese Sie ablehnt. Sie legen also einen Chip auf „Ressentiment, Zurückweisung". Wenn Sie dabei sind, den Chip zu besprechen, sagen Sie: „Ich habe das Gefühl, Sie lehnen mich ab."

Nun kann es aber durchaus passieren, daß Sie sich beim Gespräch selbst irgendwann überfordert fühlen. Vielleicht haben Sie das Gefühl, daß der andere nicht wirklich ehrlich ist. Vielleicht können Sie aus irgendwelchen Gründen über dieses Gefühl nichts mehr sagen. Jetzt nehmen Sie den betreffenden Chip und legen ihn in die Ruhezone. Das bedeutet: Was dieses Gefühl angeht, darf der andere weder weiter darüber sprechen noch fragen.

In bezug auf dieses Gefühl sind Sie (symbolisch) aus dem Zimmer gegangen und haben sich in einen Ruhe-Raum begeben, dort darf nicht gesprochen werden.

Man kann nicht hundertprozentig ehrlich sein.

Man kann nicht hundertprozentig ehrlich sein. Irgendwo muß die Grenze gezogen werden. Man muß die psychologische Intimzone des anderen wahren. Mit Hilfe der Ruhe-Zone kann man sich langsam vortasten und lernen, auch über schwierige Themen zu sprechen, weil man weiß, daß man den Rückzieher machen darf. Schließlich darf so eine Kommunikations-Hilfe wie das Gefühlsrad nicht zum moralischen Zwang werden. Es soll die Kommunikation erleichtern, nicht aber sie erschweren. Deswegen ist dieser „Notausgang" mit eingebaut.

Es gibt verschiedene Möglichkeiten, die Gefühle am Rad zu besprechen.

Variation 1

Variation 1: Man fängt an einer Stelle an und „redet um das Rad herum". Das heißt, wessen Chip der nächste ist, der sagt, was er damit gemeint hat. Oft gibt es nicht viel zu sagen. Wenn man „Sympathie" gelegt hat, dann braucht man dazu nicht mehr viel zu sagen. Hat man aber „Freude" gelegt, so kann es durchaus sein, daß man dies erklären möchte.

Regel: Man muß Gefühle nie erklären, man muß sie akzeptieren lernen. Und man kann sie mitteilen oder erklären wollen. Besonders bei Gefühlen, die sowohl passiv (Ich fühle mich zurückgewiesen!) als auch aktiv (Ich akzeptiere dich nicht!) sein können, ist es wesentlich, daß man erklärt, was man gemeint hat, damit es keine Mißverständnisse geben kann. Zum Beispiel bei „Vertrauen": Ich habe Vertrauen zu dir. Bei dir habe ich das Gefühl, daß du mir nie absichtlich weh tun würdest. Ich glaube, daß ich es lernen kann, mit dir über alles zu sprechen ... oder: Ich habe das Gefühl, daß du mir vertraust ...

Variation 2: Einer der beiden spricht zuerst alle seine Chips durch (wobei der andere natürlich auch etwas sagt), dann erklärt der andere, was er mit seinen Chips hat ausdrücken wollen.

Variation 2

Wann welche Variation? Dies hängt überwiegend von Ihnen ab. Probieren Sie beide aus. Im allgemeinen ist die erste Variation besser, weil sie einen lebendigeren Dialog ergibt und weil das Gefühl der Gemeinschaftlichkeit und des Teilhabens hier stärker wahrgenommen werden kann. Auf der anderen Seite, wenn ein Partner etwas ganz Bestimmtes besprechen möchte, z.B. seine Gefühle über einen Streit, den es am Nachmittag gegeben hat, kann es durchaus besser sein, wenn er erst einmal „alles loswerden kann", weil er oft erst dann bereit sein wird, sich auf die Gefühle des Partners einzustellen.

Übung 3: Mehrere am Gefühlsrad

Strategie Nr. 21

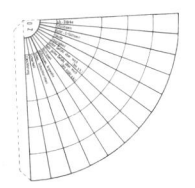

Diese Übung verläuft wie Übung 2. Auch hier gibt es die beiden Variationsmöglichkeiten in der Reihenfolge der Besprechung. Es gilt die Faustregel: Je mehr am Rad sitzen, desto geeigneter wird die Variation 2.

Wie viele können auf einmal am Rad sein? Bis zu sieben Personen hat sich als optimal erwiesen. Wenn es mehr sind, können sich die einzelnen langweilen, weil es zu lange dauert und weil die Gefühle, die sie vor 30 Minuten gelegt haben, nicht mehr zutreffend sind. Wenn sie aber, was erlaubt ist, wieder eingreifen, um das Gelegte auf den neuesten Stand zu bringen, wird das Ganze unübersichtlich.

Allerdings hat man in den USA mit „Riesenrädern", die den ganzen Tisch ausfüllen, Versuche gemacht. Und zwar in Encounter-Gruppen, d.h. in Gruppen, wo Parteien zusammenkamen, die normalerweise große Konflikte haben, wie z.b. Schwarze und Weiße, Einkauf und Verkauf.

Flucht am Rad: Wie wir ja schon feststellen, soll uns das Gefühlsrad helfen, die „Fesseln" zu lösen, die unsere Erziehung uns angelegt hat. Wir sollen lernen, unser „Kind" (Ich-Zustand) wieder natürlich, fröhlich, spontan werden zu lassen. Dies bedeutet zwangsläufig ein Abbauen der strikten Persönlichkeit. Diese weigert sich manchmal, seine Position abschwächen zu lassen, und das führt dazu, daß man zwar sagt, man wolle am Rad ehrlich kommunizieren, aber trotzdem Fluchtmanöver betreibt. Auf die wichtigsten sei hier hingewiesen, damit Sie sich selbst erkennen können:

Kopf-Manöver: Man läßt nicht das Kind über seine Gefühle sprechen, sondern man agiert mit dem analytischen Verstand (der von der Persönlichkeit geleitet wird). Also sagt eine Person: „Ich fühle mich minderwertig", und der analytisch gesteuerte Partner reagiert mit Bemerkungen wie: „Definiere doch mal ‚minderwertig'. Was ist das überhaupt?", d.h. er intellektualisiert, „flüchtet in den Kopf" und weg von seinen Gefühlen (die wir in der Magengegend am besten spüren).

Schildkröte: Dies ist ein Manöver des weinenden Kindes, das den anderen bestrafen (und leiden lassen) will; ein Rachemanöver also. Es geht folgendermaßen vor sich: Ein Paar hat z.B. gestern einen Streit gehabt. Heute kommt er von der Arbeit heim und sagt: „Du, setzen wir uns doch ans Rad und reden wir darüber, ja?" Sie stimmt zu und holt das Rad. Beide legen Chips. Sie legt u.a. Wut, Ärger, Ich-bin-nicht-o.k. Nun sprechen sie sich aus. Er erklärt ihr, daß es ihm leid tut, was er gestern gesagt hat ... Nun müßte sie, wenn sie ehrlich ist, ihre unangenehmen Gefühle entweder verlieren oder zumindest abschwächen (d.h. weiter hinausschieben). Sie tut dies aber nicht, was bei ihm dann langsam zu Schuldgefühlen führt, denn so weh wollte er ihr ja um Himmelswillen gar nicht tun. Sie sehen selbst, daß seine Gefühle nach kurzer Zeit sehr negativ werden müssen ... Ein gefährliches Manöver.

Gefängnis: Man bleibt in einem Gefühl gefangen. Man kommt immer wieder auf die eine Sache zurück. (Dies kann dem Schildkröten-Manöver ähnlich sein, wenn es Schuldgefühle im anderen auslöst.) Beispiel: Ein Partner hat negative Gefühle, weil ihm etwas weh tut (vielleicht weil ihn sein Chef heute unfair behandelt hat). Der andere Partner hackt jedoch immer auf einem anderen Gefühl herum: „Ich jedenfalls empfinde ‚Freude', weil wir hier so schön zusammensitzen und reden können." Dies zeigt ein Nichteingehen auf den Partner. Dies ist kein Dialog, sondern ein Monolog und wird dem anderen weh tun, weil er momentan nicht in der Lage ist, an den Gefühlen des anderen teilzuhaben.

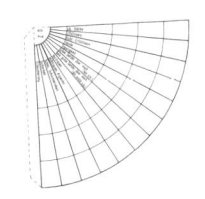

Probieren Sie es aus! Man kann die Bedeutung des Rades genausowenig durch Lesen verstehen, wie man begreift, wie das ist, verliebt zu sein, wenn man eine Geschichte liest. Gewisse Dinge muß man einfach erlebt haben, ehe man sie versteht.

Wir haben es nicht nur gelernt, Gefühle zu unterdrücken, sondern auch, unterdrückte Gefühle so gut zu „verpacken", daß wir sie selbst fast nicht mehr erkennen können. Das heißt, daß wir oft Dinge sagen, die wir eigentlich gar nicht meinen.

Beispiel: Eine Encounter-Gruppe

Teilnehmer: 12 Schwarze und 13 Weiße, alle in Management-Positionen einer fortschrittlichen amerikanischen Firma. Die Kommunikation war schlecht und gereizt gewesen, weshalb wir diese Übung angesetzt hatten. Vorausgegangen war ein Gespräch mit jeder Gruppe (weiß und schwarz) einzeln, in dem man den Teilnehmern erstens die Funktion des Rades erklärte und sie zweitens eine Basisübung (Übung 1) machen ließ; drittens fragte man sie, ob sie dazu bereit wären, mit ihren „Gegnern" eine gemeinsame Übung zu machen. Sie waren dazu bereit.

Die Übung selbst

Zuerst standen alle Weißen um den Tisch herum. Die Schwarzen saßen außen (am Boden) und bildeten einen Ring um die Weißen. Alsdann riefen die Schwarzen den Weißen die Ausdrücke zu, die für Weiße verletzend sind („Honkie", „Mother fucking son of a bitch" etc.). Währenddessen legten die Weißen ihre Gefühle. Diese wurden dann von uns (wir waren 3 Trainer) aufgeschrieben, und nun wechselte man die Rollen. Die Weißen saßen außen, riefen „Nigger" etc., und die Schwarzen legten ihre Gefühle. Dann wurden auch diese aufgeschrieben.

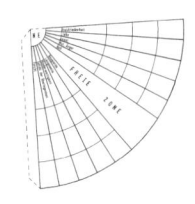

Wir hatten Lichtbilder für den Wandprojektor vorbereitet, mit dem leeren Gefühlsrad. Nun zeichneten wir auf ein Lichtbild die Gefühle der Schwarzen mit Schwarz, die der Weißen mit Rot ein. Dann warfen wir dies an die Wand, während jede Gruppe sich in je einer Zimmerecke gesammelt hatte. Gesprochen werden durfte noch nicht.

Es war fast finster im Raum, bis auf den weißen Fleck des Lichtbildes. Beide Gruppen starrten an die Wand. Wir warteten. Nach einigen Minuten kam eine Stimme aus dem Dunkel (ein Schwarzer):

Schwarz* Mann, das sind ja die gleichen Gefühle!

(* Man kann das an der Stimme und Sprachmelodie erkennen.)

Weiß   Ich dachte immer, ihr habt keine.
Schwarz   Wie kommst du denn auf so einen Blödsinn, Honkie?
Weiß   Ihr seid ja immer so super gelassen, Nigger.
Schwarz   Warum hast du jetzt Nigger gesagt?
Weiß   Weil du mich Honkie gerufen hast.
Schwarz   Weißt du auch, warum ich das getan habe?
Weiß   Um mich herauszufordern, wie immer!
Schwarz   Nein. Damit du siehst, wie es sich anfühlt.
Weiß   Es fühlt sich nicht gut an.
Schwarz   Ich werde es jetzt auch nicht mehr sagen.
Weiß   Warum?
Schwarz   Ich glaube, es wird nicht mehr nötig sein.
Weiß   Das glaube ich auch. Ich glaube auch, daß wir jetzt anfangen können zu reden. Was meint ihr?

(Zustimmendes Gemurmel mit einigen Buh-Rufen.)

Was die 8 Stunden lange Diskussion ergab, war folgendes:

1. Die Weißen hatten Ressentiments. Endlich waren sie so weit, diese zu akzeptieren (d.h. sie nicht mehr zu verleugnen).
2. Die Schwarzen hatten auch welche. Auch sie gaben sie zu.
3. Man einigte sich, trotz der Ressentiments zu versuchen, miteinander auszukommen. Man stellte fest, daß dies eine viel bessere Basis für gute Kommunikation sei, als so zu tun, als hätte man keine. Denn, wenn schon die Basis verlogen ist, auf der man aufbauen will, dann kann man nie zueinanderkommen.

Humorfähigkeit stärken

Was der Volksmund lange ahnte (Lachen ist gesund! Lachen ist die beste Medizin! u.ä.), wurde inzwischen wissenschaftlich bewiesen. Humor ist eine der besten Strategien gegen Streß und Ärger. Nun gibt es Leute, die davon überzeugt sind, sie hätten (so gut wie) nichts zu lachen, und es gibt solche, die selber bestimmen wollen, ob sie täglich mindestens einmal herzlich lachen wollen ... Wenn Sie zu letzteren gehören, möchte ich Ihnen vier strategische Humor-Ansätze anbieten.

Vgl. auch mein Buch: *Humor – an Ihrem Lachen soll man Sie erkennen.*

1. Humor-Strategie: Täglich mindestens einmal über einen Witz lachen

Strategie Nr. 22

Dabei reicht es keinesfalls zu hoffen, daß irgend jemand Sie heute mit einem guten Witz beglücken wird. Wenn wir Humor als vitalisierende, HEIL-ende (unser Immun-System stärkende) Kraft in unserem Leben nutzen wollen, müssen wir schon etwas unternehmen! Deshalb lautet die Aufgabenstellung: Täglich mindestens einmal aktiv etwas tun! Legen Sie sich eine gute Witze-Sammlung zu, und lesen Sie täglich darin. Streichen Sie die Witze an, die Ihnen besonders gut gefallen.

Wenn Sie Hilfestellung für diese Strategie suchen, unter www.birkenbihl.de finden Sie u.a. einen **Witz der Woche** (mit vielen zurückliegenden Wochenwitzen) und einen (anderen) **Joke of the Week** (für alle, die bilingual lachen können). Viel Spaß! Bei Telefonaten fragen inzwischen viele Gesprächspartner am Ende nach dem heutigen **Tageswitz**.

So gewinnen Sie genügend Witze, die als Tageswitz eingesetzt werden können. Wie Dietrich SCHWANITZ (in: *Männer – eine Spezies wird besichtigt*) in bezug auf den Stammtisch ausführt, ist das Witze-Erzählen ein hervorragendes Rhetorik-Training, das uns sogar der Notwendigkeit enthebt, eine eigene Rede schreiben zu müssen. Außerdem kann man Witze auch ablesen, insbesondere wenn Sie den Tageswitz z.B. als Abschluß von Telefonaten einsetzen (wie ich). Wenn man einen Witz öfter vorgelesen hat, kann man ihn bald auch frei erzählen.

Mit dieser Tageswitz-Strategie beweisen wir uns uns immer wieder, daß wir **weit mehr Kontrolle darüber besitzen, ob wir etwas zu lächeln (oder lachen) haben oder nicht**. Das ist eine gute Vorbereitung für den dritten Schritt, aber zuerst folgt:

Man kann Witze auf einer Skala von 0 bis 100 beurteilen (auch mehrmals) und feststellen, wie die Werte schwanken; man kann andere bitten, Witze zu beurteilen und man kann sogar raten, wie andere (heute) einen Witz beurteilen werden etc. (vgl. mein Buch: *Humor – an Ihrem Lachen soll man Sie erkennen*).

FINDEN ...

Strategie Nr. 23

Beginnen Sie ruhig in den **Medien**, inkl. Comedy, Kabarett und Sit-Coms.

2. Humor-Strategie: Finden Sie Humor!

Es gilt, Lustiges bewußter wahrzunehmen. Als normale Erwachsene gehen wir oft so „gestreßt" (verbissen, bierernst) durchs Leben, daß uns kaum Lustiges zu begegnen scheint. Für die meisten Menschen ist es anfangs leichter, lustige Dinge bei anderen wahrzunehmen. Die berühmte Bananenschale ist für die meisten lustig, wenn andere ausrutschen. Dasselbe gilt für alle „Ausrutscher", Fehler, Versprecher etc.; daher der hohe Reiz von Sendungen wie *Pleiten, Pech und Pannen* oder Spielchen mit versteckter Kamera u.ä.

Strategie Nr. 24

VIDEOS
CDs
Comedy

3. Humor-Strategie: Lassen Sie sich positiv anstecken!

Hier geht es um die bei **A** (Teil I, S. 13) vorgestellte Idee, daß Stimmungen „anstecken" und daß wir Wege suchen können, uns positiv „infizieren" (anmuten) zu lassen, wenn es uns nicht so gutgeht. Erstens, weil wir sonst (derzeit) andere negativ anmuten würden (also unseren Unmut wie eine Epidemie ver-BREIT-en würden), und zweitens, weil wir uns bewußt positiv „infizieren" lassen wollen. Hier ist meine Strategie:

Ich habe eine Reihe von **Video- und Tonkassetten** (teilweise Audiokassetten von Videos!), die meine Stimmung heben (oder, wie die Schweizer sagen: die mich wieder „aufstellen"). Dies sind **Musikstücke** (vgl. Meditatives Musikhören, S. 131 f.), aber auch **Wort-Beiträge**. So kann ich z.B. nicht *Yes Minister* oder *Golden Girls* sehen, ohne bald zu grinsen oder zu lachen; beide TV-Serien sind voller Sprachwitz (insbesondere im Original).

Aber auch eine **Kombination** von **Musik** und **Sprache** kann sehr positiv auf uns wirken. Ich bin ein Fan von Musical Comedy (z.B. Victor BORGE oder Hans LIBERG). Ebenfalls günstig kann sich jede Art von guter Comedy oder guten Kabaretts auf uns auswirken, wobei „gut" immer das ist, was uns gefällt. Es geht uns in diesem Zusammenhang nicht um irgendwelche „objektiven" Maßstäbe, es geht darum, was uns „aufstellt", was uns hilft, unsere Stimmung zu positivieren. Da alle Gefühle anstecken, können wir uns von diesen Menschen positiv anstecken lassen, auch via Kassette ...

Wenn Sie sich wieder „eingekriegt" haben oder wenn Sie durch Ihr bisheriges Training gelernt haben, daß es doch ein wenig mehr in unserer Macht liegt, ob wir etwas zum Lächeln (Lachen) finden, sind Sie reif für die vierte Strategie: Jetzt kommt ein Trainingsschritt nur für Fortgeschrittene. Wenn Sie mit diesem einmal begonnen haben, dann können Sie weiterlernen, bis ans Ende Ihrer Tage ...

4. Humor-Strategie: Finden Sie Humor im wirklichen Leben!

Strategie Nr. 25

Sie kennen den berühmten Ausspruch von Erich KÄSTNER: „Humor ist, wenn man trotzdem lacht." Was bedeutet das? Überlegen Sie mit!

Humor ist, wenn man trotzdem lacht.

Worin besteht die **Pointe eines Witzes**? „In der Überraschung", sagen meine Seminar-TeilnehmerInnen gerne. Aber was ist eine Überraschung? Wenn wir es genau nehmen, stellt die Überraschung eigentlich eine Ent-TÄUSCHUNG dar, denn wenn unsere Erwartung nicht „anders" gewesen wäre, wären wir ja nicht überrascht worden. Also enthält jede Überraschung zunächst ein Element der aufgehobenen TÄUSCHUNG; jetzt verstehen Sie auch, warum es Leute gibt, die (z.B. bei Geburtstagsgeschenken) sagen: „Ich hasse Überraschungen!"

In Amerika richten Freunde oft eine Überraschungsparty für das Geburtstagskind aus, und wenn es Leute erwischt, die Überraschungen hassen, dann finden die das absolut nicht lustig, insbesondere wenn man die Party in die vier Wände des „Opfers" verlegt.

Normalerweise finden wir es nicht witzig, wenn eine TÄUSCHUNG aufhört, wenn wir also feststellen müssen, daß eine bestimmte Erwartung nicht erfüllt wurde. Was wir in der Regel nicht bewußt registrieren ist, daß jede unserer Erwartungen gleichsam als Forderung zu sehen ist: Wird sie erfüllt, sind wir zufrieden (und registrieren es oft gar nicht bewußt!). Andernfalls reagieren wir dann gerne verärgert und sagen dann z.B. erbost:

→ Er hätte (dies-und-das) tun sollen.
→ Sie hätte mir unbedingt (dies-und-das) sagen müssen, bevor ...
→ Der Busfahrplan muß unbedingt eingehalten werden!
→ Wieso ist (dies-und-das) nicht passiert? Und so weiter, und so fort.

Also, für die meisten von uns führt eine Ent-TÄUSCHUNG automatisch zu Ärger, wenn unsere ERWAs (Erwartungen) nicht mit unseren ERFAs (Erfahrungen) übereinstimmen.

ERWA = ERWArtung,
ERFA = ERFAhrung.

Jede ERWA trägt quasi nur eine einzige mögliche ERFA in sich, nämlich die in unserem Kopf befindliche. Bietet uns die böse Welt da draußen eine andere, aus unserer Sicht natürlich unpassende ERFA an, dann sind wir ent-TÄUSCHT, böse, sauer, gestreßt, frustriert etc. Im Klartext:

> Je größer unsere Ent-TÄUSCHUNG, desto schlimmer finden wir es.

Ganz anders verhalten wir uns, wenn jemand einen Witz erzählt. Plötzlich finden wir den Witz um so besser, je unerwarteter die Pointe ist. Jede unerwartete Pointe entspricht jedoch einer unpassenden ERFA, trotzdem gilt:

Ent-TÄUSCHUNG, Pardon: die Überraschung.

> Je größer unsere Ent-TÄUSCHUNG, desto lustiger finden wir es.

Ist das nicht spannend? Nun könnte man die Humor-Fähigkeit eines Menschen wie folgt umschreiben: Je öfter wir fähig sind, Humor auch in realen Lebens-Situationen zu sehen, insbesondere wenn diese von unserer ursprünglichen Erwartung (Hoffnung, Zielstellung, Forderung) abweicht, desto besser! Können wir solche Frustrationen vielleicht doch als „Witz" wahrnehmen? Je öfter uns dies gelingt, desto „menschlicher" werden wir, während Leute, die leicht und oft böse werden, Situationen, in denen sie sich ärgern, todernst finden!

Wenn Sie den Dalai Lama schon einmal gesehen haben (vielleicht im Fernsehen?), dann wissen Sie es bereits: In ca. 3 bis 4 Minuten lacht der Mann mindestens einmal. Das tun übrigens viele tibetische Mönche, ebenso Zen- und Sufi-Meister sowie andere spirituell hochstehende Menschen. Irgendwie gelingt es ihnen, das Leben als eine Anhäufung von kosmischen Witzen zu deuten.

> Deshalb sehen sie einen Teil ihrer Lebensaufgabe darin, in möglichst viel „ent-TÄUSCHEN-den" Alltags-Situationen die versteckte „Pointe" zu entdecken. Denn nur wer diese Pointe entdeckt, kann lachen.

Nun nehmen wir den Begriff „ent-DECK-en" auch wörtlich:

[Handgezeichnete Abbildung: HUMOR IST, WENN MAN TROTZDEM LACHT – trotz ZORN – ent-DECK-en – DECKEL – (-) Sit. – unangenehme Ent-TÄUSCHUNG – ZORN (immer oberflächlich) – ENT-TÄUSCHUNG → Die Pointe ist die ENT-DECKUNG, wenn wir TIEFER als unter die Oberfläche zu blicken wagen! Humor = TIEF – POINTE]

Diese Abbildung zeigt meine spontanen Assoziationen, als ich zu dem Satz „Humor ist, wenn man trotzdem lacht" ein Analograffiti (vgl. Merkblatt 1, S. 174 ff.) anlegte. **Links der verschlossene „Topf"** (= die Situation, die wir zunächst gar nicht witzig finden), **dessen Oberfläche unseren Zorn auslöst**.

Würden wir aber wagen, den Deckel zu heben und darunter zu schauen (rechts im Bild), dann würden wir eine TIEFERE WAHRHEIT wahrnehmen – und diese ist oft lustig! Viele unangenehme Situationen sind kosmische Witze, wenn wir den Humor (= die Pointe) wahrnehmen können.

> **Das LÄCHELN**
> Es ist inzwischen hinlänglich bewiesen worden, daß Lächeln konkrete Anti-Streß-Wirkungen hat. Ich beschrieb dies bereits vor vielen Jahren im 9. Kapitel meines Taschenbuches *Erfolgstraining*, welches auch Leserzuschriften von Leuten enthält, die nicht fassen konnten, was das Lächeln uns im Alltag „bringen" kann.

Inneres Lächeln

Strategie Nr. 26

Nachdem wir gelernt haben, das Lächeln wieder „nach innen zu bringen", kann es von innen herausstrahlen.

Bei der Strategie des inneren Lächelns werden sämtliche streßmindernden neuro-physiologischen Vorteile des Lächelns genutzt (siehe KASTEN oben), aber wir müssen nicht nach außen lächeln. Wir können eine asiatische Übung praktizieren, die das Lächeln nach innen bringt (wo es einst „wohnte", vgl. Randspalte). Dies lernen Sie in drei Schritten:

Schritt 1

Sie lächeln, wenn niemand Sie sieht (dies ist eine Trainingsaufgabe, keine soziale Übung).

Schritt 2

Sie verringern das Lächeln (schauen Sie gerne in einen Spiegel dabei, man kann sich anfangs sehr täuschen!).

Schritt 3

Das Lächeln ist äußerlich nicht mehr zu sehen, aber nun stellen Sie sich vor, Sie würden lächeln. Dabei zeigt sich an Ihren Mundwinkeln (im Gegensatz zu Schritt 1) nichts, aber man sieht es an den Augen, wenn jemand innerlich „strahlt". Allerdings kann es sein, daß Sie selbst das im Spiegel nicht sehen werden, denn Ihr Bewußtsein weiß, wonach Sie suchen. Daher ist es möglich, daß Sie es nicht zu sehen bekommen. Egal, im dritten Schritt üben Sie, die Vorstellung aufzubauen, Sie würden lächeln, was man Ihrem Mund jedoch nicht ansieht.

Haben Sie einmal gelernt, innerlich zu lächeln, können Sie sich überlegen, ob Sie dies nur sporadisch einsetzen wollen oder ob Sie es zur Hintergrundstrahlung Ihres Lebens machen wollen. Dann wirkt es ähnlich wie ein ständiges innerliches Mantram (vgl. **M**, Mantra, S. 54 f.).

JOURNAL-Techniken

J

Der Begriff JOUR-nal enthält „jour" (franz.: Tag) und deutet an, daß man es täglich führen sollte. Es gibt viele Gründe, die dafür sprechen, aber es würde den Rahmen der vorliegenden Zielstellung sprengen, sie hier aufzuführen.

Strategie Nr. 27

Deshalb möchte ich Ihnen hier eine **Mini-Version** vorstellen, die Sie nur wenige Minuten kostet. Als Morgenmensch könnten Sie gleich nach dem Aufwachen (vielleicht noch im Bett sitzend) über den gestrigen Tag befinden, als Nachtmensch könnte dies Ihre letzte „Amtshandlung" sein (schon im Bett?). In das Journal sollten wir (als Minimum) drei Dinge pro Tag eintragen. Zusätzlich können wir selbstverständlich weitere Dinge festhalten, aber es hat sich bewährt, ein allgemeines Journal für (sporadische oder tägliche) Eintragungen anzulegen, und ein separates, das nur die folgenden drei Aspekte enthält.

Diese Art von **Minimal-Journal** wird manchmal auch „**Glücks-Journal**" oder „**Erfolgs-Journal**" genannt.

Stellen Sie sich jedenfalls folgende drei Fragen:

Journal-Frage 1: Woran möchte ich mich in 20 Jahren erinnern, wenn ich an den heutigen (gestrigen) Tag zurückdenken werde?

Journal-Frage 2: Was habe ich heute gelernt? Wenn ich heute abend sagen muß, daß ich nichts gelernt habe, dann lese ich eben noch fünf Minuten in einem schlauen Buch oder ich öffne ein Nachschlagewerk auf irgendeiner Seite und lese einen Beitrag, damit ich heute etwas gelernt habe.

Journal-Frage 3: Was hat mich heute (besonders) gefreut? (An der Welt, an anderen oder an mir?)

Weitere Varianten für Journal-Frage 3: Inwieweit war ich heute besonders erfolgreich? Wofür kann ich heute besonders **dankbar** sein?

Achtung: Es besteht die Gefahr, an „guten" Tagen keinen Eintrag zu machen. Aber gerade dann ist es wichtig, damit wir an weniger guten Tagen durch Blättern im Journal unsere Stimmung verändern können! Wenn wir später in diesem Text „herumlesen", weil wir eine Aufmunterung brauchen, wird uns die Erinnerung an glückliche, erfolgreiche, zufriedene Momente in der Vergangenheit wieder „so" einstimmen, denn an den Erinnerungen „hängen" die alten Gefühle gleichsam „dran". Deshalb ist es besonders wichtig, an guten Tagen zu schreiben, damit wir bei Niedergeschlagenheit, Ärger, Frustration, Zorn etc. durch Lesen unsere Stimmung positivieren können – und zwar mit eigenen positiven Gefühlen aus unserer Vergangenheit.

K

Strategie Nr. 28

*Ver-rückt =
weg-gerückt
von der
Norm...*

Kreativitäts-Übung

Ich weiß, die Idee, bei Ärger eine Kreativitäts-Übung zu absolvieren, mag im ersten Ansatz verrückt erscheinen. Ist es auch: Verrückt, d.h. weg-gerückt von der Norm! Aber wir wissen ja inzwischen, daß eine der besten Hilfestellungen eine Ablenkung bietet, und Sie können auch mit dieser Kreativitäts-Übung ablenken, indem Sie lernen, das Objekt Ihres Ärgers aus einer anderen Perspektive zu sehen. So wird's gemacht:

Denken Sie über einen Schlüssel-Begriff
– dessen, was Sie gerade ärgert – nach.

So sammeln Sie Ihre Gedanken und fühlen sich schon nach wenigen Minuten ein wenig besser.

Über diese „bösen Reinschneider" berichte ich seit vielen Jahren, die meisten ZuhörerInnen und LeserInnen können das so leicht nachvollziehen!

Fallbeispiel: Früher ärgerten mich Leute, die sich vor meinen Wagen drängelten.

Lassen Sie mich versuchen, den Denk-Prozeß ein wenig nachzuzeichnen. Zunächst begann ich mit der Idee, ein KaWa© anzulegen (vgl. S. 125), also schrieb ich das Wort in die Mitte meines Blattes. Dabei registrierte ich als erstes zwei Wort-Teile, nämlich

ein und *Neider*:

R[EIN]SCH[NEIDER]
     ↑   ↑

Das geht nur, weil ich solche Prozesse manchmal in Kladden festhalte (vgl. **JOURNAL-Techniken**, S. 123 f.).

Hmmm. Noch nie zuvor war mir klargeworden, daß der Begriff einen „Neider" enthielt. Spannend. Nun fragte ich mich, welcher Art könnten die Neid-Gefühle des NEIDERs sein? Warum muß jemand einen Mitmenschen bedrängen, nötigen, regelrecht ver-GEWALT-igen (z.B. wenn ein flotter Pkw mein Büromobil mit 3,4 Tonnen zum plötzlichen Bremsen zwingt, was manchmal nur mit Müh, Not und ABS gelingt). Warum zwingt ein ReinschNEIDER sein Opfer, seinen „Schwung" zu verlieren? Genaugenommen ist er ein Dieb, er kostet uns Zeit, Nervenkraft, und wenn wir nicht aufpassen, kann sogar unsere Stimmung beschädigt werden. Das wirkt auf unser Immun-System ein, was weitere Auswirkungen auf unsere Gesundheit hat ... und, und, und. All das könnte der Reinsch-NEIDER

*ein
NEIDER?*

in mir auslösen – aber doch nur, wenn ich es zulasse. Daß ich bremsen muß, ist so lange nicht wirklich das Problem, wie es mir gelingt! Aber wie ich diesen Bremsvorgang erlebe, das kann ein

Problem werden. Nur, das spielt sich in uns ab. Dafür können wir Verantwortung übernehmen.

Als nächstes schaute ich mir den Begriff wieder an, und sah, daß noch ein *R* und ein *sch* übrigblieben. Nun, bei *R* denke ich im Zweifelsfall immer zuerst an *Repertoire*. Und unser Repertoire hängt immer davon ab, wieviel wir zuvor geübt und trainiert haben. Im Klartext: Unser Repertoire, mit dem Reinschneider umzugehen, hängt von unserem früheren Training ab – nicht von ihm und nicht von der Umwelt, die uns etwas „antut", sondern davon, wie professionell wir reagieren können. Es ist immer unsere Kompetenz, wenn wir von Repertoire sprechen. Tja, nun blieb das *sch* und in diesem Zusammenhang drängte sich mir der Gedanke an die *Schule* auf. Zwar beten wir unseren Kindern seit der Römerzeit vor, wir würden nicht für die Schule, sondern für das Leben lernen, aber die Schule hat uns in der Regel nicht viel auf den Lebensweg mitgegeben, um mit Reinschneidern und anderen Menschen, die uns ärgern könnten (wenn wir es zulassen), geschickter umzugehen.

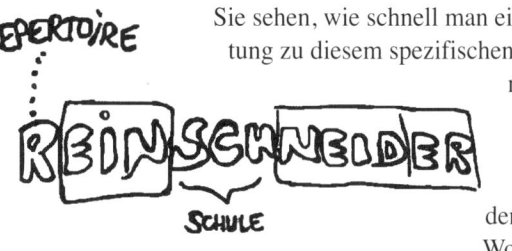

Sie sehen, wie schnell man eine distanzierte Haltung zu diesem spezifischen Reinschneider einnehmen kann, wenn man beginnt, allgemeiner über das Problem nachzudenken. Das bewirken Wort-Spiele! Sie lösen in uns alle möglichen Assoziationen aus, dadurch aber verlieren wir die beengte Sicht des Zornigen (der ja quasi Scheuklappen trägt und nur das Objekt seines Zorns wahrnehmen kann). Wenn wir Wort-Teile ansehen und/oder ein KaGa© anlegen, oder ein Wissens-ABC (wie dieser Praxis-Teil) – immer bedeuten diese Denk-Strategien, daß Ideen fließen. Und wo Gedanken fließen, beginnen wir mit dem Kopf zu reagieren (im Gegensatz zu heftigen Bauch-Reaktionen bei Zorn). Damit gewinnen wir Distanz und können wieder klarer denken.

L Lehren ziehen

Strategie Nr. 29

Da die Presse alles, was sie nicht versteht, unter „Esoterik" subsumiert, muß ich immer wieder darauf hinweisen: Die Teebeutel schwingenden Typen auf Eso-Messen haben mit seriöser Esoterik absolut nichts zu tun!

Quelle: R. CARLSON

Ich darf noch einmal daran erinnern: Ein brillantes Buch über den Umgang mit Mantras im Alltagsleben (auch losgelöst von Meditation) ist Eknath EASWARAN: *Mantram – Hilfe durch die Kraft des Wortes*.

Es gibt einen alten esoterischen Satz, der da lautet:

> Jeder Mensch, der uns begegnet, ist entweder unser Freund oder aber unser Lehrer (im Sinne von Coach).

Dieser Gedanke veranlaßte den amerikanischen Erfolgsautor R. CARLSON zu folgendem Gedankenspiel:

> Stellen wir uns vor, alle Menschen dieser Welt wären erleuchtete Meister (nur wir nicht). Was können wir von ihnen lernen?

Einige Beispiele:
→ Vielleicht ist der Schalterbeamte, der sich im Schneckentempo bewegt, heute unser **Gedulds-Coach**?
→ Könnte der Vielredner unser **Zuhör-Coach** sein und uns daran erinnern, daß wir nur so leiden, weil wir lieber selber reden würden?
→ Spielt uns der aggressive Kollege/Kunde als Coach vor, wie es auf andere wirkt, wenn wir selbst ungeduldig reagieren (vielleicht gegenüber unseren Kindern oder Partnern)?

M Meditatives Tun

Strategie Nr. 8

Es hat sich inzwischen herumgesprochen, wie HEIL-sam Meditation sein kann! Aber viele westlich geprägte Menschen finden es problematisch „herumzusitzen" und ihre Atemzüge zu zählen oder ein Mantram aufzusagen. (Mantrams sind Wortklänge, die innerlich oder laut ständig wiederholt werden.)

Deshalb biete ich Ihnen in diesem Anti-Ärger-Buch-Seminar 10 Techniken an, die dieselben Ergebnisse wie „reinrassige" Meditationen bringen, aber eigentlich als Handlungen gesehen werden können:

1. **Rhythmisches Atmen** (S. 90 ff.)
2. **Meditatives Gehen** (S. 127)
3. **Meditatives Zeichnen oder (Mandala-)Malen** (S. 127)
4. **Meditative Muster-Gestaltung** (S. 129 f.)
5. **Meditatives Handarbeiten & Basteln** (S. 130)
6. **Meditative Tätigkeiten im Alltag** (S 130 f.)

7. **Meditatives Musikhören** (S. 131 f.)
8. **Meditatives Musizieren** (S. 132 f.)
9. **Beten** (S. 93 f. und S. 134)
10. **Meditatives Schauen** (S. 134 ff.)

Wichtig:
Bei allen meditativen Tätigkeiten gilt, daß sie **kumulierende Wirkung** haben, d.h., sie wirken am besten, wenn man sie **regelmäßig** ausführt.

Nachdem das Rhythmische Atmen bereits beschrieben wurde (S. 90 ff.), beginnen wir mit Punkt 2.

Im Klartext: Ab und zu ist besser als nichts, aber die Tätigkeiten **wirken** weit besser, wenn sie meditativ eingesetzt werden!

Zu 2: Meditatives Gehen

Richten Sie Ihren Blick fest auf den Horizont und lernen Sie, gleichmäßig zu gehen (sogar walken), wiewohl Sie Ihre Umwelt zunächst nur vage wahrnehmen (weil Sie den Horizont betrachten). Bald entwickeln Sie eine Art von Intuition: Sie werden Unebenheiten auf dem Weg „ahnen", obwohl Ihre Augen „ganz vorne" sind. Sie gehen langsam und nehmen jeden Schritt bewußt wahr. Diese Art zu gehen kann gut mit dem Rhythmischen Atmen gekoppelt werden.

Strategie Nr. 30

Übrigens beschrieb auch Carlos CASTANEDA diese Art zu gehen als die Art, wie ein „Zauberer" (Schamane) geht. In der CASTANEDA-Variante lassen Sie die Arme lose neben dem Körper baumeln. Die Finger in einer entspannten, leicht gebogenen Haltung deuten in Richtung Körper.

Zu 3: Meditatives Zeichnen oder (Mandala-)Malen

Beginnen wir mit einfachen Zeichenübungen:
Nehmen Sie ein Blatt Papier. Nun gilt es, langsam und ganz bewußt (im Hier und Jetzt) Linien zu ziehen. Sie können gerade Linien parallel nebeneinander zeichnen, oder eine Art von Holz-Maserung mit leicht gewellten Linien kreieren (siehe Beispiel auf der nächsten Seite), oder Sie zeichnen Wellen ...

Strategie Nr. 31

Vgl. Sie bitte auch Punkt 10: Meditatives Schauen (S. 134 ff.), denn den meditativen „weichen" Blick können Sie dann auch beim meditativen Gehen üben.

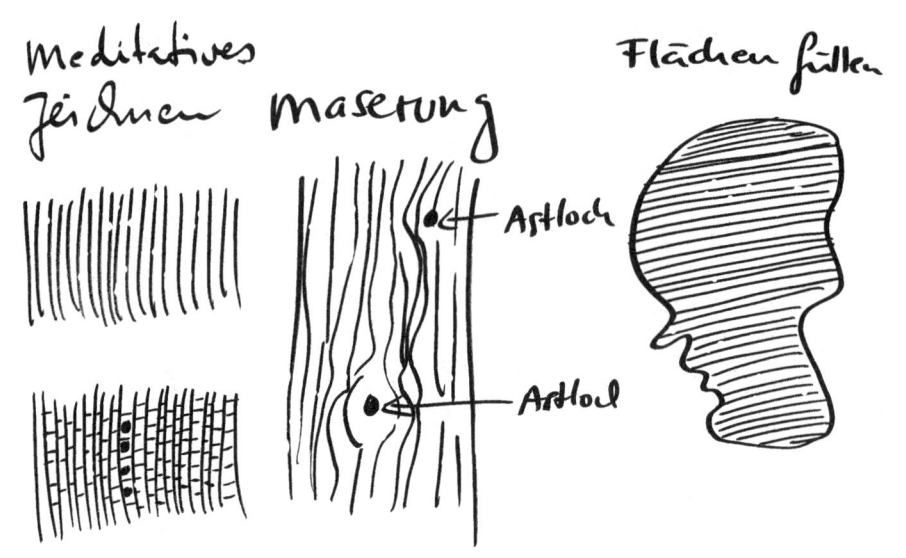

Meditatives Zeichnen *Maserung* *Flächen füllen*

— Astloch

— Astloch

Eine andere Variante besteht in einer Mischung zwischen Schreiben und Zeichnen, nämlich besonders schön zu schreiben (Kalligraphie). Ich persönlich übe auch gerne Arabisch oder Japanisch, wenn ich mich wieder „einkriegen" möchte. Oder Sie nehmen Malbücher und schraffieren die Malflächen mit parallelen Linien.

Kalligraphie

أبو الرّيش
ولد صغير
من الهنود
الحمر ...

EINE VARIANTE FÜR LEUTE, die nicht gerne "schön" schreiben wollen, ist: AUF DEM KOPF ZU SCHREIBEN. HIER GEHT ES NICHT UM SCHÖN, SONDERN UM RICHTIG SCHREIBEN. ES IST EBENFALLS MEDITATIV...

Vgl. Abbildungen in Teil I, S. 53.

Wer lieber malt, für den gibt es z.B. Mandala-Bücher zum Ausmalen.

Es kann sehr beruhigend sein, Mandalas auszumalen, wenn man selber keine zeichnen kann/will.

Aber es muß kein Mandala sein, Sie können auch Kinderbücher ausmalen (es gibt inzwischen sehr hübsche). Oder wollen Sie „Erwachsenen-Malbücher"? Dann nehmen Sie eine interessante Kategorie von Fachbüchern (z.b. Anatomie) zum Ausmalen, so daß beim meditativen Ausmalen der Flächen auch noch Gefühl für diese Strukturen entwickelt werden könnte ...

Dies sind hervorragende Techniken, entweder regelmäßig, z.B. täglich 20 Minuten am Stück (als Quasi-Meditation) und/oder in Krisenzeiten, wenn Sie sich beruhigen oder qualitativ hochwertig ablenken wollen.

Zu 4: Meditative Muster-Gestaltung   Strategie Nr. 32

Selbst wenn Sie überzeugt sind, Sie könnten absolut nicht zeichnen oder malen – richtig ist: Jeder, der schreiben kann, kann Muster gestalten. Es ist eine wunderbare meditative Tätigkeit, einfache Muster zu kreieren, wobei das Wesentliche die meditativen Wiederholungen der immer wieder gleichen Linien sind – und das in weit stärkerem Maß als beim meditativen Zeichnen.

Geometrische Muster: Sie können einfache/komplexe Muster erfinden, indem Sie einige erste Linien ziehen und diese systematisch (symmetrisch, spiegelverkehrt etc.) weiterentwickeln:

Genausogut aber können Sie auch Muster aus Buchstaben entwickeln, z.B.

AAAVVVAAA oder **MWMWM**

Es geht also wieder einmal nicht um Zeichenkunst. „Schreiben" Sie einfach einige Buchstaben, auch mehrere übereinander können interessant wirken:

```
AVWMWVA    AVWMWVA    AVWMWVA    AVWMWVA
AVWMWVA    AVWMWVA    AVWMWVA    AVWMWVA
AVWMWVA    AVWMWVA    AVWMWVA    AVWMWVA
AVWMWVA    AVWMWVA    AVWMWVA    AVWMWVA
AVWMWVA    AVWMWVA    AVWMWVA    AVWMWVA
AVWMWVA    AVWMWVA    AVWMWVA    AVWMWVA
```

Der Prozeß des Muster-Entwickelns ist dabei das Wesentliche. Daß dabei manchmal sehr interessante Ergebnisse entstehen, ist „Sahne auf dem Kuchen". Wenn Sie es meditativ durchführen, dürfen Sie nicht an das Endergebnis denken. Deshalb arbeitet man in Indien und vor allem in Tibet gern mit gefärbtem Sand. Tagelang bauen mehrere Mönche ein großes Mandala auf; wenn es fertig ist, wird es zerstört. (Man kann diesen bunten feinen Sand, der in Röhrchen gehalten und vorsichtig und zielgenau „ausgeschüttet" wird, inzwischen auch in Europa kaufen.)

Strategie Nr. 33

Der Weg als Ziel

Zu 5: Meditatives Handarbeiten & Basteln

Auch hier ist weniger das Ziel das Wesentliche als vielmehr der „Weg", also das rhythmische Bewegen der Strick- oder das systematische Auf und Ab der Sticknadel. Vielleicht wollen Sie lieber Perlen auf Schnüre aufziehen oder kleine Textilstückchen weben (die später zusammengenäht werden könnten). Es hat hunderten von Generationen geholfen und dürfte wohl einer der Gründe dafür sein, daß wir in der ganzen Welt Handarbeiten finden, die auf einfachen repetitiven Handlungen basieren. Hier zählt nicht Können, sondern Geduld. Die aber bringt nur auf, wer „bei sich" ist bzw. wer solche Arbeiten als meditative Handlungen nutzt, um „zu sich" zu gelangen.

Strategie Nr. 34

Zu 6: Meditative Tätigkeiten im Alltag

Sie kennen vielleicht die berühmte Story von dem Zen-Meister, der gefragt wurde: „Meister, wie erlange ich Erleuchtung?", worauf er mit einer Gegenfrage reagierte: „Hast du deinen Reis schon gegessen?" – „Ja, Meister." – „Geh und wasche die Schale."

Diese kleine Parabel drückt aus, daß es keine Tätigkeit gibt, und sei sie noch so simpel, die nicht meditativ getan werden könnte. Seit ich diese Geschichte kenne, habe ich alle Tätigkeiten, die getan werden müssen, immer in einer von zwei Geisteshaltungen ausgeführt: Manchmal führe ich die Tätigkeit bewußt mehrkanalig aus, indem ich z.b. interessanten Hörkassetten lausche oder mich „nebenbei" unterhalte (genauer: ich arbeite nebenbei!), wenn die Aufgabe selbst nicht viel Konzentration benötigt (z.B. Kraut schneiden). Manchmal mache ich genau das Gegenteil: Je einfacher die Tätigkeit, desto weniger Ablenkung bietet sie, wenn ich sie vollbewußt im Hier und Jetzt durchführe. Dies ist dann meditatives Tun.

Zu 7: Meditatives Musikhören

Strategie Nr. 35

Wir können mit Musikhören viel gegen Ärgergefühle tun. Man kann z.B. nicht lange Beethovens „Freude schöner Götterfunken" oder einem fetzigen Tanzstück lauschen und so sauer bleiben, wie man war, als man angefangen hat. Musik löst Resonanz aus, disharmonische Musik macht uns nervös, und Disco-Musik weckt uns auf. Deshalb hören sie manche gerne früh auf dem Weg zur Arbeit, und deshalb setzt man sie abends ein, wenn man eigentlich müde ist (und sich vielleicht besser ausruhen sollte?).

Suchen Sie sich einige Musikstücke zusammen, die Ihnen „guttun", die Sie persönlich „up-liften" (die Sie stimmungsmäßig nach oben bringen).

Nun können Sie jederzeit eine **kleine akustische Oase** schaffen, indem Sie eines dieser Stücke auswählen, das Sie heute aus dem Stimmungstief (oder dem Tal des Ärgers) herausliften wird.

Diese Musikstücke sind wie ein seelischer Heißluftballon, der sie **aus der Gefahrenzone herausträgt**. Wenn Sie diesem Stück, das Sie heute ausgewählt haben, einige wenige Minuten intensiv zuhören (z.B. mit Kopfhörer), dann fühlen Sie sich um einiges besser.

Brennen Sie sich einige CDs mit dieser Auswahl (oder fragen Sie einen Teenager in der Nachbarschaft; er/sie wird Ihnen die CDs anfertigen). Warum sollten Sie mehr als eine CD besitzen? Nun, wenn Sie sich wirklich die Mühe gemacht haben, einige Ihrer Lieblingsstücke zu sammeln, dann befand sich jedes dieser Stücke, Lieder etc. unter anderem auf diversen Tonträgern (Audio-Kassetten, CDs, MP3-Datenträgern etc.). Wenn Sie also Zeit und Energie investiert haben, um diese Lieblinge auf einer CD oder Tonkassette zu versammeln, dann wollen Sie eben diese Investition doch bestens nützen und schützen:

1. Sie wollen eine CD als Sicherheit (aufs Regal legen oder im Banksafe deponieren). Sollte Ihre CD einmal verlorengehen oder zerstört werden, dann können Sie die Sicherheits-CD wieder kopieren.
2. Sie sollten vielleicht **eine** CD am Arbeitsplatz und **eine** zu Hause haben, wenn Sie im Notfall schnell darauf zugreifen wollen, ohne eine einzige CD ständig hin- und herzutragen! (Nun brauchen Sie also **zwei für den Alltag** plus eine Sicherheits-Kopie im Banksafe.)
3. Einige meiner Seminar-TeilnehmerInnen haben mir erzählt, daß sie eine dritte CD im Auto haben, damit sie sich z.b. im Stau eine kleine musikalische Oase schaffen können. Wenn sie sich besser fühlen, hören sie andere Tonträger: von Literatur-Hörbüchern über sachliche Weiterbildung (Auto-Universität) bis zu tollen Vorträgen oder motivierenden Materialien ...

Natürlich können Sie viele Strategien miteinander kombinieren, z.b. das **Atmen** (S. 90 ff.) mit dem **Musikhören** (S. 131 f.) oder dem **Gehen** (S. 127).

Sie sehen, mit welch unterschiedlichen Metaphern wir arbeiten können: Einerseits wollen wir aus den dumpfen Gefühlen in hellere, höhere Stimmungslagen kommen (vgl. Stimmungstief contra Stimmungshoch), andererseits wollen wir lernen, nicht ständig „an die Decke zu springen" (vor Zorn).

Entscheiden Sie selbst. Wichtig ist, daß Sie jeweils ein bis zwei dieser Lieblings-Musikstücke genüßlich hören, bis Sie merken, daß sich Ihre Stimmung aufgehellt hat.

Zu 8: Meditatives Musizieren Strategie Nr. 36

Nun gibt es drei Möglichkeiten:

1. Sie können ein **Instrument spielen**: Wählen Sie ein kompliziertes Instrument oder ein modernes Keyboard (das Rhythmus **und** Begleitmusik selbständig produziert). Hier brauchen Sie lediglich die Melodie zu spielen und mit **einem Finger** eine (beschriftete) Taste für die Begleitung zu drücken. Egal ob einfach oder komplex: Das Musizieren hilft auf wunderbare Weise „runterzukommen", wenn man „auf 180" war.

2. Sie meinen, Sie könnten kein Instrument spielen? Dann können Sie **mitsingen**! Warum, glauben Sie, ist **Karaoke** weltweit auf dem Vormarsch? (Wobei das Singen in der Öffentlichkeit Streß auslösen kann.) Wenn Sie dagegen in der Privatsphäre Ihres Zuhauses oder Ihres Autos mitsingen, -summen oder -pfeifen, dann wirkt dieses Mit-Schwingen genauso wie echtes Musizieren. Genaugenommen ist es eine Form des Musizierens, wobei Ihr Instrument Ihre Stimme ist. Das Singen hat den zusätzlichen Vorteil, daß Sie richtig atmen müssen, um singen zu können (vgl. Atem-Technik, S. 90 ff.), so daß das Singen schon allein deshalb sehr günstig für uns ist. Dies ist bei nur bei wenigen Musik-Instrumenten der Fall (Bläsern).

> Sie wissen ja, Klavier spielen ist ganz leicht: Man muß nur den richtigen Finger im richtigen Augenblick auf die richtige Taste fallen lassen.

> Das Musizieren ist eine der besten Anti-Streß- und Anti-Ärger-Maßnahmen, die Sie sich vorstellen können, weil Ihr Körper und Geist in Resonanz zum gespielten Stück gehen. Deshalb sollten Sie nur Stücke üben, die Sie persönlich auch gerne hören!

3. Eine dritte Möglichkeit besteht darin, **leidenschaftlich zu dirigieren**. Diese Variante hat den zusätzlichen Vorteil, daß Sie **körperlich aktiv** sind. Die Tatsache, daß Ihr Dirigieren dem eines echten Dirigenten nicht wirklich ähnelt – denn er muß immer einen Tick vor dem Takt dirigieren (äußerst schwierig!), damit er den Musikern **rechtzeitig** zeigt, „wo es lang geht" – braucht uns als Hobby-Dirigenten nicht zu kümmern. Dirigieren Sie ruhig „im Takt".

> Ich erwähne dies nur, damit gute Hobby-Dirigenten, die z.B. ein Stück oft geübt haben, nicht eines Tages annehmen, sie könnten tatsächlich ein Orchester dirigieren. Sollten Sie ernsthaft mit Musikern arbeiten wollen, machen Sie sich rechtzeitig schlau.

Strategie Nr. 9

Zu 9: Beten

Die Handlung des Betens ordne ich den meditativen Tätigkeiten zu, nenne es aber nicht „meditatives Beten", denn beten ist a priori meditativ. Dies sagt uns nicht nur unser Gefühl, auch Labor-Versuche haben eindeutig gezeigt, daß die Streß-Werte sich sofort positivieren, wenn wir beten. Wenn Sie eine Verbindung zu einer höheren Macht spüren: Nehmen Sie doch öfter Kontakt auf, insbesondere 3 Gebets-Typen haben besonders entstressende Wirkung:

1. **Dankes-Gebete** (kein Wunder, nach dem, was wir jetzt wissen!),
2. **Fürbitten**, wenn wir beten, daß andere genesen möchten, und
3. **Gebete** nach dem Motto „**Dein Wille geschehe**". Wenn wir dies nämlich ernst meinen, dann müssen wir loslassen! Im Gegensatz dazu fällt es uns besonders schwer, einen anderen Willen als unseren gelten zu lassen, wenn wir festhalten oder uns „festgehalten" (gefangen) fühlen. Deshalb sollten Sie wissen, daß „Dein Wille geschehe" auch eine gute Formel im Sinne eines Mantram sein kann: Oft genug gesagt, wird es wahr, und wir entspannen uns; Spannungen lösen sich, wir lassen los ...

Strategie Nr. 37

An dem Poster mit dem Gefühlsrad finden sie zwei Karten (die Sie bitte abschneiden wollen). Diese brauchen Sie für das meditative Schauen.

Zu 10: Meditatives Schauen

Wenn wir unsere Augen benutzen, ist uns in der Regel selten klar, welch phantastisches Instrument wir besitzen. Es kann sich unglaublich adjustieren: Es paßt sich in kurzer Zeit an Dämmerung und Dunkelheit an und kann mit grellem Licht weit besser umgehen, wenn wir nicht beim geringsten Sonnenstrahl eine (qualitativ oft bedenkliche) Brille aufsetzen. Und es läßt uns sehen, egal, ob wir den fernen Horizont nach möglicher Beute für das Abendessen absuchen (dafür brauchten wir einst so gute Augen!) oder ob wir das Kleingedruckte in einem Vertrag lesen wollen.

Allerdings können **Männer** (länger) **weiter** sehen als Frauen; auch werden sie **selten „nachtblind"**, weil ihre Fähigkeit, bei schwankendem Licht neu zu justieren, im Alter kaum nachläßt (wie bei Frauen). Dafür sehen **Frauen** weit besser in der Nähe, nämlich „peripher" (ihr Blickwinkel ist breit, während Männer einen „Tunnel-Blick" haben). Daraus resultiert das Eisschrank-Drama: Frauen sehen den gesamten Inhalt mit ein bis zwei Blicken, Männer müßten den Eisschrank streifenweise „scannen", deshalb behaupten sie oft, es sei kein (was immer) mehr da; sie geht dann hin und holt es heraus! Aufgrund dieser Unterschiede fällt das meditative Schauen Frauen zunächst leichter als Männern.

Nun spricht man von dem Blick, mit dem Sie feine Details wahrnehmen, wenn Sie exakt fokussieren, vom harten Blick. Je weiter Ihr Blick jedoch gestellt wird, desto weicher wird er auch. Sie müssen die Sehmuskeln entspannen, Sie müssen innerlich loslassen, und das fällt manchen Menschen zunächst sehr schwer. Beginnen wir mit einer einfachen meditativen Übung.

BLICK

Aufgabe 1: Führen Sie beide Zeigefinger vor das Gesicht. Nun bewegen Sie die beiden Zeigefinger waagerecht auseinander, behalten den Blick aber dort, wo sie zuvor waren, während Sie die Finger peripher (= aus den Augenwinkeln) verfolgen. Testen Sie dabei,
a) wie weit Sie die Zeigefinger auseinandernehmen können, ohne Sie aus dem Blickfeld zu verlieren (wie lange Sie sie also mit einem Blick noch wahrnehmen können).
b) wie lange Sie diesen weichen Blick „halten" können.

Brillenträger: Bitte Brille abnehmen!

Achtung: Sie nehmen die Zeigefinger unscharf wahr, das ist Teil des weichen Sehens (wie ein Weich-Filter bei Ihrem Camcorder).

Merke: Wenn Sie konkret über Dinge nachdenken (oder gar mit jemandem sprechen) wollen, werden Sie in der Regel den weichen Blick verlieren. Deshalb ist dies eine meditative Übung!

Versuchen Sie, mit einiger Übung weitere Entfernungen zu schaffen, wie auch minutenweise zuzusehen. Wenn Sie es schaffen, können Sie diesen Blick ins meditative Gehen „transportieren" (siehe S. 127).

Aufgabe 2: Sie kennen vielleicht die „Magic Eye"-Bücher, die ja leider inzwischen vergriffen sind. Sie boten eine Reihe von Bildern, mit denen man den weichen Blick trainieren konnte. Darum freut es mich ganz besonders, daß wir ein Bild aus einem Buch (von Tony BUZAN) verwenden können; es befindet sich auf dem Poster.

Vielleicht wollen Sie eines zum Mitnehmen, um unterwegs oder im Büro kleine meditative Seh-Pausen einlegen zu können, und das zweite zu Hause behalten?

Es gibt mehrere Anweisungen, aber am leichtesten (für die meisten meiner Seminar-TeilnehmerInnen) hat sich folgende erwiesen:
1. Sorgen Sie dafür, daß Sie allein sind, wenn Sie es das erste Mal probieren. Bei meditativen Übungen kann man keine Zuschauer brauchen, sonst kommt man in einen Tun-Modus (leistungs-

GRUND-TECHNIK

> Wenn Sie dagegen etwas unternehmen wollen, lesen Sie z.B. Jacob LIBERMAN *Natürliche Gesundheit für die Augen*.

bereit), Sie wollen aber in einen meditativen (Seins-)Zustand gelangen.

2. Brillen müssen unbedingt abgenommen werden. Denn die Brille dient dazu, Ihre Augen zu fokussieren, deshalb wirken Sie einem „Heilerfolg" entgegen (und man braucht im Laufe der Jahre immer stärkere Brillen).
3. Bewegen Sie das Papier ganz nah ans Gesicht (Nase auf Blatt!), und stellen Sie sich vor, Sie möchten durch das Papier (zwei gedachte Löcher, je eins für jedes Auge) hindurchsehen, weit in die Ferne. (So erzeugen Sie den Blick, mit dem Sie den Horizont absuchen würden.)
4. Wenn Sie diese innere Einstellung erzeugt haben, beginnen Sie die Karte ganz langsam von Ihrem Gesicht wegzubewegen: immer nur einige Millimeter, anhalten, einige Millimeter weiterbewegen, anhalten.
5. Durchlaufen Sie Schritt 3 und 4 mehrmals, in aller Ruhe, meditativ!! Kaum jemand schafft es auf Anhieb (wenn er keine ähnlichen Erfahrungen mitbringt). Wir sind so stark darauf programmiert, bei Papier unsere Augen scharf zu stellen, daß es eine Weile dauern kann.

Alternativ Technik

> Das kann nachts, zu Hause, die entlegenste Zimmerecke sein.

Alternativ-Methode: Sollten Sie trotz allem nicht klarkommen (aber nicht gleich aufgeben), dann probieren Sie das genaue Gegenteil (eine von beiden Methoden funktioniert so gut wie immer; Ausnahmen sind mit bestimmten Augenproblemen verbunden):

1. Etablieren Sie zuerst den Horizont-Blick, indem Sie ganz „weit weg" schauen (optimal auf einen echten Horizont, auch durch ein Fenster möglich). Wenn sie sich in einer Straßenschlucht ohne Horizont befinden, wählen Sie den Punkt, der von Ihnen am weitesten entfernt ist.
2. Wenn Sie die Augen zufriedenstellend auf „Fernblick" eingestellt haben, dann bewegen Sie langsam die Karte zwischen Augen und Ihrem „Horizont" – gaaaaaaaaaaaanz langsam (absolute Zeitlupe). Dabei bleiben Sie aber innerlich dabei, in die Ferne zu sehen, als gäbe es die Karte gar nicht.

Für diese Variante sollten Sie vorher testen, in welchem Abstand Sie diese Karte (waagerecht, von der Seite oder von unten her) in Ihr Sichtfeld schieben wollen.

Nachahmung

Nachahmung (= Imitation) ist der leichteste Lernweg. Suchen Sie sich Vorbilder, die es bereits verstehen, mit ihrem Ärger gut klarzukommen bzw. zu verzeihen. Daraus holen wir uns Kraft und Inspiration in schweren Zeiten.

Neben dem bereits erwähnten Inspektor Columbo (immer höflich und respektvoll, egal wie sehr ihn Verdächtige nerven mögen) gibt es viele literarische, fiktionale Charaktere in Film und Fernsehen, die uns als Vorbilder dienen können. Auch andere „Krimis" sind voller Szenen, die für uns Vorbild-Charakter haben können, von *L.A. LAW* bis zu *Practice: Die Anwälte*. Aber auch „alberne" Sit-Coms können sehr viel bieten, so wird z.B. bei den *Golden Girls* öfter verziehen als in vielen anderen Sendungen. Hier ist man sich nie lange böse, auch wenn man sich (kurzfristig) durchaus feindselig anfauchen mag. Auch Serien wie *Unsere kleine Farm*, *Ein Engel auf Erden* u.v.a. bieten jede Menge positiver Modelle, die uns zeigen, wie man schwierige Lebens- und Gesprächs-Situationen meistern kann.

Wenn Sie Serien mit Vorbild-Charakter auf Video mitschneiden, dann können Sie später **nach Stichworten sortieren**. In der einen Folge stellt sich eine scheinbar schlimme Situation plötzlich als Mißverständnis heraus, in einer anderen lenkt jemand ein, was den Gegner dazu bringt, **ebenfalls** nachzugeben, in einer dritten reagiert jemand mit Humor etc.

Später können wir uns dann durch **mehrmaliges Betrachten** auch bewußt vor Augen halten, welche strategischen Momente wie gewirkt haben. Genauso hilfreich kann häufiges Zuhören sein; deshalb führe ich in meinem Büromobil stets Audio-Mitschnitte meiner Lieblings-Sendungen mit! Indem wir uns immer wieder vor Augen führen, wie andere Menschen (eben unsere Vorbilder, die wir nachahmen wollen) knifflige Situationen (auf-)lösen, gewinnen wir mehr Mut, in vergleichbaren Situationen ähnlich zu handeln. Das inspiriert und erhöht die Chance, daß wir dieses (mehrmals wahrgenommene) Verhalten bald immer besser imitieren können.

Manche meiner Seminar-TeilnehmerInnen wehren sich gegen diese „Nachmache", sie meinen, es sei viel wichtiger, „authentisch" zu sein. Nun, jeder mag das sehen, wie er/sie will, aber ich möch-

---

N

Strategie Nr. 38

Vgl. Columbo-Effekt© (S. 96 f.).

Vielleicht haben Sie eine Biographie von solchen Menschen und können ein bißchen herumlesen, z.B. über Helen Keller.

Serien mit Vorbild-Charakter:

Was sehen wir oft?

te doch darauf hinweisen, daß wir alle ein Konglomerat von früher beobachteten und unbewußt imitierten Handlungs-Schemata sind. Da suche ich mir lieber einige nachahmenswerte Vorbilder heraus, als irgendwelche aggressive Modelle weiter zu „spielen", nur weil sie mich prägen durften, als ich noch klein war. Aber das entscheide jede/r selbst.

O

Strategie Nr. 39

Opfer-Aussagen sammeln

Wie in Teil I (Verantwortung, S. 79 ff.) gezeigt, gilt es, typische Opfer-Aussagen in unserem Leben zu finden. Am leichtesten ist eine mehrwöchige Inventur. Halten Sie kleine Kärtchen griffbereit (in alle Sakko- und Handtaschen Vorrat plazieren), damit Sie, wenn Sie auf Opfer-Aussagen stoßen, diese notieren können. Das können Aussagen anderer sein, bei denen Sie eine starke Neigung verspüren, spontan zuzustimmen, oder aber eigene Gedanken, die Sie leise oder laut darauf hinweisen, daß Sie sich als Opfer sehen. Beispiele:

→ Warum passiert das immer mir?
→ Da kann man nichts machen ...
→ Es hat eh keinen Sinn (sich dagegen zu wehren).
→ Schuster, bleib bei deinen Leisten.
→ Glück haben immer nur die anderen.
→ So ein Mist kann auch nur mir passieren.
→ Wer hat den Mist gebaut, den Fehler gemacht? Merke: Die Suche nach Schuldigen entspringt dem Wunsch, die Schuld im Außen zu suchen, damit man selbst als Opfer leiden kann.

Welche Opfer-Aussagen fallen Ihnen spontan ein?

→ _____

→ _____

→ _____

→ _____

→ _____

Perfektion

Wollen wir uns hier zwei Strategien ansehen:

P

Vgl. Teil I, **P** (Perfektion, S. 60 f.).

Strategie Nr. 1: Schieberegler

Wenn Sie feststellen, daß Sie auf sich oder andere „sauer" reagieren, weil Sie (oder jene anderen) zu weit von jenem unrealistischen Perfektions-Ideal entfernt sind, dann schlage ich vor, sich den **Schieberegler** aufzuzeichnen oder vorzustellen und sich zu fragen, wo der Perfektions-Zeiger sich **derzeit** befindet und wo er sich, Ihrer Meinung nach, eigentlich befinden **sollte**.

Strategie Nr. 40

Dieses Spektrum kann alles darstellen, was Sie gerade einschätzen wollen. Meist bietet es sich an, eine Skala von 0-100 % (z.B. wie perfekt ist etwas gelungen?) einzuzeichnen und dann das Kreuzchen dorthin zu setzen, wo der „Schieberegler" heute „steht".

Schieberegler: Wo ist der "Zeiger" – Augenblick? (INVENTUR!)

Anfangs kann es hilfreich sein, das Spektrum tatsächlich als schnelle Linien aufzuzeichnen und den Schieberegler durch ein Kreuzchen zu markieren; allerdings reicht es vielen auch, diese Handlung im Geiste zu vollziehen. Jedesmal wenn Sie feststellen, daß Sie im Begriff sind, auf sich oder andere zu schimpfen, weil eine Leistung nicht perfekt war, denken Sie an den Schieberegler! Machen Sie sich klar, daß er in einer realen Welt so gut wie nie auf 100 % stehen kann (Wirklichkeits-Index©!). Denken Sie an den Unterschied: Ist es nur eine Vorstellung (Platos idealer Kreis) oder Realität (z.B. eine Handlung im realen Leben)? Und dann ist es unrealistisch, 100 % Perfektion zu erwarten.

Strategie Nr. 2: professionell

Wollen Sie in irgendeinem Bereich Ihres Lebens professionell (cool) wirken – auch unter (Zeit-)Druck, bei Streß, Frust, Zorn etc.? Dann möchten Sie vielleicht den Matador-Ansatz ausprobieren.

Strategie Nr. 41

Möchten sie den Matador-Ansatz ausprobieren? Unter der Internet-Adresse www.active-books.de finden Sie die Matador-Technik als e-book.

Q Qualitäts-Ablenkungen

Wir haben in Teil I gesehen, daß Ablenkung von Ärger nicht nur „erlaubt", sondern geradezu angestrebt werden sollte, weil nichts uns schneller „runter" bringt (wenn wir auf 180 waren) bzw. nichts unsere Gefühle schneller aufhellt als Dinge, die unseren Geist in neutrale bis positive Bahnen lenken. Je verärgerter wir zum Zeitpunkt, da wir Ablenkungs-Strategien suchen, waren, desto wichtiger ist es zu begreifen: Wenn wir zu „sauer" sind, um dem Gegenpol zuzustreben (vgl. Teil I, Yin-Yang, S. 88), dann könnten wir zumindest aus „schlimmen" Gefühlen in eine neutrale Zone „segeln". Diesem Ziel dienen diese Qualitäts-Ablenkungs-Strategien.

Strategie Nr. 42 — Neues Lernen

Lesen Sie in einem Lexikon, greifen Sie wahllos einen Band heraus, öffnen Sie ihn „blind" irgendwo und stellen Sie einen Timer. Nun lesen Sie zehn Minuten lang. Danach können Sie weiter über die Situation nachdenken, die Ihren Zorn ausgelöst hatte, aber inzwischen haben Sie eine gewisse Distanz geschaffen. Womöglich ist der Lexikon-Artikel so interessant, daß Sie nach zehn Minuten erstaunt innehalten und denken: „Warum habe ich mich vorhin so aufgeregt?"

Strategie Nr. 43 — Quadratzahl

Es gibt Menschen (mehr Männer, aber auch Frauen), die sich phänomenal schnell beruhigen können, wenn sie eine **einfache Rechen-Operation wieder und wieder durchführen.** Hier bietet sich eine einfache Übung an, die ich schon deshalb so spannend finde, weil sie uns hilft, ein Gefühl für exponentielle Wachstums-Kurven zu vermitteln. Da dieses Gefühl nicht angeboren ist (wie das Gefühl für arithmetische, langsam ansteigende Wachstums-Kurven), erfüllt diese Übung – jedesmal, wenn Sie sie ausführen – den Doppelzweck, uns exponentielles Wachstum vor Augen zu führen.

Wachstums-Kurven

arithmetisch
(langsam steigend)

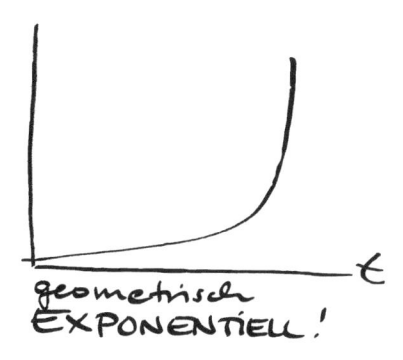

geometrisch
EXPONENTIELL!

t

Dieses Wachstum kennen wir von der Bevölkerungs-„Explosion", es entspricht auch einer Krebs-Wucherung. Einige exponentielle Daten, zum Vergleich: 1970 bereits stellte Alvin TOFFLER (in *Der Zukunftsschock*) fest, daß wir alle 12 Jahre die materiellen Güter auf diesem Planeten verdoppeln, aber daß das Wissen der Menschheit sich alle 6 Jahre verdoppelt. Das sind exponentielle Wachstums-Kurven, die weder unsere Entscheidungsträger noch unsere Politiker begriffen haben. Die folgende Übung führt Ihnen immer wieder vor Augen, wie schnell exponentielle Zahlenreihen „wachsen", ja geradezu „wuchern":

Verdoppelungen!

Aufgabe:

Man nehme eine Zahl mal 2 (im Quadrat),
das Ergebnis wieder mal 2
das Ergebnis wieder mal 2
das Ergebnis wieder mal 2
etc.

Wenn Ihr **Zorn gering** ist, können Sie mit einer **kleinen Zahl** beginnen (z.B. 2) und werden überrascht sein, wie schnell Sie 1000 überschreiten. Vielleicht möchten Sie schnell einmal ganz spontan (aus dem Bauch heraus) raten, wie oft Sie 2 mal 2 nehmen müssen, um über 1000 zu „kommen"?

Ich schätze ca. _____ mal

Ebenso überraschend ist die Hunderttausender-Grenze, oder wenn Sie plötzlich eine Zahl weit über einer Million erreichen. Optimal: Numerieren Sie Ihre Rechenschritte am linken Rand, damit Sie immer mit einem Blick sehen können, der wievielte Rechenschritt Sie zu diesem Ergebnis geführt hat. Wenn Sie eben geraten haben, möchten Sie vielleicht einmal wenigstens die ersten 20 Schritte nachrechnen?

Wollen Sie es praktisch ausprobieren?

1. _____
2. _____
3. _____
4. _____
5. _____
6. _____
7. _____
8. _____
9. _____
10. _____
11. _____
12. _____
13. _____
14. _____
15. _____
16. _____
17. _____
18. _____
19. _____
20. _____

Wollen Sie länger rechnen, dann beginnen Sie gleich mit einer 3- oder 6-stelligen Zahl. *Verdoppeln* heißt ja „mal 2" bzw. **die Zahl plus dieselbe Zahl**; man kann also sowohl ein Multiplikations- als auch ein kleines Additions-Training durchführen.

Da es sich um eine **Anti-Ärger-Strategie** handelt, ist das **gleichförmige** Arbeiten im Sinne einer Konzentrations-Übung wichtig; deshalb: Entweder Sie rechnen im Kopf (falls Sie das gerne tun) oder Sie schreiben (Papier oder Notepad). Wenn Sie einen Taschenrechner benutzen wollen, wäre es sinnvoll, die jeweilige Zahl jedesmal wieder einzutippen, damit Sie eine gleichförmige Tätigkeit ausführen, denn das ist ja der eine Zweck dieser Übung.

Quadrieren   Strategie Nr. 44

Bei dieser Variante wollen Sie die jeweilige Zahl **nicht verdoppeln**, sondern mit **sich selbst multiplizieren**. Dies kann insbesondere bei größeren Zahlen sehr spannend werden. Beispiel:

$$2 \times 2 = 4$$
$$\times 4 = 16$$
$$\times 16 = 256$$
$$\times 256 = 65.536$$
$$\times 65.536 = ?????$$

R Relativitäts-Prinzipien der Psyche

1. Relativitätsprinzip: Eine andere Sprach-Brille aufsetzen
2. Relativitätsprinzip: Der Fixstern
3. Relativitätsprinzip: Den eigenen Tod befragen
4. Relativitätsprinzip: Humor

Strategie Nr. 45

Das 1. Relativitäts-Prinzip der Psyche: Das Transformatorische Vokabular

Quelle: Anthony ROBBINS (*Das Robbins Power-Prinzip*, Kapitel 9, S. 219 ff., Abschnitt: „Das Vokabular des größtmöglichen Erfolges").

Anthony ROBBINS schuf den Begriff des „transformatorischen Vokabulars", das uns darauf aufmerksam macht, wie sehr die Wörter unser Denken steuern. Gehen Sie davon aus, daß Ihr Unbewußtes alles wörtlich nimmt. Wenn Sie bei Problemen Wörter oder Redewendungen zu sagen oder denken pflegen („Das macht mich krank!" oder „Ich drehe durch!"), dann brauchen Sie sich nicht zu wundern, wenn es Ihnen nicht besonders gutgeht. Wer täglich mehrmals solche Vorstellungen in Worte faßt, sollte sein Vokabular transformieren, weil er/sie damit auch die Realität beeinflussen wird. Denken Sie oft „Scheiße"? Wäre es nicht schöner, öfter an etwas Schöneres zu denken?

Eine andere Sprach-Brille aufsetzen

Statt zu sagen: „Das (Problem) ist besch...", könnten Sie versuchen, das Faszinierende zu sehen. Statt zu betonen, wie „schwer", „unmöglich", „ekelhaft" oder „unfair" etwas ist, könnten Sie es mal positiv versuchen. Sie mögen nicht gleich „super", „toll" etc. einsetzen, denn das wäre ja gelogen, aber wie wäre es mit:

→ faszinierend
→ interessant
→ spannend

positive Sprachbrille — **negative Sprachbrille**

Übrigens hatte meine Mutter eine Redewendung „drauf", die in der Übergangszeit ebenfalls phantastisch hilfreich sein kann. Sie pflegte nämlich bei Streß oft zu sagen: „Ja, wie finde ich denn das?!" Das gab ihr immer noch Zeit, ein wenig nachzudenken, auf welche Seite des Zaunes sie sich fallen lassen würde.

Das 2. Relativitäts-Prinzip der Psyche: Fixstern

Strategie Nr. 46

Dieses Relativitäts-Prinzip stelle ich seit vielen Jahren vor. Die Metapher wurde „geboren", als ich eine Geschichte über Napoleon kennenlernte, die wahrscheinlich nicht wahr, aber gut erfunden ist. Es spielte sich draußen im Feld ab, man befand sich in einem großen Mannschaftszelt, als ihn (er war damals 19 Jahre alt) ein General dumm anredete (er sei so arrogant). Daraufhin soll Napoleon an die Zeltöffnung getreten sein und hinausgeblickt haben. Es war ein regnerischer Tag. Er stellte fest, daß der Himmel wolkenverhangen war. Er soll gesagt haben: „*Mon général*, was sehen Sie da draußen?" Der General trat an die Zeltöffnung, blickte hinaus: „Was soll ich schon sehen? Wolken!" Napoleon soll gesagt haben: „Sehen Sie, *mon général*, aber dahinter steht mein Stern. Und ich weiß immer, daß er da ist."

Haben wir keinen Fixstern, dann besteht unser gesamtes Leben aus „kleinen" Zielen.

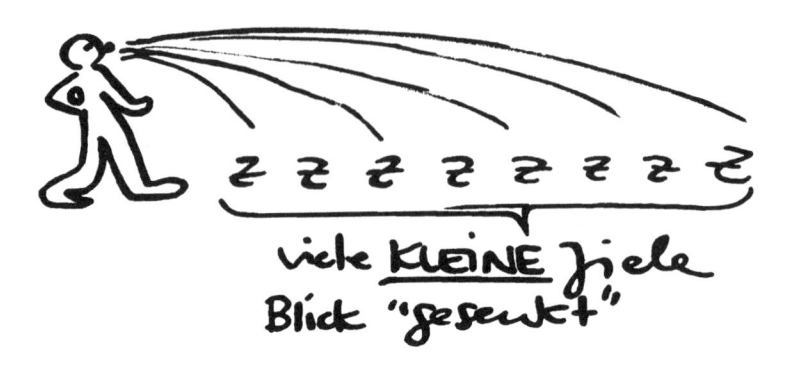

viele KLEINE Ziele
Blick „gesenkt"

Wenn wir hingegen einen Fixstern an unser Firmament „hängen", dann brauchen wir nicht bei jeder psychologischen Wolke, die vorbeisegelt, in unsere Streß-Mechanismen hineinfallen, zum Frosch werden und quaken, sondern wir können anders damit umgehen.

UNTERSCHIED

Ein Fixstern hebt unseren Blick, so daß wir nicht mehr gebannt auf „kleine" (manchmal auch kleinliche) Tagesziele schauen. Da haben wir eine Mutter, die sich aufregt, weil die Socken des Sohnes herumliegen, ohne daß sie sich fragt, wann sie ihm zuletzt gezeigt hat, daß sie ihn liebt. Wir nennen das gerne „Alltags-Streß" und denken oft: „Demnächst werde ich etwas unternehmen, nicht heute; heute hänge ich zu sehr drin" u.ä. Nun, der Fixstern hilft Ihnen, nicht ganz so sehr „drinzuhängen".

Der Fixstern lädt Sie ein, Ihre Augen zu heben. Je höher der Fixstern, desto besser. Wenn ich durch einen Blick auf meinen Fixstern erkenne, daß das Problem gar nicht so groß ist, dann werden die Elefanten wieder zu Mücken – klein und lästig, aber eben nur klein. Dies ist das erste Relativitäts-Prinzip der Psyche, denn der Fixstern relativiert unsere Alltagssorgen und -nöte.

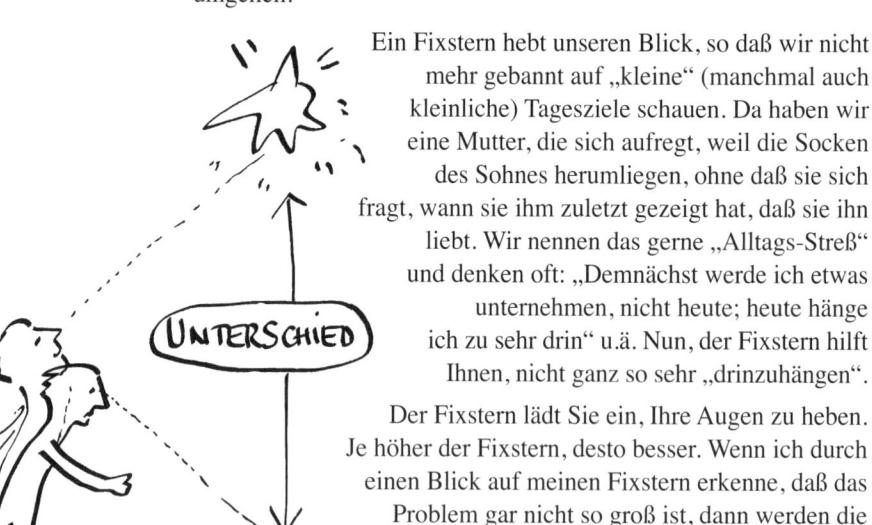

Der Fixstern könnte eine höhere Macht sein (vgl. auch Beten, Teil II, S. 93; Meditatives Tun, Teil II, S. 126 ff.). Es könnte der Versuch sein, täglich ein wenig bedingungslose Liebe zu praktizieren (vgl. Teil I, S. 14), oder die Frage, inwieweit wir mit unserem Pfunde wuchern (= unsere Talente entwickeln)? Es geht um den „höheren Sinn" im Leben, nach dem Motto: Der Mensch lebt nicht vom Brot allein. Also, was könnte Ihr Fixstern sein?

Das 3. Relativitäts-Prinzip der Psyche: Den Tod befragen

Strategie Nr. 47

Carlos CASTANEDA sagt: „Wenn du dir unsicher bist und nicht weißt, wie du reagieren sollst, dann frage deinen eigenen Tod. Er wird dir immer einen sehr guten Rat geben." Darum nenne ich den Tod den besten Ratgeber der Welt, der noch dazu kostenlos ist. CASTANEDA sagt, wir können uns das so vorstellen, daß der Tod gleichsam immer auf unserer linken Schulter sitzt. Wir beachten ihn nur nicht.

Manchen behagt dieser Gedanke nicht. Ich frage mich z.B., wenn ich eine schwere Entscheidung vor mir habe: Angenommen, ich wüßte, daß ich noch eine Woche zu leben habe, wie würde ich dann entscheiden? Das relativiert alles. Thorwald DETHLEFSEN meinte einmal in einem Vortrag: „Wir regen uns immer so auf, wenn wir erfahren, daß jemand z.B. nur noch ein halbes Jahr zu leben hat. Dabei ist das noch verdammt viel Zeit. Wir regen uns nur deswegen auf, weil wir immer so tun, als seien wir unsterblich." Carlos CASTANEDA sagte dazu: „Es gibt keine Unsterblichen auf diesem Planeten." Das muß uns einfach klarwerden. Wir machen uns also unsere eigene Sterblichkeit bewußt. Oder der berühmte Satz: „Wer nicht weiß, wie man stirbt, kann auch nicht leben."

Ähnliche Aussprüche haben verschiedene Denker gemacht, um nur zwei zu nennen:
1. PAULUS: Solange du nicht gestorben bist, kannst du auch nicht leben.
2. Thomas von AQUIN: Stirb während des Lebens.
(Danke für die beiden Zitate, Frau Kammerl!)

Variante: Den Tod eines anderen befragen

Wem es zu schwer fällt, in einer Ärger-Situation **den eigenen Tod** zu befragen, für den habe ich inzwischen eine neue Variante anzubieten. Fragen Sie sich doch, wenn sie jemand furchtbar nervt (ärgert, verletzt):

> Wie würde ich reagieren, wenn ich wüßte, daß dieser Mensch nur noch drei Wochen zu leben hat?

Gehen Sie ruhig davon aus, er wisse es nicht! Da werden wir plötzlich tolerant! Angesichts des bevorstehenden Todes ist alles eine Lappalie, was immer es ist. Das relativiert wunderbar.

Schließlich sind wir alle sterblich. Der, der mich ärgert, kann nächsten Montag überfahren werden, und dann mache ich mir für den Rest meines Lebens Vorwürfe, daß mein letztes Gespräch mit ihm ein Streit war. Muß das sein? Das wäre übrigens auch ein möglicher Fixstern (siehe S. 145 ff.):

> Verabschiede dich immer so, als ob heute das letzte Mal wäre.

Darum gibt es auch den Rat für Ehepaare, niemals ins Bett zu gehen, ohne einen Streit beigelegt zu haben, was einen Scherzkeks veranlaßte zu sagen: „Ja, das machen wir auch immer, deshalb haben wir schon seit Tagen nicht mehr geschlafen ..."

Strategie Nr. 23

Vgl. mein Buch: Humor – an Ihrem Lachen soll man Sie erkennen.

Das 4. Relativitäts-Prinzip der Psyche: HUMOR

Falls Sie gute „Munition" für diese Strategie suchen, unter www.birkenbihl.de finden Sie u.a. einen Witz der Woche (mit vielen zurückliegenden Wochenwitzen) und einen (anderen) Joke of the Week (für alle, die bilingual lachen können). Viel Spaß! Bei Telefonaten fragen inzwischen viele Gesprächspartner am Ende nach dem heutigen Tageswitz.

Schreiben statt Schreien   S

Früher meinte man ja noch, es erleichtere uns, wenn wir über Ärger-Situationen reden würden, aber inzwischen wissen wir, daß wir diesen Ärger bei jeder Schilderung von neuem entzünden ...

Vgl. sowohl **D** (Denken und Fühlen, S. 20 f.) als auch **J** (Jammern & über Ärger reden, S. 41 f.).

Trotzdem gilt, daß wir manchmal Dinge in Worte fassen müssen, um sie zu begreifen, oder, um es als Wortspiel auszudrücken:

Etwas durch das In-Worte-Fassen erst richtig erfassen.

Daher profitieren die Menschen von Beratungs-, Coaching- oder Therapiegesprächen, weil sie hier die Dinge, die sie belasten, in Worte fassen müssen. Deshalb aber haben sich auch Selbst-Hilfe-Methoden (teilweise bis zur Selbst-Heilung!) bewährt. Ich stelle Ihnen hier zwei extrem einfache Formen vor, mit denen Sie sofort beginnen können.

Vgl. Wolf SCHNEIDER: *Wörter machen Leute* (über die Funktion von Sprache).

Technik Nr. 1: Kläranlage für den Geist

Diese Technik soll Sigmund FREUD erfunden haben, aber sie ist älter. Wir vergessen (oder wir wissen gar nicht), daß die Menschen bis zum Zweiten Weltkrieg weit mehr schrieben als heute. Sowohl Tagebücher (die oft diesen „klärenden" Effekt haben) als auch Briefe; ebenso haben manche große Denker wie GOETHE schon eine Technik benutzt, die ich als „Kläranlage für den Geist" bezeichne.

Strategie Nr. 48

Anweisung:

Schreiben Sie täglich zehn Minuten lang alles, was Ihnen gerade in den Sinn kommt, auf!

Wenn Ihnen im Augenblick gerade gar nichts einfällt, dann schreiben Sie (wörtlich): *Jetzt fällt mir nichts ein!* Schlimmstenfalls die ganzen zehn Minuten lang!

Bei dieser Übung gilt die eiserne Spielregel: Ihr Stift muß sich ununterbrochen bewegen (bzw. Ihre Finger müssen sich ständig auf der Tastatur bewegen).

Denk-Pausen sind (bei dieser Übung) total verboten.

Achtung! Auch wenn Sie ein Diktier-Fan sind, bei dieser Übung sollten Sie schreiben, weil wir schreibend anders denken als sprechend. So erfahren Sie weit mehr über sich bzw. darüber, was Sie hemmt, blockiert etc.

Darum wissen viele Leute ja erst, was sie gedacht haben, nachdem sie sich reden gehört haben!

Durch diese Übung lernen Sie viel über sich, weil Sie **den inneren Monolog** sichtbar machen. Wir wissen oft gar nicht so genau, was wir wirklich denken.

> In einer Schriftenreihe (Dielmann-Verlag) erschien eine Broschüre mit diesem KLEIST-Text (und einem Birkenbihl-Artikel über die Kläranlage des Geistes).

Bei dieser Übung erfahren Sie, wie sich Ihre Gedanken allmählich aus früheren und weiteren Assoziationen entwickeln – ein Prozeß, den die wenigsten Menschen sprechend mitverfolgen können. Übrigens beschreibt KLEIST genau diesen Prozeß in seinem vortrefflichen Essay: *„Über das allmähliche Verfertigen der Gedanken beim Reden."*

Wenn Sie es einmal einen Monat lang ausprobieren, können Sie feststellen, wieviel „Schutt" auf diese Weise im Bewußtsein „auftaucht", aber gleichzeitig durch das Schreiben weggeräumt werden kann. Immer wieder werden Sie die be-FREI-ende Wirkung dieses Klärprozesses erleben. Es lohnt sich – wirklich!

> Vgl. JOHNSON: *„Ich schreibe mir die Seele frei"* und RICO: *„Von der Seele schreiben".*

Allerdings ist es mit dem täglichen Schreiben ähnlich wie mit meditativen Tätigkeiten (vgl. S. 126 ff.), auch diese wirken kumulativ (das heißt, die HEIL-ende Wirkung kann sich nur entfalten, wenn Sie es täglich tun). Ab und zu mal schreiben (z.B. einen jener berühmten „bösen Briefe", die man dann nicht abschickt) kann in einer konkreten Ärger-Situation entlasten, aber im Sinne der Kläranlage wirkt die Technik nur bei täglicher Anwendung. Deshalb empfehle ich Ihnen:

Testen Sie diese Technik sechs Wochen lang.
Dann erst entscheiden Sie, ob Sie fortfahren wollen.

> Betreff: **Kreativitäts-Dialoge**, vgl. mein Buch zu kreativen Problemlösungen mittels Analograffiti-Denken: *ABC-Kreativ©*.

Der Grund, warum diese Technik Ihnen bald lieb und (gar nicht teuer) sein kann, ist der: Wir zapfen hier die berühmten metaphorischen **11 Kilometer Unbewußtes an**, während wir bei normalem Denken nur jene **15 Millimeter Bewußtsein** zur Verfügung haben. Unser Unbewußtes weiß unendlich viel, aber wir müssen anders als normal denken, um diese Reichtümer bergen zu können.

Strategie Nr. 49

Technik Nr. 2: Reden Sie doch mal mit sich – aber schriftlich

Hier gibt es mehrere Varianten, z.B. bei **Kreativitäts-Stau** (wenn Sie dringend Ideen brauchen, aber eine Denk-Blockade haben). Im Zusammenhang mit Anti-Ärger Maßnahmen möchte ich Ihnen eine Variante vorstellen, bei der Sie einen Dialog schreiben (wie für ein Theaterstück), in dem Sie mit der Sache „reden", die Ihnen derzeit Pein bereitet. Es kann ein Ärgernis sein, aber auch etwas, was Sie ängstigt oder streßt (z.B. ein Magengeschwür).

Nehmen wir an, Sie hätten einen „bösen" Nachbarn. Sie kennen ja das äußerst populäre Lied, nach dem der beste Mensch nicht in Frieden leben könne, wenn es dem bösen Nachbarn nicht gefällt. Nun, der Nachbar steht in seiner Insel und wir in unserer.

Diese Technik (in bezug auf kranke Organe bzw. die Krankheit selbst) fand ich bei Marianne WILLIAMSON: *Return to Love*.

Insel bzw. Insel-Modell, vgl. S. 26, 76 ff.

Nun gilt die Regel: Wenn wir uns gut verstehen, dann haben wir entweder Überschneidung der Inseln oder aber wir interessieren uns für diesen anderen Menschen, vielleicht gerade weil er auf faszinierende Weise anders ist. Jedenfalls gehen wir auf seine Insel ein, deshalb fühlt er sich wohl und interessiert sich auch für uns.

Insel-Überschneidung, z.B.
→ wir sind ähnlich gelagert,
→ wir liegen auf einer Welle,
→ wir mögen ähnliche Dinge,
→ wir denken ähnlich,
→ wir haben ähnliche Erfahrungen,
→ wie verfolgen ähnliche Ziele,
→ wir haben ein ähnliches Wertsystem.

Umgekehrt ist es, wenn man sich nur für die eigene Insel (den eigenen Standpunkt, die eigenen Ziele, die eigenen Gefühle) interessiert. Deshalb ist diese Übung so wertvoll, denn wir schlüpfen für die Dauer der Übung in die „Haut" des anderen, indem wir von einer Insel in die andere hüpfen (zumindest versuchen wir es).

Beispiel: Eine Dame regte sich auf, weil ein Lieferant (L) sie ständig hängenließ. Sie hatte schon mehrfach mit ihm geredet (eigentlich gestritten, wie sie zugab) und kannte daher einige seiner Gegen-Argumente, aber die Pointe am Schluß verblüffte sie „total".

Danke für dieses Fallbeispiel einer Leserin meines Beratungs-Briefes. Das „ich" bezieht sich natürlich auf sie selbst.

ich   Also, Sie machen mir andauernd klar, daß andere Dinge und Tätigkeiten wichtiger sind, als mich z.B. zurückzurufen, und ich warte stunden- oder tagelang auf Ihren Rückruf.

L	Das ist nicht wahr. Es kann mal ein oder zwei Stunden dauern, wenn ich im Lager bin, so daß mein Handy nicht funktioniert, aber dort bin ich ja nie stundenlang am Stück.
ich	Trotzdem rufen Sie immer ewig nicht an.
L	„Immer?" und „ewig?", das stimmt auch nicht. Wir telefonieren doch im Schnitt zwei- bis dreimal pro Woche, und oft klappt es ja beim ersten Ansatz, oder?
ich	Ja, aber da rufe ich Sie an. Und wenn Sie nicht gerade da hinten im Lager sind, kriege ich Sie ja auch auf Ihrem Handy. Aber wenn Sie mich zurückrufen sollen, dann warte ich immer ewig!
L	So, so. Darf ich mal fragen, worin Ihre Tätigkeit hauptsächlich besteht, liebe Frau (Name)?
ich	Ich koordiniere alle Lieferanten, warum?
L	Und was tun Sie? Was würde ich sehen, wenn ich neben Ihnen säße?
ich	Ich telefoniere.
L	Eben!
ich	Häh?
L	Wie soll ich Sie denn bitte anrufen, wenn Sie laufend telefonieren? Haben Sie eine Ahnung, wie oft ich es versuchen muß, bis ich endlich durchkomme …

In diesem Zusammenhang sei auf meine Analograffiti-Denktechniken verwiesen in: Das große Analograffiti-Buch©, ABC-Kreativ© und Das innere Archiv©.

Hier brach sie völlig verblüfft ab. Wie schon bei der Kläranlage (S. 149 f.) gilt: Wir lernen so, unser Unbewußtes besser zu befragen – es weiß soviel mehr als unser Bewußtsein, aber wir müssen **anders als normal denken**, um diese Reichtümer bergen zu können.

Training mal zwei

1. Training, allgemein

T

Strategie Nr. 50

Jede Art von Training wirkt sich positiv auf unsere Stimmung (und auf unser Immun-System) aus, vorausgesetzt, folgende Bedingungen werden erfüllt:

1. das Training geschieht **freiwillig**,
2. wir **lieben** die Handlungen, die das Training uns abverlangt,
3. wir **freuen** uns über jeden Fortschritt, aber
4. wir haben auch **Geduld** in den „Zeiten dazwischen".

Ob Sie auf einem Musikinstrument üben (vgl. auch Meditatives Musizieren, S. 132 f.), ein Spiel (wie Bridge) lernen, oder ob Sie sich sportlich betätigen: Zehn Minuten kreieren den positiven Effekt, um den es uns in unserem Zusammenhang geht. Nach 10 Minuten Training dürfte Ihr Ärger bei weitem nicht mehr so präsent sein wie eingangs. Aber diese Strategie wirkt auch hervorragend gegen alle Arten von Streß, also auch bei allgemeiner Frustration, Niedergeschlagenheit etc. Sie hilft uns in der Regel, unsere Gefühle um einiges „aufzuhellen". Längeres Training bringt zusätzliche Trainings-Effekte, aber die ersten 5 bis 10 Minuten sind als Anti-Ärger-Strategie meist schon ausreichend.

Wer einige Erfahrung mit solchen Übungen gesammelt hat, wird eines Tages einen faszinierenden **Übertragungs-Effekt** feststellen. Nehmen Sie an, Sie haben neue Nervenbahnen für das Rückwärts-Zählen aufgebaut, dann reicht später im Alltag schon die Erinnerung daran, um den Effekt auszulösen.

Dies nützen klassische Selbst-Hypnose-Techniken, indem sie helfen, einen Trance-Zustand aufzubauen. Inzwischen hat es sich auch herumgesprochen, daß eine durch Hypnose oder meditative Zustände erreichte Trance nichts mit „Schlafen" oder „Willenlosigkeit" zu tun hat, im Gegenteil. Das Aufbauen einer gezielten Trance gehört zum festen Repertoire jedes seriösen Mental-Trainings!

George LEONARD hat die Lern-Plateaus, also Zeiten, in denen nichts weiterzugehen scheint, brillant auf den Punkt gebracht (in: *Der längere Atem*): „Wir müssen lernen, **die Plateaus** zu lieben!"

Übrigens können auch einige andere Strategien in diesem Buch unter dem Aspekt „Training" gesehen werden, z.B. das Rückwärts-Zählen (vgl. Verlangsamen der Zeit, S. 161).

José SILVA, der Entdecker (oder Erfinder) der SILVA-MIND-METHODE hat dies vor vielen Jahrzehnten bereits geahnt. Er war ein „einfacher Arbeiter", der durch eine Reihe von „Zufällen" auf Effekte stieß, die ihn veranlaßten, die später nach ihm benannte Methode zu entwickeln. Heute hat die Wissenschaft die Intuition dieses „verrückten" Außenseiters längst bestätigt.

2. Training der Gefühle

Strategie Nr. 51

In Teil I (S. 32 ff.) haben wir erfahren, wie eng die neuro-physiologische Verbindung zwischen Gedanken und Gefühlen ist, sowie daß wir einiges selber tun können, um uns häufig an positive Dinge zu erinnern. Bei jeder Erinnerung werden die „dazugehörenden" guten Gefühle in uns auftauchen.

Fünf Beispiele

lernen

1. **Lernen:** Wenn wir bei der Tätigkeit „Lernen" positive Gefühle erleben, dann neigen wir dazu, öfter und gerne zu lernen, weil es sich gut anfühlt. Vielleicht aber bezieht sich unsere emotionale Verbindung aber auch nur auf ein Teilgebiet; so lernen manche SchülerInnen ausgesprochen gerne für ein Fach (positive Gefühlsanbindung), während sie ein anderes Fach geradezu „hassen" (negative Gefühlsanbindung).

Interessen

2. **Interessen:** Stellen Sie sich vor, Sie seien verärgert. Dann ruft jemand an und teilt Ihnen eine Neuigkeit mit, die eines Ihrer „heißesten" Interessengebiete betrifft. Was meinen Sie, werden Sie jetzt abwehren, weil Sie sauer sind, oder könnte diese Neuigkeit Sie aus dem schlechten Gefühl „herauslösen"? Ich habe es neulich selbst wieder erlebt. Ich war ziemlich mies drauf, als jemand mir eine Tonkassette anbot, einen inoffiziellen Mitschnitt eines Vortrages, den ich liebend gerne gehört hätte, und ich war sofort Feuer und Flamme. Am Ende eines begeisterten Telefonats sagte dieser Gesprächspartner: „Also, in den ersten zwei Minuten dachte ich, Sie seien aber gar nicht gut drauf; das muß die Akustik in meinem neuen Headset sein, denn so wie Sie klingen ..." Da wurde mir erst klar, wie „stocksauer" ich war, als ich abgenommen hatte. Hmmm ...

Nachdem ich zugegeben hatte, daß sein Eindruck durchaus richtig war, konnte er wiederum nicht nachvollziehen, warum sein „bescheidenes" Angebot meine Gefühle so stark zu erhellen vermocht hatte. Nun ja, er kann eben nicht nachvollziehen, wie stark mein Interesse in dieser Angelegenheit ist. Starkes Interesse bedeutet starke Emotionen, große Faszination steht für starke positive Gefühle.

Hobbies

3. **Hobbies:** So ähnlich geht es vielen Menschen, wenn sie an ihr Hobby denken! Deshalb plazieren Sie z.B. Gegenstände, die sie gebastelt, oder Kleidungsstücke, die Sie gehäkelt/gestrickt haben, oder Fotos von Erfolgserlebnissen (auf dem Bootssteg mit Riesenfisch, am Ende des Tanz-Turniers, das man gewann etc.) so,

daß ihr Auge öfter darauf fällt, weil diese Mementos in Ihnen gute Gefühle auslösen.

4. Tiere: Es gibt Menschen, die in Tiere geradezu vernarrt sind. Auch im größten Ärger finden sie schnell wieder zu einer friedlichen inneren Haltung, wenn sie ein Tier sehen (sogar das Foto eines Tieres hilft)!

5. Pflanzen: Anderen geht es ähnlich, wenn sie „Mutter Natur" in Form von Pflanzen begegnen. Eine Leserin meines Beratungs-Briefes erzählte mir in der monatlichen Hotline: „Irgendwie sind Pflanzen für mich quasi völlig unschuldig, d.h. sie sind in meinen Augen keiner ‚Schuld' fähig, und deshalb kann ich sie bedingungslos lieben ..." Sie hat zu Hause und im Büro Topfpflanzen, aber sie berichtete auch, daß sie von allen Pflanzen Fotos in der Brieftasche hat, die sie immer wieder betrachtet, wenn sie eine kleine Aus-Zeit braucht.

Und Sie? Was kann Sie schnell wieder versöhnlich oder gar vergnügt stimmen?

Stichworte: _____

_____

Da ich aus dem Seminar weiß, daß manche Leute diese enge Verbindung zwischen Gedanken und Gefühlen zunächst extrem unglaubwürdig finden, möchte ich Ihnen noch zwei konkrete Fallbeispiele anbieten, ehe ich Ihnen einen 4-Schritte-Weg vorstelle, wie auch Sie diese Strategie in Ihr Leben integrieren können. Es ist eine wunderbare Anti-Ärger-Maßnahme, die sogar gegen Jähzorn helfen kann (wie im ersten der nachfolgenden Fälle).

Beispiel 1: Das Welpenfoto

Ein Kunde litt unter seinen jähen Zorn-Attacken, die wie ein Wirbelwind über ihn hinwegfegten. Manchmal schrie er sogar herum, wenn er ganz alleine war, d.h. dann wendete sich sein Jähzorn gegen sich selbst.

Nun liebte er Hunde über alles und wußte, daß besonders ein junger Hund in ihm nur liebevolle Fürsorge auslösen konnte. Er sagte: „Ich könnte niemals einem Welpen mit Jähzorn begegnen, nur Menschen, da passierte es mir regelmäßig." Er verband die Mit-

Diese Technik ist in der seriösen Esoterik seit Jahrtausenden bekannt, erreichte jedoch durch NLP-Veröffentlichungen eine gewisse Breitenwirkung. Die nebenstehende Übung ist eine Trainings-Variante, die ich noch vor NLP entwickelte (ca. 1968 in den USA; NLP startete erst in den siebziger Jahren).

neue Nervenverbindung

menschen, die er oft verletzte, mit dem Bild eines besonders süßen Welpen, legte also kleine Sammlungen an, in denen je zwei Fotos nebeneinander angeordnet waren. So ordnete er jedem durch ihn gefährdeten Menschen ein Welpenfoto zu. Diese Fotos stellte er auf und lernte, das Welpengefühl auf die betroffene Person zu übertragen. So „bastelte" er eine **neue Nervenverbindung** zwischen dieser Person und seinen liebevollen Gefühlen für den Welpen.

Heute reicht es, wenn er sich das Bild eines Welpen vorstellt: Sofort beruhigt er sich. Ich hatte ihm die Strategie in der monatlichen Hotline erläutert, einige Wochen später schickte er dieses Fax:

> Es ist unglaublich, aber ich konnte alle wichtigen Personen in dieser Weise „umprogrammieren", es kann mir zwar heute nach wie vor passieren, bei anderen Menschen, daß der alte Jähzorn in mir aufwallt. Aber auch dann kann ich ihn erstens schwächer halten als früher, und zweitens kann ich ihn schneller beenden, indem ich an Welpen denke. Drittens habe ich inzwischen gelernt, mich zu entschuldigen (auch eine große Hilfe), aber am meisten hat es mir im kleinen Kreis gebracht. Da ich ca. 80 % meiner Jähzorn-Ausbrüche auf diese wenigen Menschen verteilt hatte, sind wir alle mit dem Erfolg außerordentlich zufrieden. Danke für die Strategie. Sie hat meine Ehe gerettet, dafür gesorgt, daß meine Tochter (damals ca. 17 Jahre alt) nicht vorzeitig auszog und die Schule abbrach, und mir geholfen, mit einigen engen wichtigen Mitarbeitern eine neue Basis zu finden – Leute, die schon für meinen Vater gearbeitet hatten und die mir inzwischen gestanden haben, daß sie sich alle mit dem Gedanken ans Gehen getragen hatten. Es hat sich weiß Gott gelohnt.

Beispiel 2: Die Ulme

Eine Kollegin litt sehr darunter, daß sie (als „alte Lehrerin") ständig an den Leuten herumkritisierte, wenn sie sich über sie ärgerte, daß sie gleichsam dauernd Noten verteilte, was andere Menschen in ihrem Umfeld im Selbstwertgefühl verletzte. Sie hatte diesen zerstörerischen Hang schon lange entdeckt, sich tausendmal vorgenommen „damit aufzuhören" und fiel doch immer wieder in das alte Muster „hinein" (wie der Jähzornige im Beispiel 1).

Die gesamte Fallstudie (inkl. des schrittweisen Prozesses, der zur Ulme führte) finden Sie in meinem Buch ABC-Kreativ©.

Merke: Wenn wir immer wieder in alte Verhaltensmuster „hineinfallen", dann bestehen hier starke Nervenbahnen, so daß unser bewußtes Denken sie im ersten Ansatz nicht stoppen kann. Deshalb ist die hier vorgestellte Technik so hilfreich.

Diese Dame fand durch eine Reihe faszinierender Gedankengänge die innere Verbindung zu einer **Ulme**: Sie plazierte Bilder von Ulmen, wo ihr Auge darauf fallen konnte, und Sie erinnerte sich täglich mit kleinen Zeichen- oder Schreibübungen daran, was die Ulme für sie ab jetzt symbolisieren sollte. Nach einigen Wochen hatte sie begonnen, eine neue Nervenbahn zu etablieren, die im Laufe der Zeit immer „fester" wurde. Sie ist also jetzt auf dem besten Weg (sprich: auf einem **neuen** Weg)!

Es folgt die **4-Schritt-Methodik** dieses strategischen Ansatzes. Wenn Sie eine ähnliche neue Gefühls-Oase für sich kreieren, kann diese Ihnen in Zeiten der emotionalen Not helfen. Vielleicht nicht immer, zugegeben, aber immer öfter ...

Bitte lesen Sie erst alle Schritte, weil Ihre persönliche Situation der letzten Schritte Ihre ursprüngliche Wahl beeinflussen kann. Angenommen, Sie benötigen einen „Talisman", den Sie in den Deckel Ihres Aktenkoffers kleben können, dann werden Sie bei Schritt 2 eine andere Wahl treffen, als wenn Ihr Talisman später auf Ihrem Schreibtisch stehen kann.

Eine positive Situation/Sache identifizieren

Schritt 1

Wir schaffen eine positive „Gefühls-Oase", indem wir ein besonders positives Erlebnis (Lieblings-Thema) als emotionalen „Anker" nutzen. Wenn wir einen Auslöser positiver Gefühle gefunden haben, notieren wir hier ein Stichwort, das nur uns etwas „sagt":

Mein Stichwort: _____

Einen Talisman schaffen

Schritt 2

Nun schaffen wir einen „Talisman", der uns an dieses positive Gefühl erinnert. Das kann ein Foto sein, ein (kleiner) Gegenstand, eine Zeichnung. Es muß nur uns persönlich „etwas sagen". Wenn andere keine Ahnung haben, welche Bedeutung dieser Gegenstand für uns hat, um so besser.

Mein Talisman: _____

Training im Trockendock

Schritt 3

Wir plazieren unseren Talisman so, daß er uns mehrmals täglich begegnet, wenn wir mit anderen Dingen beschäftigt sind. Jedesmal halten wir kurz inne, atmen tief durch und konzentrieren uns ca. 30 Sekunden lang voll auf die positive Situation, die er verGEGENWÄRTIGT (d.h. für uns in die Gegenwart bringt). Bald spüren wir, daß uns die „alten" positiven Gefühle jedesmal wieder durchströmen (vgl. Teil I, Gefühle, S. 32 ff.). Wenn wir gelernt haben, daß unser Talisman uns in die alten positiven Gefühle „hinein transportiert", gehen wir zum vierten Schritt über.

Schritt 4   **Praxis**
Nun gilt es, den Talisman in realen Situationen zu nutzen. Wir plazieren ihn wiederum so, daß unser Auge häufig darauf fallen kann. Das mag in einem schwierigen Meeting sein oder beim Kunden. Im ersten Fall kann ein Gegenstand „herumstehen", unterwegs aber sollte es etwas sein, das wir unauffällig in oder an unserem Aktenkoffer befestigen können, oder eine besondere Art von Armbanduhr (bzw. ein Armband, Ring etc.), weil solche Gegenstände portabel sind.

U

Strategie Nr. 52

Ich danke dem Programmleiter von Midena, Ulrich Ehrlenspiel, für die Idee, ein ABC für Dinge, die uns Freude machen, anzulegen.

Unerwartete Freude mal zwei
1. Uns selbst etwas Gutes antun

Fragen Sie sich: „**Was tut mir gut?**", und beginnen Sie, alphabetisch aufzulisten, was Ihnen dazu einfällt. Dies kann alles sein, was Ihnen Freude macht, von **A** wie *Aerobic* oder *Assoziationsübungen machen* etc. über **B** wie *ein Bad nehmen (mit Musik, mit Kerzen?)* oder **T** wie *Tanzen* und **V** wie *Vögel beobachten* bis zu **Z** wie *Zeichenübungen*.

1. A	14. N
2. B	15. O
3. C	16. P
4. D	17. Q
5. E	18. R
6. F	19. S
7. G	20. T
8. H	21. U
9. I	22. V
10. J	23. W
11. K	24. X
12. L	25. Y
13. M	26. Z

2. Anderen unerwartete Freude schenken

Strategie Nr. 53

Hier ist eine großartige Anti-Ärger-Strategie: **Schenken Sie Freude** nach dem Motto „Geben kann sehr wohl seliger als Nehmen sein", insbesondere im immateriellen Bereich. Wenn wir Freude schenken, erhalten auch wir positive Energien zurück ...

Es gibt in Amerika ein Konzept, das **Random Acts of Kindness** heißt. Es leitet sich her vom Gegenteil (von Random Acts of Aggression, das ist die mutwillige Zerstörung). Wenn Telefonzellen kaputtgemacht werden, das ist so ein *random* (zufälliger) Akt der Aggression, denn den Tätern ist völlig egal, was (sogar welche Telefonzelle) sie „angreifen" – Hauptsache, es geht etwas kaputt.

Quelle: COLF, Mary K./OSZUSTOWICZ, Len: *Random Acts of Kindness – A User's Guide to a Giving Life.*

Und nun sagen diese Autoren: Angenommen, wir täten das Gegenteil? So wie diese Leute „irgend etwas" kaputtmachen wollen, könnten wir uns vornehmen, „irgend jemandem" etwas Gutes „anzutun", daher der Name dieser Strategie:

Random (zufällige, ungeplante, spontane)

Acts (Handlungen, Aktivitäten) **of** (von)

Kindness (Freundlichkeit).

Es handelt sich analog zum mutwilligen Zerstören um **mutwilliges Freudebereiten.**

Man überlegt sich, wem man etwas Gutes tun kann. Es gibt keinen schnelleren Ausstieg aus Ärger-Gefühlen! Nun sagen meine Seminar-TeilnehmerInnen gerne, man sei ja nicht immer in einer Position, in der mutwilliges Freudebereiten möglich ist. So liest jemand z.B. nachts um drei eine E-Mail, die ihn wahnsinnig aufregt. Wie soll er jetzt, im Augenblick, jemandem eine Freude machen können? Nun, natürlich kann er. Er kann tausend Dinge tun! Einige Beispiele:

→ Eine nette E-Mail an jemanden senden, bei dem er sich schon lange mal wieder bedanken wollte (für gute Zusammenarbeit oder andere Dinge).

→ Er könnte selbstverständlich auch eine Postkarte schreiben (ich habe immer ein paar interessante griffbereit), wenn der Empfänger keine E-Mail-Adresse hat.

mutwilliges Freude bereiten

Matt WEINSTEIN bietet 50 konkrete Ideen aus der Geschäftswelt an, von denen manche 1:1 übernommen werden können (vgl. die letzten beiden Punkte in der Liste), während andere in uns Assoziationen auslösen, die uns weitere Möglichkeiten bieten.

Matt WEINSTEIN spricht von einer geringen Mautgebühr für Pendler, in diesem Fall von einem Dollar, nicht von der Maut nach einer längeren Fahrstrecke.

→ Ein Freund von mir geht, wenn er nachts „stocksauer" wird, prinzipiell in die Küche und backt Plätzchen. Seine Plätzchen sind im Freundeskreis extrem begehrt: Sie schmecken toll trotz wenig Fett und Zucker. Am nächsten Morgen wird er dann in aller Ruhe überlegen, wer von diesen Keksen etwas abbekommen wird; erst einmal beginnt er zu backen, und bald ist sein Zorn verflogen.

→ Eine körperliche Strategie ist immer dann besonders zu empfehlen, wenn Sie gleichzeitig den Zorn „abreagieren" möchten. Tagsüber könnte man z.b. einem Nachbarn anbieten, seinen Hund auf einen langen Spaziergang mitzunehmen, man könnte jemandes Unkraut jäten (sogar das eigene, wir wollen ja jemandem eine Freude bereiten, und dieser Jemand dürfen wir auch selber sein, wenn es nicht anders möglich ist!).

→ Es geht auch weit gemütlicher, wir können (tagsüber) jemanden anrufen und ihm oder ihr etwas Nettes mitteilen, z.b.: „Ich vergesse immer wieder, dir zu sagen, was mir an dir besonders gefällt. Hast du eine Minute Zeit?" – und dann loben Sie die Person eine Minute lang. Natürlich dürfen Sie vorher eine kleine Liste machen, damit Sie nicht ins Stocken geraten.

→ Eine Strategie lautet: Verleihen Sie einen Blumenstrauß. Sie bringen einen Blumenstrauß in ein Büro, stellen ihn der ersten Dame auf den Schreibtisch und bitten sie, ihn nach einer halben Stunde weiterzugeben. Sie kann sich lang genug an den Blumen erfreuen – nach einer halben Stunde hätte sie ihn sowieso nicht mehr wahrgenommen. Der Blumenstrauß wandert einen ganzen Tag, es freuen sich alle, die ihn eine Weile auf ihrem Schreibtisch haben können. So erfreut sich jede Dame eine Zeitlang intensiv an den Blumen (inklusive Geruch!), während sie den Rest des Tages allen Freude machen, die sie von ihrem Tisch aus ansehen.

→ Oder: Zahlen Sie die Mautgebühr nicht nur für sich, sondern auch für den Wagen hinter Ihrem Fahrzeug (oder einen Wagen in der Parallel-Spur), und freuen Sie sich über die erfreute Überraschung (oder die überraschte Freude), die Sie auslösen.

Verlangsamen der Zeit

V

Eine wunderbare **Zeit-Strategie** für das **Verlangsamen der Gefühle** hilft uns, aus „heißem" Zorn auszusteigen. Stellen Sie sich ein Spektrum vor: An einem Ende finden wir „kalt und langsam", am anderen „heiß und schnell".

Dies entspricht schon der Bewegung der Moleküle: Temperatur entsteht durch die schnelle Bewegung von Atomen.

schnell _____ langsam

heiß _____ kalt

Analog dazu empfinden wir, daß die Zeit schneller „verrinnt", wenn wir „heißen" Zorn erleben, bzw. daß wir mehr Zeit zum Nachdenken haben, wenn wir rational, d.h. COOL bleiben.

Also gilt es, den „heißen" Zorn abzu-KÜHL-en, was gleichzeitig die Zeit ver-LANGSAM-en wird. Aber wir können auch den umgekehrten Weg einschlagen: Indem wir die Zeit ver-LANGSAM-en, werden wir in zunehmendem Maße „kühl", also COOL.

Dieser Gedanke steht hinter folgenden praktischen Ansätzen:
Beginnen wir mit einer klassischen Meditations-Übung, die Sie zunächst wie ein Wissenschaftler oder eine Forscherin angehen: Machen Sie einen Versuch, und finden Sie heraus, was passiert.

1. Einsteiger-Übung, akustisch

Strategie Nr. 54

Diese alte Meditations-Tradition kann Ihnen einen unglaublichen Effekt bieten. Die älteste Tradition ist auditiv und wird heute noch in Japan praktiziert. Man HÖRT Töne (Bambusstab auf einem Material, das einen Ton von sich gibt). Sie werden in absoluter Gleichmäßigkeit produziert. Einsteiger beginnen mit relativ raschen Folgen von ca. einem Schlag pro Sekunde (das entspricht dem Tempo langsamer Largo-Sätze in der klassischen Musik). Dieses Tempo hat eine be-RUHIG-ende, ver-LANGSAM-ende Wirkung auf unseren Organismus (Puls, Atmung).

Sie können diese Variante übrigens mit einem Metronom durchführen. Es gibt inzwischen elektronische Ausführungen in einem kleinen Kästchen (sogar mit Kopfhörern), so daß Sie eine solche Übung auch unterwegs durchführen können (als Beifahrer, im Zug, im Flugzeug etc.).

Man kann die Übung auch mit einer tickenden Uhr durchführen, so man eine Körperhaltung einnehmen kann, bei der man entspannt sitzen (oder liegen) kann. Ein verkrampftes Uhr-ans-Ohr-Halten hat wenig Sinn.

Strategie Nr. 55

2. Übung für Fortgeschrittene, visuell

Die moderne Technik erlaubt uns eine einfache visuelle Methode, um eine ähnliche Erfahrung zu machen:

Sie benötigen eine Uhr mit Sekundenzeiger und ein wenig Zeit (so daß ein separater Timer, der nach 3 Minuten piepst, sehr hilfreich ist). Ihr Ziel ist einfach: Sie wollen den Sekundenzeiger nur beobachten, sonst nichts. Sie wollen sich für die Zeit, die Sie der Übung „geben" wollen (z.B. 3 Minuten), 100 % auf diesen Sekundenzeiger konzentrieren. Nun wissen wir, Perfektion ist unmöglich, solange Menschen handeln (vgl. Perfektion, S. 60 ff.), aber wir wollen uns jener Perfektion so dicht wie möglich nähern. Im Optimalfall würden wir in der Zeit keinen einzigen Gedanken produzieren, wir würden zu einem „Beobachtungs-Apparat" namens Mensch, der nichts anderes tut, als jenen Sekundenzeiger zu verfolgen. Bei einer 3-Minuten-Übung wollen Sie seine Reise von oben (12) über die (3), die (6) und die (9) und wieder nach oben (12) dreimal ganz total im Hier und Jetzt verfolgen – ohne Unterbrechungen. Natürlich können Sie sich auch mehr Zeit für die Übung geben, aber um einige vorsichtige erste Versuche zu unternehmen, können Sie ja „klein" beginnen.

Ob dies bei den ersten Malen stattfindet oder erst beim 100. Mal – das ist sehr unterschiedlich.

Wenn Sie die Übung einige Male durchgeführt haben, werden Sie irgendwann einen faszinierenden Effekt feststellen: Die Zeit scheint tatsächlich langsamer zu werden.

Das Faszinierende ist eine Art Spiel zwischen Ihrem Unbewußten (mit seiner extrem langsamen Zeit, in der unendlich viele Prozesse extrem schnell ablaufen können) und dem Bewußtsein (mit seinem wesentlich schmaleren Zeit-Spektrum). Durch die Übung beginnen Sie, Ihr Bewußtsein im Wortsinne auszu-DEHN-en – und zwar gaaaaaaanz langsam. Es ist ein unglaubliches Gefühl, wenn Sie beobachten, wie der Zeiger langsamer wird und (vielleicht schaffen Sie es ja einmal) sogar (fast) stehenbleibt ... Allerdings muß ich Sie warnen: Die ersten Male, wenn „es" eintritt, müssen Sie mit folgendem „Reigen" rechnen:

Zustand 1

Sie beginnen. Anfangs fällt es Ihnen noch etwas schwer, sich mental ganz total ins Hier und Jetzt zu begeben – der eine oder andere Gedanke drängt sich immer wieder in Ihr Bewußtsein, aber Sie winken ihn sanft beiseite und sagen sich: „Ich bin jetzt nur für den Zeiger da ..."

Plötzlich passiert es, und Sie stellen fest: „Der Zeiger ist langsamer geworden!!" Und schon kippen Sie aus diesem besonderen Zustand heraus, in den Normal-Zustand ... **Zustand 2**

Der Zeiger „rast" wieder. Je mehr Sie hoffen, er möge sich doch bitte, bitte verlangsamen, desto sturer „rast" er dahin. Irgendwann geben Sie Ihr bewußtes Ziel auf und begeben sich wieder in die meditative Grundhaltung: nur beobachten, ganz total im Hier und Jetzt, bis ... **Zustand 1**

...es wieder passiert. Sie freuen sich und ... **Zustand 2**
Rumms, sind Sie wieder im Normal-Zustand. **Zustand 1**

Und so kann es eine Weile gehen. Aber irgendwann könnten Sie erleben, daß der Zeiger langsamer wird, ohne daß Ihre Erfolgs-Gefühle Sie in den Normal-Zustand zurückkatapultieren.

Nun, bei Erfahrungen gilt: Man muß sie gemacht haben! Niemand kann Ihnen erklären, wie das Gefühl wirklich „ist", genausowenig wie man Radfahren, Tauchen, Skateboardfahren erklären kann.

3. Ein wenig zählen ...? Strategie Nr. 56

Sie wissen, daß die Alten uns von jeher raten, bei „heißem" Zorn bis 10 zu zählen, ehe wir antworten. Nun, jede kleine Rechenaufgabe ist geeignet, uns rasch „abzu-KÜHL-en (also COOL zu werden). Wenn Sie einige Minuten erübrigen können, sparen Sie später viel Zeit. Nutzen Sie die Zeit vor einem Gespräch mit der Person, die Sie gestern so wahnsinnig aufgeregt hat ... Oder schieben Sie ein kurzes Training ein, ehe Sie zum Hörer greifen, um die Person zu kritisieren, die Sie mit Ihrem Brief, Fax, Ihrer E-Mail etc. „auf die Palme" gebracht hat. Nehmen Sie sich eine kleine Aus-Zeit von 3 Minuten, um einfachste Rechen-Operationen durchzuführen. Einzige Spielregel: Sie müssen sich auf die Aufgabe konzentrieren.

Wenn Sie lieber schreiben (vielleicht sitzen Sie sowieso gerade an einem Schreibtisch und könnten unauffällig etwas notieren), dann sind die beiden Rechen-Operationen (S. 140 ff.) ebenfalls immens geeignet.

Man kann sogar in schwierigen Meetings eine kleine Verhandlungspause erwirken, wenn Sie den Weg nutzen, um zu zählen (gerne auch rückwärts, z.B. bei 100 oder 1000 beginnen). Vielleicht möchten Sie in Zweiersprüngen rückwärts zählen (100, 98, 96, 94, 92 ...)? Oder in Dreier-Sprüngen (100, 97, 94, 91 ...)? Falls Sie meinen, wenn man das öfter täte, wären einem die Zahlen bald vertraut, dann können Sie sowohl mit einer minimal

> Sie kennen das alte Party-Spiel? Man zählt von 1, 2, 3 ..., muß aber alle Ziffern und Zahlen, die durch 7 teilbar sind, durch ein Wort ersetzen; das wären also die 7, 14 (= 2 x 7), 17, 21 (= 3 x 7), 27, 28 (= 4 x 7) etc.

anderen Zahl beginnen (101, 99, 97, 95 ...) oder jedesmal mit einer neuen Zahl beginnen (heute mit 508, das nächste Mal mit 702, das übernächste Mal mit 324 etc.). Vielleicht möchten Sie auch lieber die „böse Sieben" (siehe Randspalte) mit sich allein spielen?

Bei einer Party mag das Ersatz-Wort ein alberner Begriff sein, aber hier möchten Sie möglicherweise ein Ersatz-Wort einsetzen, das dazu dient, Sie ruhiger zu „machen". Dies kann alles sein, was hilft: „COOL", „Frieden"... Was fällt Ihnen ein?

Natürlich kann man statt Zahlen auch Worte oder Bilder im Kopf jonglieren, um denselben Effekt zu erzielen; z.b. konnte ein Seminar-Teilnehmer mit ausgeprägtem Hang zu Jähzorn diesen mit einem Bild maßgeblich zähmen (Fallbeispiel, S. 155 f.).

Beispiel: Mit Listen arbeiten

Dieses Beispiel zeigt wieder einmal, wie leicht man mehrere Fliegen mit einer Klappe schlagen kann, denn ein Leser meines monatlichen Beratungs-Briefes kam durch einen Zufall auf eine mächtige Ver-BIND-ung, die sich als äußerst erfolgreich erwiesen hat. Aber zunächst etwas Vorab-Info:

> Diese Brain-Management-Strategien helfen Menschen, die sich auf dem Weg vom Gehirn-**Besitzer** (der es im Schädel herumträgt) zum Gehirn-**Benutzer** befinden.

Er hatte angefangen, denkerisch mit Listen zu arbeiten. Das ist eine der Brain-Management-Techniken. Die Arbeit mit Listen verbessert sowohl unser **Gedächtnis** als auch unsere Fähigkeit, assoziativ zu denken. Mehrere Listen nebeneinander (als Matrix) erhöhen (quasi als Nebeneffekt!) unsere „Intelligenz" im Alltag, weil uns einfach mehr einfällt!

> Zufällig fällt uns weit mehr zu, wenn wir mehr wissen (wer hätte das gedacht?).

Und wir verbessern, ebenfalls völlig beiläufig, unsere **Kreativität**, denn auch sie basiert auf der Fähigkeit, frei assoziativ zu denken.

Jetzt können wir leicht nachvollziehen, welche neue Ver-BIND-ung sich für ihn ergeben hatte:

> Details hierzu finden Sie in meinen Büchern *Das große Analograffiti-Buch*©, *Das innere Archiv*© und in *Stroh im Kopf?* (ab 36. Auflage).

Aspekt 1 – Listen-Lernen

Er hatte begonnen, eine zweite Liste mit seiner ersten zu verbinden, also an jeden Begriff in Liste 1 einen Parallel-Begriff aus Liste 2 zu „hängen". Dies ist eine Übung, die man in Zeitlupe durchführt, wenn man einige Minuten erübrigen kann (z.B. an der roten Ampel).

Aspekt 2 – Coolness-Training

Da er ein gespaltenes Verhältnis zum Rechnen hat (aber Worte liebt), begann er (statt rückwärts zu zählen) einfach die Liste/n rückwärts durchzugehen. Also: 26 = Z (Zeppelin), 25 = Y (Yacht), 24 = X (Xylophon) etc., später wanderte er die Liste in Zweiersprüngen „rauf und runter", schließlich hängte er gedanklich die zweite (vorher gelernte) Liste an die erste:

26 = Z (Zeppelin)   **& Z (Zoodirektor)**
25 = Y (Yacht)   **& Y (Yachtbauer)**
24 = X (Xylophon)   **& X (Xylograph)** etc.

Beim COOLNESS-Training geht es darum, die ZEIT zu verlangsamen und dadurch wieder ruhig, rational und COOL zu werden (Details siehe S. 161 ff.).

Als er einmal gezwungen war, im Vorzimmer eines Verhandlungspartners zu warten, wiewohl er einen Termin hatte, und er merkte, wie der „heiße" Zorn in ihm aufstieg, verband er intuitiv beide Aspekte miteinander und begann innerlich seine „Listen-Litanei aufzusagen". Sie ahnen es: Er wurde nicht einmal halb so sauer wie „normal" (er ist ja „normal" ein aufbrausender Typ). Später berichtete er dies in der monatlichen Hotline für die Beratungs-Brief-Leser, weil er ein Detail klären wollte (daher kann ich Ihnen sein Erlebnis schildern). Seine Erfahrung zeigt nämlich die Macht dieser Technik, die er inzwischen bewußt einzusetzen gelernt hat. Immer, wenn er sich COOL halten oder wieder „runterbringen" will, beginnt er, mit Listen zu jonglieren.

Als ich das Fallbeispiel einmal in einem Seminar erzählte, stellte jemand die Frage: „Heißt das, daß ich immer etwas lernen muß, um die Technik anzuwenden?" Antwort: Natürlich nicht. Es geht lediglich darum, daß Sie sich vom Objekt des Zornes ablenken, indem Sie sich auf etwas anderes konzentrieren. Ob Sie im Kopf Zahlen-Spiele (siehe S. 140 ff.) veranstalten, an einer Liste arbeiten oder lieber andere Wort-Spiele (wie Stadt-Land-Fluß) spielen wollen – Hauptsache, Sie konzentrieren sich auf einen bestimmten Aspekt und blenden alles andere aus. Dies ver-LANGSAM-t die Zeit und macht Sie wieder COOL-er; nur darum geht es in diesem Zusammenhang.

Zusatzfrage: Was ist mit Mantras? Antwort: Brillant. Wenn Sie sowieso mit einem Mantra arbeiten, brauchen Sie weiter nichts (vgl. S. 54 f.).

Es erschreckt mich immer wieder, wie oft Seminar-TeilnehmerInnen regelrechte Angst vor Lernprozessen ausdrücken. Wenn wir bedenken, daß wir uns von der Informations-Ära (vgl. Internet) in die nächste Phase des Wissens begeben, in der nur „Wissens-Arbeiter" (knowledge-workers) wirklich gute Karten haben werden, dann ist das schon ein Armutszeugnis in diesem Land der Dichter und Denker. Was muß die Schule an Ängsten in Menschen hinterlassen haben, das naturgegebenes lebenslanges Lernen dermaßen verhindern kann? Aber Gott sei Dank kann man „da" raus. Lesen Sie doch einige Beiträge in unserer Wandzeitung oder in den Foren für gehirngerechtes Arbeiten (inkl. Lernen und Lehren) auf www.birkenbihl.de.

W

Strategie Nr. 57

WORK = Welt als Spiegel

Es gibt eine bahnbrechende Technik, um mit Ärger klarzukommen – und zwar LANGFRISTIG. Wenn wir auf Situationen stoßen, in denen wir uns häufig oder regelmäßig aufregen, dann können wir diesem Ärger das Wasser so abgraben, daß wir uns nach einer halben Stunde darüber nie wieder oder nie wieder so intensiv aufregen „müssen".

Eigentlich hat sie auch einen Nachnamen, aber sie läßt ihn bewußt weg.

Allerdings müssen wir gezielt nachdenken. Dabei können Widerstände auftauchen, die wir überwinden wollen, aber das fällt nicht immer leicht. Es ist gleichsam Arbeit, und deshalb spricht man in den alten esoterischen Traditionen seit langer Zeit von ARBEIT.

Zitiert nach Moritz BOERNER: Byron Katies The WORK, Goldmann Taschenbuch.

Die Amerikanerin Byron Katie hat eine Technik entwickelt, die es uns erlaubt, klassische Ärger-Situationen ganz anders anzugehen, indem wir uns vier Kernfragen stellen (und danach mit den Antworten spielen).

Die vier Kernfragen (nach Byron Katie)
1. **Ist es wahr?**
2. **Kann ich wirklich wissen, daß das wahr ist?**
3. **Wie reagiere ich, wenn ich an dieser Überzeugung festhalte?**
   a) **Gibt es einen Grund, diese Überzeugung loszulassen? (Und ich werde nicht gebeten, sie loszulassen.)**
   b) **Gibt es einen Grund, der mir keinen Streß verursacht, an dieser Überzeugung festzuhalten?**
4. **Wer (oder: wie) wäre ich (wie ginge es mir) ohne diese Überzeugung?**

Schritt 1

Schreiben Sie auf, was Sie bedrückt (ärgert, nervt, „krank macht"). Dies kann eine einzelne Aussage sein (weil Sie gerade eine spezifische Ärger-Situation be-ARBEIT-en wollen) oder mehrere Aussagen. **Schreiben Sie auf, was Sie erregt.**

SATZ: _____

(z.B. Mein Partner versteht mich nicht.)

Stellen Sie die vier Fragen (plus Zusatzfragen). Lassen Sie den Verstand fragen und das Herz antworten. Dies könnte zum Beispiel so aussehen:

Schritt 2

1. Ist es wahr? Hier kann es passieren, daß unsere erste impulsive Antwort lautet „Ja doch! Klar!", aber wenn wir ein wenig warten, tauchen manchmal schon erste leichte Zweifel auf (was wäre, wenn ich ihn vielleicht mißverstanden hätte ...?).

Ist es wahr?

> Die einzige „Wahrheit", an der wir wirklich (er-)messen können, was „los" ist, ist die Realität. Daher ist die Frage „Ist es wahr?" so wichtig. Wenn wir sagen „Irgend jemand sollte (müßte) ..." etc., dann muß die Antwort auf „Ist es wahr?" nicht „Ja, er hätte sollen ..." lauten, sondern „Nein", denn: Solange Menschen „es" NICHT SO tun werden, wie wir das wollen, ist es **nicht wahr**. Wenn ich sage: „Menschen sollten niemals lügen", dann ist das so lange „nicht wahr", wie Menschen lügen!

2. Kann ich wirklich wissen, daß das wahr ist? Diese Frage ist zum einen wichtig, wenn wir uns auf Hörensagen verlassen haben (z.B. weil wir einem Intriganten glauben, was er uns über die angeblichen Worte unseres Partners berichtet). Nun merken wir, daß wir gar nicht wirklich wissen können, ob unser Partner das je gesagt hat. Zum anderen ist die Frage wichtig, weil sie uns helfen kann, falsche Formulierungen zu entdecken. Aber das kann man am besten begreifen, wenn es während der Übung passiert ...

Kann ich wirklich wissen, daß das wahr ist?

3. Wie reagiere ich, wenn ich an dieser Überzeugung festhalte? Hier schreiben wir auf, wie wir agieren. Es geht um unser Handeln, unser tatsächliches Verhalten (das manchmal weit von unseren Lippenbekenntnissen abweichen kann). Hier könnte jemand z.B. schreiben: ich brülle ihn an, ich schreie hysterisch herum, ich erkläre ihm wiederholt, was mir wichtig ist ... Nun folgen zwei faszinierende Zusatzfragen:

Wie reagiere ich, wenn ich an dieser Überzeugung festhalte?

a) Gibt es einen Grund, diese Überzeugung loszulassen? (Und ich werde nicht gebeten, sie loszulassen.) Wichtig ist, daß wir diese Frage nur theoretisch erwägen. Es ist eine klassische Was-wäre-wenn-Fragestellung, und die gehören zu den hilfreichsten Fragen, die wir Menschen je erfunden haben. Sie hilft uns, Distanz zu finden und andere Möglichkeiten geistig durchzuspielen, ohne Druck und Zwang. In unserem Fallbei-

Gibt es einen Grund, diese Überzeugung loszulassen?

spiel könnte jemand z.B. notieren: „Na ja, ich wäre die besch... Gefühle los, die ich immer erleiden muß, wenn ich annehme, er mißversteht mich mal wieder."

Gibt es einen Grund, der mir keinen Streß verursacht, an dieser Überzeugung festzuhalten?

b) Gibt es einen Grund, der mir keinen Streß verursacht, an dieser Überzeugung festzuhalten? Solange Sie, liebe Leserin, lieber Leser, dieses Schema nur als Fallbeispiel lesen, könnte gerade diese Frage zunächst völlig sinnlos erscheinen, aber sie ist nicht sinnlos, sondern im Gegenteil extrem sinnvoll, aber das kann man erst erleben, wenn man sie mit einer eigenen Situation testet, die Streß erzeugt. Also, bitte noch Geduld, bis Sie zu ARBEITEN beginnen (noch lesen Sie ja nur).

Wer (oder wie) wäre ich (wie ginge es mir) ohne diese Überzeugung?

4. Wer (oder wie) **wäre ich** (wie ginge es mir) **ohne diese Überzeugung?** Ebenfalls eine faszinierende Frage. Wer die Überzeugung (mein Partner versteht mich nicht) loslassen könnte, würde sich ja verstanden fühlen. Und das fühlt sich natürlich anders an, nicht wahr?

Um aber von der Kernaussage zu einem Punkt zu kommen, an dem man nicht mehr leidet, benutzt die Methode von Byron Katie nun einen alten Trick, den wir bei Zen- oder Sufi-Meistern und auch bei Schamanen, ja sogar bei manchen modernen Psychologen finden. Er basiert darauf, daß man die Sache in ihr Gegenteil verkehrt bzw. einen „gegenüberliegenden Pol" sucht und bedenkt.

Schritt 3

Man spricht offiziell von „Umkehrungen", aber da es nicht immer einen Gegensatz (Gegenpol) gibt, ziehe ich den Begriff der *Wandlungen* vor. Außerdem suggeriert *Wandlung* Wandel in unserem Leben; Wandel aber bedeutet **Veränderung** und erinnert uns daran, daß wir den Angst- oder Ärgerfaktor loswerden wollen.

Umwandlungen ...

Nun gilt es, Ihre Kern-Aussage in verschiedene Formen umzuwandeln. Bei den Wandlungen beginnt man, mit der ursprünglichen Idee zu spielen und wie ein Komponist ein Thema mit Variationen zu gestalten. Aus: **Mein Partner versteht mich nicht** (Originalsatz = THEMA), könnte werden:

1. **Ich** verstehe meinen Partner nicht (echte Umkehrung, Gegensatz).
2. Mein Partner versteht **sich** nicht.
3. **Ich** verstehe **mich** nicht.

Noch dramatischer wird es, wenn der Satz den Ärger mit enthält. Statt nur lapidar zu schreiben „Mein Partner versteht mich nicht", beschreiben wir die Situation wesentlich umfassender, wenn wir unsere Reaktion mit erfassen, z.B.: „*Ich bin wütend auf Paul, weil er mich nicht versteht.*" So lauten nun die Fragen:

1. **Ist es wahr,** *daß ich wütend bin, weil Paul mich nicht versteht?*
2. **Kann ich wirklich wissen, daß das wahr ist,** *daß ich wütend bin, weil Paul mich nicht versteht?*
3. **Wie reagiere ich, wenn ich an dieser Überzeugung** (*ich bin wütend, weil Paul mich nicht versteht*) **festhalte**?

   a) **Gibt es einen Grund, diese Überzeugung** (*daß ich wütend bin, weil Paul mich nicht versteht*) **loszulassen**? (Und ich werde nicht gebeten, sie loszulassen.)

   b) **Gibt es einen Grund, der mir keinen Streß verursacht, an dieser Überzeugung** (*daß ich wütend bin, weil Paul mich nicht versteht?*) **festzuhalten?**
4. **Wer** (oder: wie) **wäre ich** (wie ginge es mir) **ohne diese Überzeugung**, *daß ich wütend bin, weil Paul mich nicht versteht?*

Wenn wir im letzten Schritt zu wandeln beginnen, wird daraus z.B.:

→ „Ich bin wütend auf **mich**, weil **ich** Paul nicht verstehe."

→ „Ich bin wütend auf **mich**, weil **ich mich** (manchmal) nicht verstehe".

Zunächst gilt es, die Fragen schriftlich zu beantworten. Allerdings kann man dies auch in einem Gespräch mit jemandem tun. In beiden Fällen ist man gezwungen, jeden Gedanken sauber auszuformulieren, was bei einem rein denkerischen Prozeß oft nicht geschieht. Ich schlage vor, sich mit **Vertrauenspersonen** gegenseitig zu coachen; für solche Gespräche kann man sich wunderbar mit anderen austauschen.

Aber nach einer Weile, wenn man den Duktus schon ganz gut im Kopf hat, kann man so eine ARBEIT auch im ganz normalen Alltag (geistig) durchlaufen. Der Autor Moritz BOERNER (*Byron Katies The WORK*) gibt uns ein hervorragendes Beispiel auf dem ganz „gemeinen" (in beiden Bedeutungen des Wortes!) Autobahn-Alltag:

Beispiel: Der Drängler auf der Autobahn
Ich fahre auf der Autobahn, dicht hinter mir ein Drängler, der die Lichthupe eifrig bedient. Meine Reaktion? Ärger, Herzklopfen, Bauchschmerzen, Gedanken wie: „Dieser Idiot! Der

WANDELN

Vertrauenspersonen:
Gleichgesinnte finden sich natürlich unter www.birkenbihlbrief.de oder in einem der Foren auf www.birkenbihl.de. Suchen Sie unter dem Stichwort: THE WORK.

Mann sollte das nicht tun! Niemand sollte mich derartig nötigen und bedrängen!"

1. Frage: Ist es wahr, daß er das nicht tun sollte?
daß er das nicht tun sollte?

1. Frage: Ist es wahr, daß er das nicht tun sollte?
Es ist nicht wahr, denn Menschen tun so etwas immer wieder. Egal, was ich darüber denke, sie ändern sich nicht. Ich sehe den Widerspruch zwischen dem, was ist, und dem, was ich denke, wie es sein sollte.

2. Frage: Kann ich wirklich wissen, daß das wahr ist, daß er das nicht tun sollte?

2. Frage: Kann ich wirklich wissen, daß das wahr ist, daß er das nicht tun sollte?
Antwort: Nein, das kann ich nicht hundertprozentig wissen. Vielleicht will er mich auf etwas aufmerksam machen? Vielleicht hat er eine schwangere Frau im Auto? Vielleicht ist er nur einfach krank?

3. Frage: Wie reagiere ich, wenn ich denke, daß er das nicht tun sollte?

3. Frage: Wie reagiere ich, wenn ich denke, daß er das nicht tun sollte?
Antwort: Ich spüre Herzklopfen, Unruhe, ein unangenehmes Gefühl in der Magengrube. Ich spüre Haß. Ich konzentriere mich nicht mehr auf mein eigenes Fahrverhalten, ich sehe die schöne Landschaft nicht mehr. Ich genieße die Fahrt nicht mehr. Ich würde den Mann am liebsten auffahren lassen, indem ich plötzlich bremse. Ein vielleicht sogar selbstmörderischer Gedanke.

Zusatz: Gäbe es einen Grund, diesen Gedanken festzuhalten? Nein. Gäbe es Gründe, ihn loszulassen? Jede Menge.

4. Frage: Wer wäre ich, wenn ich den Glaubenssatz „Niemand sollte mich derartig bedrängen!" fallenlassen würde? Wie ginge es mir dann?

4. Frage: Wer wäre ich, wenn ich den Glaubenssatz „Niemand sollte mich derartig bedrängen!" fallenlassen würde? Wie ginge es mir dann?
Antwort: Ich wäre gelassen, ruhig, ich würde nach rechts fahren und den Mann vorbeilassen, ich würde mich körperlich wohler fühlen, ich könnte meine Fahrt wieder genießen. Während ich die kleine Übung absolviere, spüre ich schon deren Wirkung. Indem ich mir das letztere vorstelle, entspanne ich mich, es kommt mir vor, als ob mein Körper dankbar die Gelegenheit ergreift, diese Vorstellung zu verwirklichen; ich schwenke nach rechts, ich atme tief ein und aus, lehne mich zurück, lächle. Während der Mann vorbeizieht und mir den Vogel zeigt, normalisiert sich mein Herzschlag und wahrscheinlich auch mein Blutdruck. Ich denke: „Der nette unwis-

Wenn Sie Interesse haben, „besuchen" Sie den Autor doch mal auf seiner Web-Site: www.MoritzBoerner.de. Dort finden Sie zahlreiche weitere Beispiele im Forum (sowie seine Bücher).

sende Mensch – er ist so, wie ich einmal war." Denn auch ich habe schon gemacht, was er gemacht hat. Manchmal in Wirklichkeit, manchmal in Gedanken.

„Ich sollte niemanden bedrängen!"

Die Umkehrung

X-beliebige Strategie

Die Lotterie

X

Strategie Nr. 58

Hier gilt es, die Methode zu wählen, wie Sie die Lotterie durchführen wollen, z.B.:

In Teil I (**X**, S. 87) stellten wir fest, daß man sehr wohl das Schicksal, das Los, die Würfel etc. entscheiden lassen kann, welche Anti-Ärger-Strategie man im konkreten Fall wählen will.

❐ **Im hinteren Innendeckel dieses Buch-Seminars befindet sich die Liste** aller möglichen Strategien. Wandern Sie „blind" mit dem Finger auf und ab, und schauen dann erst, wo Ihr Finger angehalten hat.

❐ Schlagen Sie das Buch einfach ab Teil II auf, und **suchen Sie blind** irgendeine Seite (Finger zwischen die Blätter stecken). Entscheiden Sie sicherheitshalber noch „rechts" oder „links", weil ja auf jeder Buchseite eine Strategie stehen könnte (vielleicht links das Ende einer Maßnahme und rechts eine weitere?). Lesen Sie dann gemäß Ihrer Wahl nach, und setzen Sie es um!

❐ **Beschriften** Sie kleine Kärtchen mit den Zahlen 1 bis 59, und wählen Sie blind eine aus. Diese Strategie ist besonders hilfreich, wenn Sie unterwegs sind. Ein Päckchen kleiner Kärtchen kann man sogar noch im Badeanzug „verstecken", wenn man kein Buch mitschleppen möchte ...

❐ **Teil-Lotto:** Suchen Sie nur diejenigen Strategien aus, die Ihnen persönlich zusagen, notieren Sie auf Kärtchen Stichwort und Seitenzahl jener wenigen Lieblings-Strategien, und veranstalten Sie Ihre Lotto-Ziehung mit dieser Teilmenge.

Erinnerung – unabhängig von einer kritischen Situation:
Wollen Sie eine Lotterie-Maßnahme nutzen, um jeden Tag ein Tages-Motto zu finden und heute besonders auf diesen Aspekt zu achten bzw. die Aufgabe heute besonders oft oder intensiv durchzuführen?

Z

Strategie Nr. 59

Zuhören & ZWEI-nigung (statt Ent-ZWEI-ung)

Zuhören ist wahrlich eine hohe Kunst ...

Die amerikanische Psychologin Madelyn BURLEY-ALLEN weist ausdrücklich darauf hin, daß „Hören" (hearing) und „Zuhören" (listening) nicht denselben Prozeß beschreiben. Dieser Hinweis ist im Deutschen noch wichtiger, da wir ja (fast) dasselbe Wort verwenden. Ebenfalls hilfreich ist ihre Unterteilung in drei verschiedene Ebenen des Zuhörens, wobei hier von „unten" nach „oben" gedacht wird; professionelles Zuhören ist natürlich die oberste Ebene.

Ebene 1: Nur hören (hinhören), **ohne wirklich wahrzunehmen**, was uns tatsächlich gesagt wird.

Ebene 2: Halbes Zuhören, ohne wirklich mitzudenken. Etwaige Vorurteile und Werturteile werden das Gehörte sofort einfärben und spontane Abwehrreaktionen auslösen.

Quelle: BURLEY-ALLEN, Madelyn: *Managing Assertively: How to Improve Your People Skills: A Self-Teaching Guide*, 2nd Edition.

Ebene 3: Richtiges Zuhören, mitdenken und mitfühlen. Wirklich sämtliche Antennen „ausfahren", um herauszuhören, was der andere denkt (und was er meinen könnte). Intelligente Rückfragen etablieren den Standpunkt des Sprechers (nicht den eigenen!). Hohe Toleranz gegenüber abweichenden Meinungen!

Fragen Sie sich bereits zu Anfang eines Gespräches:

1) Wie wichtig ist mir diese Person? (Auf welcher Ebene bin ich bereit, ihm oder ihr zuzuhören?)

2) Was habe ich davon, wenn ich dieser Person meine (ungeteilte) Aufmerksamkeit schenke? (Wenn es sich lohnt, dann muß ich auch bei Aspekten, die mir weniger gefallen, höflich und aufmerksam bleiben.)

Machen Sie sich regelmäßig klar: Jedes „schwierige" Gespräch kann immer wie ein kostenloses Kommunikations-Training gesehen werden. Dieser Gedanke ist sehr hilfreich, denn je professioneller Sie zuhören, desto besser ist es letztlich für Sie!

Versuchen wir manchmal, uns zu zwingen, dem anderen wirklich zuzuhören, ihm z.B. zehn Minuten aufrichtigen Zuhörens zu schenken, ohne ihn zu unterbrechen: Fragen wir ruhig ab und zu: „Sag' mir noch einmal wirklich, was dir am Herzen liegt!" – und dann hören wir zu. Auch wenn wir uns ein Leukoplast auf den

Jedes „schwierige" Gespräch: ein TRAINING!

Mund kleben müssen, um die zehn Minuten zu schaffen, es könnte sein, daß wir ganz neue Dinge entdecken. Meistens haben wir zuvor gar nicht zugehört, z.b. weil wir sauer waren oder weil unser Wertsystem sich von dem des anderen stark unterscheidet, was uns so kritisch machen kann, daß wir ihn verurteilen und verachten. Und „so jemandem" hören wir doch wohl kaum aufmerksam zu, oder?

Die Fähigkeit, andere Werte unserer Mitmenschen zu respektieren, fällt prinzipiell schwer, ist aber bei uns Deutschen (und Bewohnern deutsch sprechender Nachbarländer) schwächer ausgeprägt als z.b. bei den Angelsachsen (von Asiaten ganz zu schweigen).

Im Englischen gibt es für eine solche Situation eine spezielle Redewendung: Let's agree to differ (das könnte man übersetzen mit: *Einigen wir uns darauf, daß wir uns in diesem Punkt nicht einigen müssen*).

ZWEI-nigkeit© in meinem Taschenbuch *Erfolgstraining*.

Da man ein Ziel um so leichter ansteuern kann, je klarer man es erkennen kann, habe ich einen Begriff erfunden, der sich in der Praxis ausgezeichnet bewährt: die **ZWEI-nigkeit**©. So kann man sich dann „zweinigen", wenn eine Einigkeit unmöglich erscheint (ohne daß man sich sofort ent-zweien müßte). Dieser Denk-Ansatz ist vor allem dann sinnvoll, wenn es sich um Aspekte handelt, bei denen wir dem anderen das (im Grundgesetz verankerte!!) *Recht auf eigene Meinung* zugestehen sollten, auch wenn es uns heute besonders schwer fällt.

Nun besteht das Hauptproblem vieler Menschen darin, daß sie (unbewußt) davon ausgehen, es gäbe nur zwei mögliche Standpunkte, nämlich den richtigen (eigenen) und den falschen (anderen). So haben es die „Großen" in unserer Kindheit mit uns gemacht, und so gehen wir heute vor, wenn wir nicht innehalten und darüber reflektieren. Also meint Herr A: „Das ist eine schicke Krawatte." (als handle es sich dabei um eine meßbare, beweisbare Tatsache), woraufhin Herr B bekümmert den Kopf schüttelt und sagt: „Aber ich bitte Sie, pink ist doch out!" (o.ä.).

Bei Modefragen „wissen" wir zwar alle, daß es verschiedene „Geschmäcker" gibt und daß man über diese nicht streiten sollte, aber wie steht es mit (Wert-)Urteilen über Mitarbeiter (der Müller ist de-motiviert), über Kunden (der X ist ein fieser Knopf), über religiöse Werte (Abtreibung) ...?

Merkblatt 1
Was ist ein KaWa©?

Der Grund, warum ich Ihnen einen Teil von Analograffiti, nämlich die KaWa©-Technik, in diesem Buch vorstelle, wiewohl sie nur eine kleine Rolle spielt, ist die: Dieses Buch wurde mittels KaWa©-Technik konzipiert, aufgebaut und geschrieben. Deshalb gehe ich davon aus, daß manche von Ihnen gerne wissen würden, wie das zu verstehen ist. Wenn Sie dazugehören, dann lesen Sie dieses Merkblatt.

KaWa©

Die KaWa©-Technik ist Teil meines analografischen Konzeptes. Dabei geht es um kreative Denk-Techniken. Der Begriff „Analograffiti" steht für ANALOGes Denken mit einem Stift in der Hand (wir kommen gleich darauf zurück). ANALOG heißt wörtlich „nicht logisch", damit meint man ein Denken, das eher „parallel" als „linear-rational" funktioniert, indem man Analogien, Vergleiche, Fallbeispiele, Metaphern etc. bildet, im Gegensatz zum rationalen Denken im Sinne logischer Schlußfolgerungen:

ANALOG

Der zweite Wortteil beschreibt, daß wir **mit Stift und Papier denken**. Auch GRAFFITIs bestehen aus BILDERN und/oder TEXTEN, nicht wahr?

GRAFFITI

Das heißt: Bei **Analograffiti** wird **immer geschrieben oder gezeichnet**.

KaGa© oder KaWa©?

In beiden Fällen bedeutet das

K = **Kreatives**
und in beiden Fällen steht das
A = **Analograffiti**
G = **grafisch**
W = **Wort**
  das letzte „A" zeigt, worum es geht, nämlich um
A = **Asso**ziationen

KaWa©: Wir assoziieren zu den einzelnen Buchstaben des Begriffes (siehe unten) oder konstruieren eine **ABC-Liste** zum Thema (Beispiel: DANK-ABCs, S. 176 ff.).

KaGa©: Wir zeichnen Ideen ... (Details vgl. *Das große Analograffiti-Buch©*).

Ein KaWa© besteht darin, daß wir einen Schlüssel-Begriff (zu unserem Thema, unserem Problem, unserer Frage) auswählen und zu jedem Buchstaben des Wortes freie Assoziationen finden (Beispiel: **Ärger**-KaWa©).

[Handschriftliche Skizze: ÄRGER mit Assoziationen: ansteckend!, GEFÜHLE hell, RELATIVITÄTS-PRINZIPIEN der Psyche, RE-SONANZ (ECHO), A|B|C|D|E ENERGIEN]

Es gibt grundsätzlich **zwei Arten** von KaWa©s:
1. Ein **Wort-KaWa©** besteht darin, daß wir einen Begriff auswählen, ein **Schlüssel-Wort** (zu unserem Problem, unserer Frage, unserer Denk-Aufgabe) und **zu jedem Buchstaben Assoziationen suchen**.
2. Eine **ABC-Liste** bzw. ein **Wissens-ABC©**.

Wer oft Stadt-Land-Fluß (in der Schweiz als „Geografiespiel" bekannt) gespielt hat, kennt was ich den **Stadt-Land-Fluß-Effekt** nenne: Man trägt regelrechte Wissens-ABC©s im Kopf spazieren, deshalb fallen einem „spontan" jede Menge Städte, Länder, Flüsse ein, wenn man wieder einmal spielen will.

Wenn Sie zu wichtigen Themen alphabetische Listen erstellen würden, auch mehrmals, dann erzeugen Sie einen Stadt-Land-Fluß-Effekt für **Themenbereiche, zu denen Sie kompetent (schnell und leicht) denken wollen**. Da ich die Vorzüge dieser Art zu Denken anderweitig ausgiebig erläutert habe, werde ich sie hier nicht wiederholen. In unserem Zusammenhang nur soviel:

1. Jedes **KaWa©** entspricht immer einer kleinen **Inventur** (die uns zeigt, was wir wissen und/oder was wir derzeit denken).
2. Je häufiger man zum selben Begriff nachdenkt, desto tiefer dringen wir in das Thema ein (weil wir beginnen, unser gigantisches Unbewußtes „anzuzapfen").
3. Eine **Spezial-Technik (KaWa-Couvert©)** besteht darin, eine Reihe von KaWa©s zu einem Wort oder Thema anzulegen, jedes Blatt aber sofort wegzustecken (z.B. in ein Couvert) und erst nach einigen Wochen alle Ergebnisse miteinander zu vergleichen. Ich hatte zu dem Begriff „Verzeihen" ein KaWa-Couvert© angelegt und einige der Assoziationen für dieses Buch herangezogen (vgl. Modul **HERAUS-Forderung VERZEIHEN**, S. 36 ff.).
4. Eine Sonderform von KaWa© ist es, statt zu Buchstaben eines Schlüssel-Begriffes (**Wort-KaWa©**) eine **ABC-Liste** aufzustellen und zu allen Buchstaben des Alphabetes Assoziationen zu suchen. So wurde Teil II dieses Buches (Praxis) aufgebaut und entwickelt.

Merkblatt 2 — Dank

Ich danke den Birkenbihl-Insidern, die diese Listen beigesteuert haben. Wenn Sie Kontakte zu Menschen suchen, die gerne aktiv mitdenken, dann kommen Sie zu www.birkenbihl.de.

	ABC-Liste 1: Wofür ich dankbar bin		ABC-Liste 2: Dank-ABC		ABC-Liste 3: Dank-ABC
1. A	Arbeit, Auto, Anfragen aus heiterem Himmel	A	Augen	A	All-Ein-Sein
2. B	Beziehungsnetz mit lieben und mit anspruchsvollen Menschen, Blumen	B	Bedürfnisse	B	Blütenträume, Begegnungen
3. C	Charakterbildung, Charme im Leben	C	Cappuccino	C	Choleriker, Chaos
4. D	Dienen dürfen	D	Denkanstöße	D	denken, danken
5. E	Ehe, Ehrlichkeit, Engel, Eltern, Ehepartner	E	Erfahrungen	E	entgegengehen
6. F	Familie, Freundschaften, Feedbacks aus nah und fern, Forscherdrang	F	Freunde	F	Flügel
7. G	Garten, Geschenke von Gebeten, Gesundheit	G	Geduld	G	gute Gedanken
8. H	Haus als Insel der Ruhe und des Friedens, Hilfe in jeder Situation	H	Hilfe	H	herausfordern
9. I	Ideen am Morgen in der Frühe	I	Ideen	I	Intimacy, Intuition
10. J	Ja-sagen zu den täglichen Aufgaben, Jubel der Vögel	J	Jetzt	J	jammern (und)
11. K	Kreativität, Kräuterreichtum im Garten, Kleider	K	Kommunikation	K	klagen
12. L	Lebensaufgabe, Leuchten der Leitsterne	L	Lilien	L	lieben
13. M	Mut, schwierige Situationen zu meistern, Musik	M	Momente	M	Menschenkinder
14. N	Niveau der Arbeit, Nein-sagen, Nachbarschaft, Naturfarbenspiele	N	Notarzt	N	Neurosen
15. O	Optimismus, Ordnungssinn, der allmählich wächst	O	Optimismus	O	Oratorien
16. P	PC, Power jeden Tag	P	Pause	P	Präsenz
17. Q	Quelle des Universums	Q	quicklebendig sein	Q	Quasselstrippen
18. R	Reisen unter Schutz, Rauschen des Wassers	R	Rhythmus	R	Radau (und)
19. S	Sinnerfahrung an jedem Tag, Söhne, Sonnenstrahlen	S	Sprache	S	Stille
20. T	Tanzen, Talente, Tätigkeiten-Vielfalt, Töchter, täglich ein Neuanfang	T	Träume	T	
21. U	Unabhängigkeit, umfassende Denkfähigkeit, Urvertrauen	U	Unterschiede	U	Unfälle
22. V	Vergebung, Vielseitigkeit	V	verstanden werden	V	Vogelgesang
23. W	Wissen und Können, Weiterbildungs-Geschenke	W	Wahlmöglichkeiten	W	Wonnemonate
24. X		X	X-Chromosom	X	Xenie
25. Y		Y	Y-Chromosom	Y	
26. Z	Zeichen des Himmel, Ziele und Visionen im Leben	Z	Zeit	Z	zaubern, Zuneigung

Merkblatt 3   (Mein) Energie-Modell

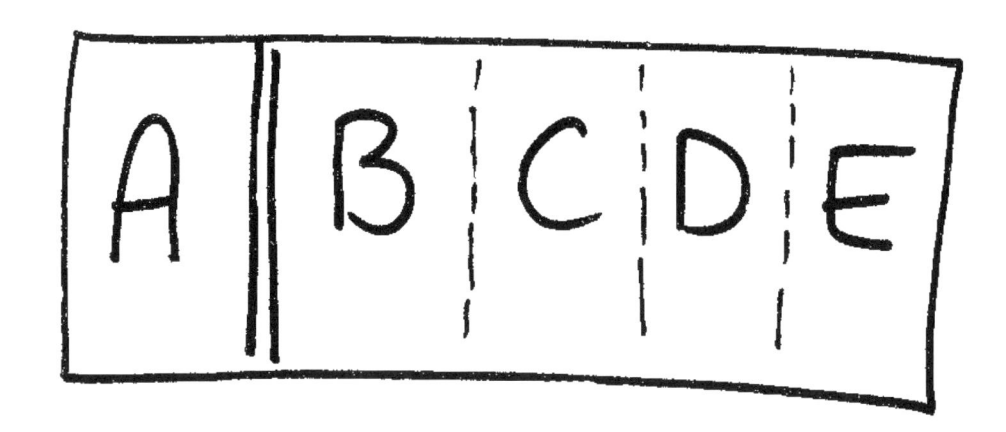

vgl. Vera F. BIRKEN-BIHL, *Der Birkenbihl Power-Tag* und *Freude durch Streß*

Unsere Energien bestehen aus verschiedenen Teilbereichen. Zunächst gibt es den **A**-Teil, er steht für autonome Energien (wie Atmung, Verdauung, Stoffwechsel). Das macht unser Körper alleine, wir brauchen nicht darauf aufzupassen. Der A-Teil kann Energie aus dem Rest holen, wenn Sie krank sind. Aber Sie können nicht bewußt sagen, daß Sie in den A-Teil hineinwollen. Natürlich tun das manche Leute, indem sie nie schlafen, Raubbau am eigenen Körper treiben. Aber normalerweise können Sie da nicht rein. A ist automatisch, autonom, beschreibt also das physiologische Überleben.

B steht für die bange Frage: „Bin ich o.k.?" Es geht ums Selbstwertgefühl. Je mehr Energien ich für B brauche, desto weniger habe ich für den Rest. Nehmen wir an, ich brauche ziemlich viel B.

C steht für **Zeit**, allerdings wollen wir zwischen zwei verschiedenen Zeit-Begriffen unterscheiden. Wenn wir „Zeit" sagen, meinen wir in der Regel, was die Griechen mit „**chronos**" beschrieben, das ist „chronologische" Zeit (Zeit, die „vergeht"; von der wir immer „nicht genug" haben; von der wir sagen, „andere versuchen, sie uns zu stehlen"). Bildlich können wir „**chronos**" als Zeitpfeil darstellen ⟶. Der andere Zeit-Begriff heißt (griechisch) „**chairos**". Das ist (wörtlich) „der **Augenblick**". Das ist jener Moment, die „Sekunde", in dem wir das Gefühl haben, ganz total im Hier und Jetzt zu sein.

Wenn wir uns fragen, wie „gut" es uns in bezug auf **C** geht, dann können wir unsere Zeit-Armut bzw. unseren Zeit-Reichtum sehr gut an Routine-Tätigkeiten „messen". Wenn Sie z.B. sagen: „Ich bin zu müde, um ins Bett zu gehen", und sitzen abends eine halbe Stunde länger „herum" als gut für Sie wäre, weil Sie sich „nicht aufraffen" können, die Rolläden herunterzulassen, die Türe abzusperren, der Katze frisches Wasser hinzustellen (oder was immer Sie tun müssen), dann merken Sie, daß Sie jetzt Zeit- und/oder Energie-Probleme haben.

Die beste Maßnahme gegen Zeitnot klingt absurd, ist aber wahr: Wem Zeit fehlt, der/die muß sich Zeit schenken, aber die „andere" Zeit. Fehlt Ihnen *chronos*, dann müssen Sie sich ein wenig *chairos* schenken! Das ist (einigen wenigen Menschen) seit vielen Jahrhunderten bekannt, wie die folgende Mini-Story aus Japan zeigt.

Ein Schüler fragt den Zen-Meister: „Meister, wie erlange ich Erleuchtung?" und der Meister stellt die Gegenfrage: „Hast du deinen Reis schon gegessen?", woraufhin der Schüler „Ja" sagt. Der Meister: „Geh, und wasche die Schale."

Sie sehen, jede Routine-Tätigkeit kann – vollbewußt im Hier und Jetzt ausgeführt – zur Erleuchtung führen, weil sie uns aus kleinkarierten Teufelskreisen im Denken und Fühlen herauslösen kann. In Teil II dieses Buches (Praxis-Teil) stelle ich Ihnen als strategischen Ansatz „Meditatives Tun" (S. 126 ff.) vor, von denen jede nur einige wenige Minuten in Anspruch nimmt, aber die Macht hat, Sie aus Ihrer Zeitnot herauszuführen. Man muß es einfach einmal ausprobieren.

Wenn Sie mal wieder „furchtbar im Zeit-Streß stehen", dann fragen Sie sich: „Angenommen, ich hätte jetzt noch ein wahnsinnig wichtiges Telefonat von 5 Minuten Dauer führen müssen, wäre die Welt stehengeblieben?" Lautet die Antwort „Nein", dann gehen Sie in Teil II (S. 126 ff.), suchen sich eine Übung aus und praktizieren diese für genau 4 Minuten, aber total im Hier und Jetzt. Lassen Sie sich 4 Minuten lang in die Übung „hineinfallen". Sie haben gerade festgestellt, daß Sie ein 5-Minuten-Telefonat irgendwie noch verkraftet hätten. Die 5 Minuten gehören Ihnen also bereits, nun **nutzen** Sie sie auch!

Im Anschluß an die Aufgabe fragen Sie sich: „Habe ich ein wenig Distanz zu der Streß-Situation von vorhin gewonnen?" Ich garantiere Ihnen: Spätestens beim drittenmal, wenn Sie dies versuchen, werden Sie merken, was es „bringt"; die meisten können dies schon beim erstenmal feststellen.

Viele Menschen assoziieren „Meditatives Tun" zunächst mit „Meditativem Sitzen", aber das Sitzen ist nur eine von vielen Möglichkeiten. Deshalb empfahl der Zen-Meister dem Schüler ja, die Schale zu waschen. Die japanische Tee-Zeremonie ist ein etwas komplexeres Beispiel dafür: Hier „arbeitet" man in der kürzesten Form 40 Minuten (in der Langform viele Stunden) voll konzentriert und versucht, jeden Handgriff, jede Geste, völlig achtsam (ganz total im Hier und Jetzt) auszuführen. Ich habe für westliche Menschen einige Mini-Handlungen gesammelt bzw. entwickelt, mit denen man diesen Prozeß minutenweise nachvollziehen kann. Wenn Sie es schaffen, sich in Zeitnot einige wenige Minuten zu „schenken", dann gewinnen Sie Abstand und merken, wie gut es Ihnen tut.

Kehren wir zum Energie-Modell zurück. Wenn A-Energie (autonom, automatisch) für das „nackte Überleben" steht und B-Energie (Bin ich o.k.?) de facto das „psychische Überleben" repräsentiert, dann zieht **C** quasi eine Grenze: Der CHRONOS-Teil symbolisiert das hektische Handeln im Sinne von Dingen, die wir glauben tun zu „müssen": vom Rolladen-Her-

unterlassen bis zur Teilnahme an einer Betriebsfeier in unserer Firma, weil wir das Gefühl haben, dorthin gehen zu „müssen". Es ist klar, je häufiger wir uns in Dingen fangen, in denen wir „müssen", desto gehetzter und weniger genießbarer wird unser Leben „sich anfühlen". Oft schlägt sich dies im „Käfig-Gefühl" nieder (wir kommen uns vor wie eine Labor-Ratte, die die richtigen Knöpfe drücken muß). Dieser Streß-Zustand aber bewirkt zwei Dinge:
1. **Man kann uns relativ leicht „nerven"** (bzw. ärgern, frustrieren, verletzen) und
2. **Wir haben kaum Energie** für die Bereiche D und E übrig, d.h. für jene Dinge im Leben, die das Leben erst lebenswert machen!

Als Resultat haben wir oft nicht mehr das Gefühl zu leben, sondern, wie mein Vater zu sagen pflegte, „gelebt zu werden". Hier droht die Gefahr, sich als Opfer zu sehen. Dadurch aber würde man in A, B und der ersten Hälfte von C „hängenbleiben" und nie zur zweiten Hälfte von C vorstoßen. Diese Grenze muß überwunden werden, um freien Zugang zu den extrem wichtigen D- und E-Bereichen zu erhalten.

Der D-Bereich steht für die **Durchführung von Aufgaben**. Damit meinen wir Arbeit – im Sinne der Physik: Alle Handlungen erfordern Energie und was Energie kostet, ist im physikalischen Sinne Arbeit. Wir neigen leider dazu, vor allem Handlungen gegen Bezahlung als „Arbeit" zu definieren. Aber es gibt viele wichtige Tätigkeiten, die das Leben erst lebenswert machen. Bereiche, die wir gerne leichtfertig mit der Bezeichnung „Hobby" abwerten. Aber diese Hobbies sind wichtig, denn sie schenken uns Zufriedenheit, Erfolgs-Gefühle und machen Freude. Sie sind sogar im Sinne von Anti-Streß außerordentlich wichtig, denn solche Tätigkeiten stärken unser Immun-System. Diese Hobbies sind aber das erste, was wir fallenlassen, wenn CHRONOS uns gepackt hat. Welche Freude-Tätigkeiten haben Sie „geopfert"?

Natürlich gehören **auch** Tätigkeiten zu **D**, die Sie im Rahmen Ihres Berufes durchführen. Aber: Nur Tätigkeiten, die nicht unter Routine (siehe C) fallen, sind **D-Tätigkeiten**.

Der letzte und wichtigste Bereich ist jedoch der aufregende E-Bereich. Er steht für Erweiterung unserer Insel im weitesten Sinne, also für ...
- **Ent-DECK-ungen.** Wir benötigen Energie, um uns für einen neuen „Topf" zu interessieren, „den DECKEL zu heben" und zu sehen, was sich wohl in ihm verbergen mag. Deshalb sind **Kinder noch sehr neugierig**, die meisten Erwachsenen aber nicht mehr.
- **Er-WEIT-erung** unseres geistigen Horizontes (also lebenslanges Lernen).
- **Ent-WICK-lung, Ent-FALT-ung** (d.h., daß wir das heraus-WICKELN und -FALTEN, was sich als Anlage bereits in uns befindet); das ist auch die eigentliche Bedeutung von
- **Evolution.** Wir durchlaufen unser Leben, das ist ein evolutionärer Vorgang, wenn wir nicht irgendwo gefangen wurden und verzweifelt versuchen, den Status Quo aufrechtzuerhalten. Und nur, wenn wir zu Veränderungen und lebenslangem Lernen bereit sind, können wir das vornehmste E in unser Leben lassen:
- **Exzellenz.** Das Streben nach und die Freude an Kompetenz, Können, Qualität und Exzellenz ist eine der zutiefst menschlichsten Aspekte. Tiere leben intuitiv, aber der Mensch kann streben, z.B. nach hohen Qualitäts-Standards für wichtige Aspekte und Tätigkeiten in seinem Leben!

Wenn Sie aus dem Ärger-Modul hierhin „gesprungen" sind, dann wollen Sie jetzt zu S. 22 zurückspringen.

Merkblatt 4   MANTRA

In meinem Buch *StoryPower* erzähle ich eine meiner Lieblings-Stories. Sie handelt von der richtigen Aussprache eines Mantras, aber lesen Sie selbst (hier leicht gekürzt):

Ein (junger) Sufimeister befindet sich auf dem Rückweg von jenem Ort, an dem er gerade seine Ausbildung beendet hatte [...] reist mit [...] Boot [...] kommt an eine kleine Insel [...]
(Hier) hört er einen Sufimeister, der meditiert: Allahu Akbar, Allahu Akbar [...]. „Na", denkt er [...] „Ich weiß, daß (er) sein Mantram falsch ausspricht. Also muß ich ihm das mitteilen." Er bindet sein Boot fest, geht auf die Insel, und findet einen Mann, der seit 40 Jahren an dieser Stelle sitzt und meditiert.

Er wartet eine Weile, bis der Alte ihn dann aus den Augenwinkeln wahrnimmt und erklärt ihm dann, [...] daß diese heiligen Worte genaugenommen etwas anders ausgesprochen werden müßten! „Um Gottes Willen!", sagt der alte Mann. „Das ist ja furchtbar. [...] Würde der junge Meister mich bitte unterweisen?"

Jetzt üben sie ein paar Tage lang. [...] Immer wenn sie meinen, „jetzt haben wir es", fällt der Derwisch in die alte Aussprache zurück. (Übrigens wird behauptet: Wenn einer mit dem Mantram richtig meditiert, dann kann er über Wasser laufen und andere Wunder tun. Das wissen beide.)

Nach einigen Tagen scheint der Alte die neue Aussprache dann doch zu beherrschen. [...] (Der junge Sufi) rudert [...] los, und nach einigen Minuten meint er [...] die Stimme des alten Mannes direkt hinter sich zu hören (wiewohl) er sich inzwischen einige hundert Meter von der Insel entfernt hat. Trotzdem hört er die Stimme des Alten, direkt hinter seinem linken Ohr. Erschrocken dreht er sich um und tatsächlich ist ihm der Alte über das Wasser nachgelaufen und sagt: „Junger Meister, wie muß ich das Mantram bitte exakt aussprechen?"

Diese Geschichte setze ich gerne im Seminar ein, um den TeilnehmerInnen Mut zu machen, ihren eigenen Weg zu gehen, und geht weit über die Benutzung eines Mantram hinaus.

Merke: Lehrer, Berater und Coaches können Ihnen [...] ihr Wissen häppchenweise anbieten, aber niemand kann für Sie schmecken, kauen [...] und verdauen.

Wenn Ihr Mantra nach einer Weile eine andere Silbe hervorhebt, dann ist das IHR MANTRA, Ihr Lebensweg und für Sie vollkommen o.k. Alles klar?

Merkblatt 5　　　　　　　　　　　　　　　　　　　　WORK

Erinnerung: Die einzige „Wahrheit", an der wir wirklich (er-)messen können, was „los" ist, ist die Realität. Daher ist die Frage „Ist es wahr?" so wichtig. Wenn wir sagen, „Irgend jemand sollte (müßte)" etc., dann muß die Antwort auf „Ist es wahr?" nicht „Ja, er hätte sollen ..." lauten, sondern „Nein", denn: **Solange Menschen „es" NICHT SO tun werden, wie wir das wollen, ist es nicht wahr.** Wenn ich sage: „Menschen sollten niemals lügen", dann ist das so lange „nicht wahr", wie Menschen lügen! Ob mir das paßt oder nicht – danach fragt die Welt nicht. Sie ist einfach. Aus. Basta. Und die Fragen heißen deshalb WORK (= Arbeit) und nicht „Vergnügen", weil es Arbeit ist, aber eine, die sich lohnen wird! Deshalb fragt Byron Katie uns ja auch: **Willst du die Wahrheit wirklich wissen?**

Zitiert nach Byron Katie aus dem Buch Byron Katies *The WORK von Moritz BOERNER, Goldmann, 1999.*

Stelle vier Fragen, finde die Umkehrungen!

Wir laden dich jetzt ein, deine niedergeschriebenen Aussagen nacheinander einzeln anzuschauen und die vier Fragen und die Umkehrungen zu jeder Aussage zu erfahren.

1. **Ist es wahr?**
2. **Kann ich wirklich wissen, daß das wahr ist?**
3. **Wie reagiere ich, wenn ich an dieser Überzeugung festhalte?**
   a) Gibt es einen Grund, diese Überzeugung loszulassen?
   (Und ich werde nicht gebeten, sie loszulassen.)
   b) Gibt es einen Grund, der mir keinen Streß verursacht,
   an dieser Überzeugung festzuhalten?
4. **Wer wäre ich, wie ginge es mir ohne diese Überzeugung?**

Ich kehre meine Aussage folgendermaßen um:

....

....

....

Diese Arbeit ist eine Meditation. Gehe zurück zu den von dir aufgeschriebenen Aussagen, lies einen Satz nach dem anderen und stelle die vier Fragen. Laß den Verstand fragen und das Herz antworten. Kehre sodann deine Aussage um, z.B.: „Ich bin wütend auf Paul, weil er mich nicht versteht" wird umgekehrt zu: „Ich bin wütend auf mich, weil ich Paul nicht verstehe." Nochmals umgekehrt heißt es: „Ich bin wütend auf mich, weil ich mich (manchmal) nicht verstehe".

182 BIRKENBIHL – Jeden Tag weniger ärgern

Merkblatt 6   Gefühlsrad

Bitte schneiden Sie die Viertel des Gefühlsrades aus, und kleben Sie sie zusammen.
Als Orientierung dienen Ihnen die 4 Silben: *Ru – he – zo – ne* in der Mitte des Gefühlsrades.

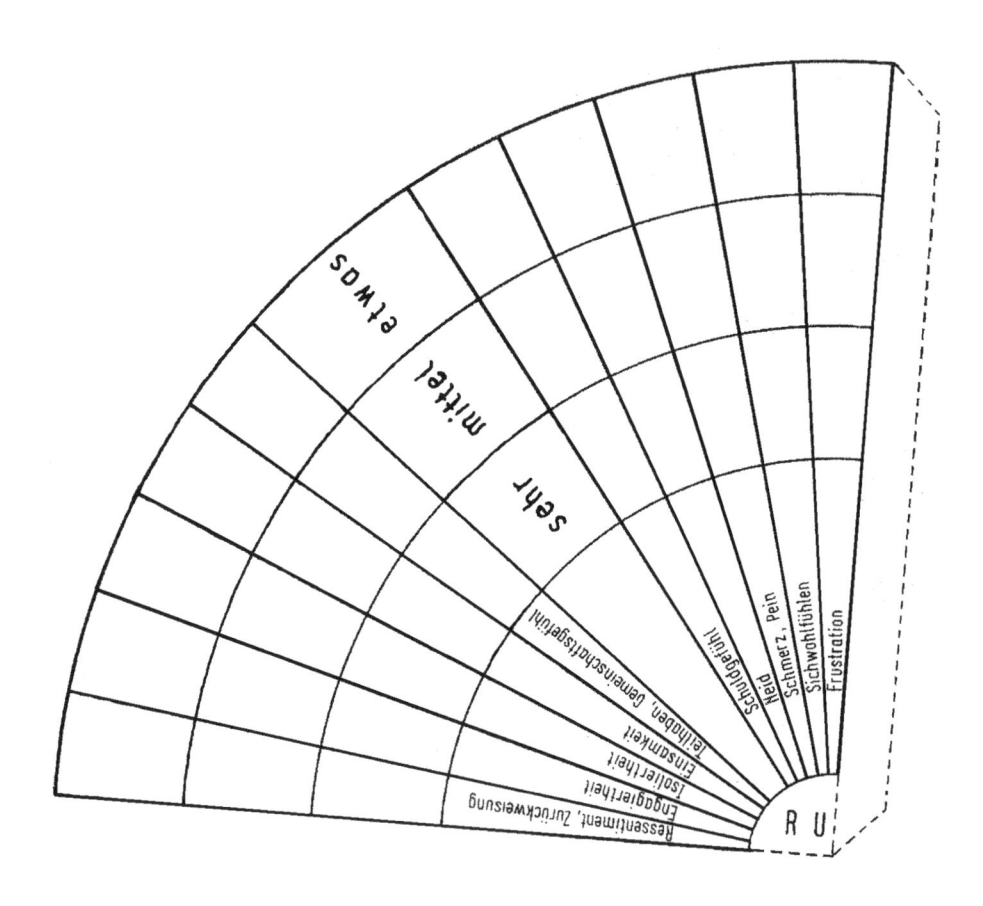

Merkblatt 6 - Gefühlsrad 183

Gefühlsrad

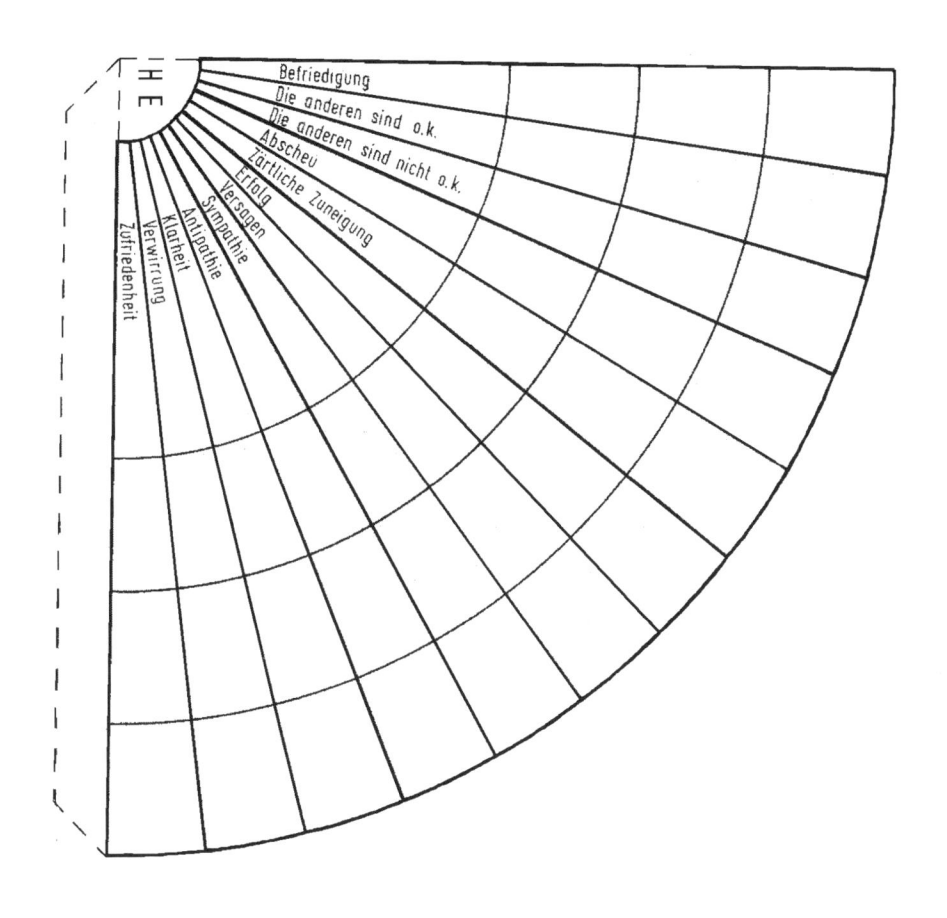

H E
Befriedigung
Die anderen sind o.k.
Die anderen sind nicht o.k.
Abscheu
Zärtliche Zuneigung
Erfolg
Versagen
Sympathie
Antipathie
Klarheit
Verwirrung
Zufriedenheit

184 BIRKENBIHL – Jeden Tag weniger ärgern

Gefühlsrad

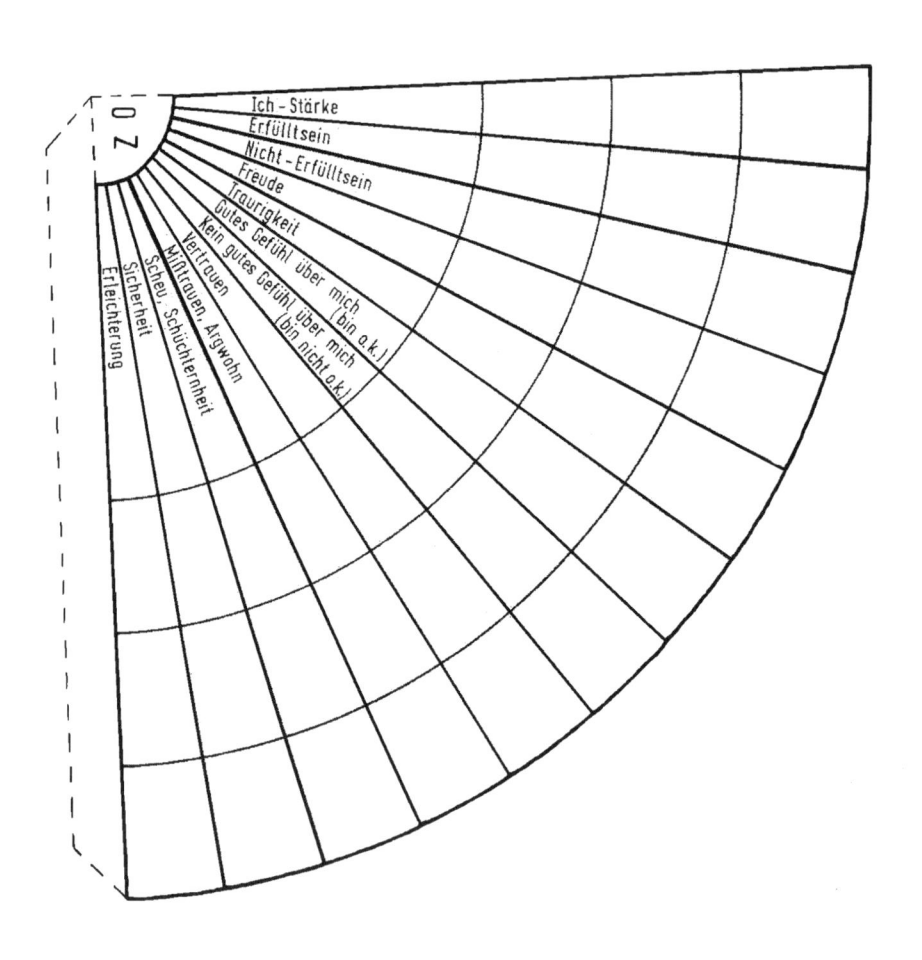

Merkblatt 6 - Gefühlsrad 185

Gefühlsrad

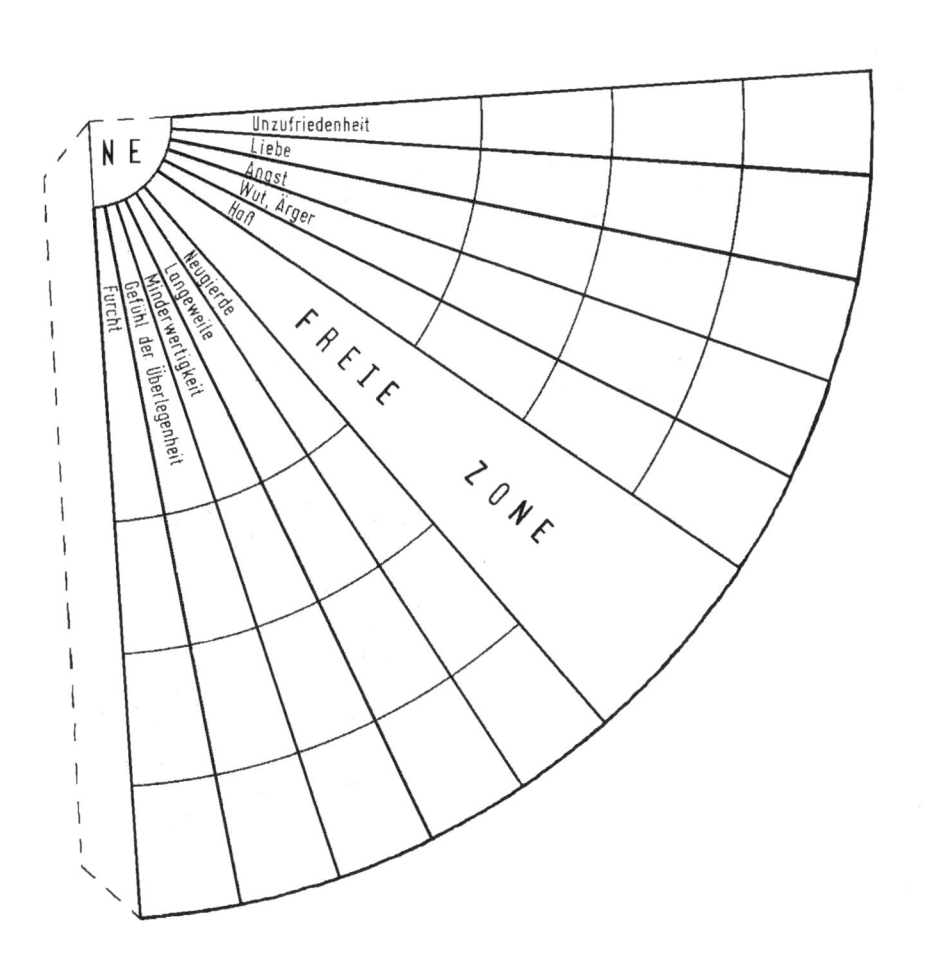

NE
Unzufriedenheit
Liebe
Angst
Wut, Ärger
Haß
Neugierde
Langeweile
Minderwertigkeit
Gefühl der Überlegenheit
Furcht

FREIE ZONE

Literatur

BIRKENBIHL, Vera F.: ABC-Kreativ©. Ariston, Kreuzlingen/München 2002
BIRKENBIHL, Vera F.: Das große Analograffiti-Buch©. Junfermann, Paderborn 2002
BIRKENBIHL, Vera F.: Das innere Archiv©. Gabal, Offenbach 2002
BIRKENBIHL, Vera F.: Der Birkenbihl POWER-Tag. mvg, München, 12. Auflage 2000
BIRKENBIHL, Vera F.: Freude durch Streß. mvg, Heidelberg, 16. Auflage 2006
BIRKENBIHL, Vera F.: Humor in unserem Leben (Humor 1). Video, Gabal, Offenbach 2000
BIRKENBIHL, Vera F.: Warum Humor so wichtig ist (Humor 2). Video, Junfermann, Paderborn 2002
BIRKENBIHL, Vera F.: Humor – an Ihrem Lachen soll man Sie erkennen. mvg, Heidelberg, 4. Auflage 2005
BIRKENBIHL, Vera F.: Männer/Frauen – mehr als der kleine Unterschied (Video-Vortrag). 2002
BIRKENBIHL, Vera F.: Memory Optimizer (Kassettenkurs). USA 2001
BIRKENBIHL, Vera F.: StoryPower©. mvg, Heidelberg, 2. Auflage 2001
BIRKENBIHL, Vera F.: Viren des Geistes (Video-Vortrag). Gabal, Offenbach 1999
BOERNER, Moritz: Byron Katies The WORK. Goldmann, München 1999
BOERNER, Moritz: Gemeinsam lieben. Goldmann, München 2001
BURLEY-ALLEN, Madelyn: Managing Assertively: How to Improve Your People Skills: A Self-Teaching Guide. John Wiley & Sons, New York 1995
BUZAN, Tony: Speed Reading. Schneller lesen – mehr verstehen, besser behalten. mvg, München 2002
BYRON, Katie: The WORK. Eine Übersicht der Buchtitel und Audio-Cassetten dazu unter: www.thework.org
CANFIELD, Jack/HANSEN, Mark Victor: Hühnersuppe für die Seele – Geschichten, die das Herz erwärmen. Goldmann Taschenbuch, München 1996
CASTANEDA, Carlos: Reise nach Ixtlan – Die Lehre des Don Juan. Fischer Taschenbuch, Frankfurt am Main 1998
COLF, Mary K./OSZUSTOWICZ, Len: 301 Random Acts of Kindness – A User's Guide to a Giving Life. Summit Publishing Group, Arlington 1994
DETHLEFSEN, Thorwald: Ödipus, der Rätsellöser. Goldmann, München 2000
DOSSEY, Larry: Healing Words: The Power of Prayer and the Practice of Medicine. Harper Collins Publishers, 1995
DYER, Wayne: Der wunde Punkt. Rowohlt Taschenbuch, Reinbek 2000
DYER, Wayne: Die Kunst, Berge zu versetzen. mvg, München 2000
DYER, Wayne: Wirkliche Wunder. Rowohlt Taschenbuch, Reinbek 1995
EASWARAN, Eknath: Mantram – Hilfe durch die Kraft des Wortes. Hermann Bauer, Freiburg 1986
EDERER, Günter: Der Kunde ist König. Gabal Verlag, Offenbach 2000
EGLI, Rene: Das LOLA-Prinzip oder Die Vollkommenheit. Editions d'Olt, Oetwil 1999
ELLIS, Albert (m. SCHWARTZ, Stefan): Training der Gefühle. mvg, München 2000
ELLIS, Albert: Wut – Die Kunst, sich richtig zu ärgern. Goldmann, München 1998
Foundation of Inner Peace: A Course in Miracles (dtsch. Titel: Ein Kurs in Wundern). New York 1996
JAMPOLSKY, G.: Lieben heißt die Angst verlieren. Goldmann Taschenbuch, München 1999
JOHNSON, Richard Lynn: Ich schreibe mir die Seele frei. Hermann Bauer, Freiburg 1995
KANT, Immanuel: Kant – Eine Auswahl seiner Werke. DTV, München
KANT, Immanuel: Kritik der reinen Vernunft. Könemann, Köln 1995
KLEIST, Heinrich von: Über das allmähliche Verfertigen der Gedanken beim Reden – zwiespältige Ausgabe mit aktuellen Überlegungen von Vera F. Birkenbihl. Essay, Schriftenreihe Dielmann-Verlag, Frankfurt 2000
KOESTLER, Arthur: Der Mensch, Irrläufer der Evolution? (vergriffen)

LAZARUS, Arnold A./LAZARUS, Clifford N./FAY, Allen: Fallstricke des Lebens. Klett-Cotta, Stuttgart 1996
LEONARD, George: Der längere Atem. W. Ludwig, München 1998
LIBERMAN, Jacob: Natürliche Gesundheit für die Augen. Sehstörungen beheben, die Sehkraft verbessern. Piper, München 2000
MIDDENDORF, Ilse: Der Erfahrbare Atem. Junfermann, Paderborn, 8. Auflage 2001
PERKINS, David: Geistesblitze. Campus Verlag, Edition Qumran, 2001
PERT, Candace B.: Moleküle der Gefühle. Rowohlt Taschenbuch, Reinbek 2001
PONDER, Catherine: Ihr Weg in ein beglückendes Leben. Peter Erd, München 1986
REICHEN, Dr. Jürgen: Lesen durch Schreiben. Sabe, Zürich 1982
RICO, Gabriele: Von der Seele schreiben. Junfermann, Paderborn 1999
ROBBINS, Anthony: Das Robbins-Power-Prinzip. Heyne, München 1993
ROBINSON, Jonathan: Shortcuts to Bliss. Conari Press, Berkeley 1998
ROSENBERG, Marshall B.: Gewaltfreie Kommunikation. Neue Wege in der Mediation und im Umgang mit Konflikten. Junfermann, Paderborn, 3. Auflage 2002
SATIR, Virginia: Mein Weg zu dir. Kösel, München 2001
SATIR, Virginia: Meine vielen Gesichter – Wer bin ich wirklich? Kösel, München 2001
SATIR, Virginia: Das Satir-Modell. Junfermann, Paderborn, 2. Auflage 2000
SATIR, Virginia: Kommunikation – Selbstwert – Kongruenz. Junfermann, Paderborn, 6. Auflage 2001
SATIR, Virginia/ENGLANDER-GOLDEN, Paula: Sei direkt. Der Weg zur freien Entscheidung. Junfermann, Paderborn, 3. Auflage 2002
SATIR, Virginia: Vitamin L – Wie Ihr Leben zur aktiven Meditation wird. Integral, München 1997 (vergriffen)
SCHMIDBAUER, Wolfgang: Die hilflosen Helfer. Rowohlt Taschenbuch, Reinbek 1979
SCHNEIDER, Wolf: Wörter machen Leute. Piper, München 1996
SCHWANITZ, Dietrich: Männer – eine Spezies wird besichtigt. Eichborn, Frankfurt 2001
SELIGMAN, Martin E. P.: Erlernte Hilflosigkeit. Beltz, Weinheim 1999
SELIGMAN, Martin E. P.: Kinder brauchen Optimismus. Rowohlt, Reinbek b. Hamburg 1999
SELIGMAN, Martin E. P.: Pessimisten küßt man nicht. Droemer Knaur, München 2001
SIEGEL, Bernie S.: Mit der Seele heilen. Gesundheit durch inneren Dialog. Ullstein Taschenbuch Verlag, Berlin 2000
SILVA, José/GOLDMAN, Burt: Die Silva Mind Methode – Das Praxisbuch. Heyne Taschenbuch, München 1990
SMOTHERMON, Ron: Drehbuch für Meisterschaft im Leben. Context, Bielefeld 1988
TAVRIS, Carol: Danger – the Misunderstood emotion. Simon & Schuster Books, New York 1983
TOFFLER, Alvin: Der Zukunftsschock. Scherz, Bern/München/Wien, 6. Auflage 1972
TOMINAGA, Minoru: Die kundenfeindliche Gesellschaft. Econ Taschenbuch Verlag, München 1998
Vom SCHEIDT, Jürgen: Kreatives Schreiben – Texte als Wege zu sich selbst und zu anderen. Fischer Taschenbuch, Frankfurt am Main
WEINSTEIN, Matt: Management by fun. mvg Verlag, Landsberg a. Lech 2001
WILLIAMSON, Marianne: Rückkehr zur Liebe (Original: Return zu love). Goldmann, München 1995
ZIESEMER, Bernd: Die Neidfalle – Wie Mißgunst unsere Wirtschaft lähmt. Campus Verlag, Edition Qumran, 1999

Internet-Adressen

www.active-books.de
www.MoritzBoerner.de

www.birkenbihl.de
www.thework.org

www.birkenbihl-brief.de

Stichwortverzeichnis

11 km Unbewußtes 150
15 Millimeter Bewußtsein 150

A
ABC-Liste/n 9, 175
abkühlen 161, 163
Ablehnung, ablehnen 16, 69, 71, 76
Adler 44, 62, 80 f.
ADLER, Alfred 24
Aggression, verschobene 106
aggressiv 83
Aha-Erlebnis 56 f.
an-MUT-en 13
Analograffiti 121, 174 f.
Angst 14 f.
Anleiten 49
Anti-Ärger-
  Ansatz 85
  Maßnahmen 87, 133, 150
  Prophylaxe 87
  Regel 41
  Repertoire 89
  Strategie/n 24, 143
Anti-Neid 95
Anti-Streß-Wirkungen 122
Anti-Zorn 94
AQUIN, Thomas von 147
Arbeit 40
Arroganz 72 f., 75 f.
Atmen 90 f.
Aufgabe 38
Auswirkungen, positive 90
Autobahn 94, 169 f.
Ärger 13 f., 15 f., 21 f., 25, 33, 37 f.,
  41 ff., 46, 67, 74, 78, 80, 89 f., 106,
  108, 153
Ärger-Auslöser 21
Ärger-Gefühl/e 8, 16, 21, 35, 87 f.
Ärger-KaWa© 175
Ärger-Probleme 86
Ärger-Reaktion, charakteristische 18
Ärger-Situationen 58, 87, 149
Ärger-Verhalten 48
ärgern, effizient/er 24, 36, 63, 78

B
Bedingungslose Liebe 14 f., 34,
  36, 94 ff.
Beherrschung 49
Beichten 105
Bereitschaft 66 f., 86
Beten 93
Bewußtsein 162
Bewußtseins-Schwelle 75
Bilder, kreisförmige 52
bitten 49
Blick, harter 135
Blick, weicher 52, 127, 135
Blickwinkel 77

Blumenstrauß 160
BOERNER, Moritz 86, 166, 169, 181
Bonobos 24
Böses 95
Brücke 77
BÜHLER, Karl 56
Bühne 38 f.
Bühne, innere 39 f.
Byron Katie 78, 85, 166, 168 f., 181

C
CANFIELD, Jack 57
CASTANEDA, Carlos 127, 147
CD 132
chairos 177 f.
chronos 177 f.
Columbo 96, 137
Columbo-Effekt© 19, 96
cool 161, 163, 165
Coolness-Training 165

D
Dalai Lama 120
Dank 36 f., 98, 101, 176
Dank-Gebet 93
Dank-Gefühle 37, 99 ff.
DANK-KaWa© 35
Dankbarkeit 7
Dankes-ABC 98
Dankes-Hierarchie 98 f.
Demut 35
Denk-/Verhaltensrillen, alte 36
Denk-Anstöße 49
Denk-Pausen 149
Denk-Strukturen, optimistische 59
Denk-Techniken, analografische 9
Denken 20, 45
  optimistisch/pessimistisch 58 f.
  rationales 88
Des-Information 28 ff.
DETHLEFSEN, T. 79 f., 82, 147
Dialog (über Ärger reden) 41 ff.
Dialog schreiben 150
dirigieren 133
DOSSEY, Larry 93
DÜRER, Albrecht 61
DYER, Wayne 41, 44, 62, 81

E
E-Energie/n 23, 25, 77
EASWARAN, Eknath 54, 55
effizient/er ärgern 63, 78
Egoismus 36 f., 72 f., 76 f.
ehrlich 83
Eigenverantwortung 44
Elefantenrüssel 54 f.
ELLIS, Albert 85
Emotion/en 46, 98
Empathie 100

Energie/n 21, 37, 77, 80
Energie-Haushalt 25
Energie-Modell 22, 177 f.
Ent-DECK-ungen 22, 25, 77, 179
Ent-TÄUSCH-ung 62, 72, 74, 119 f.
Ent-WICK-lung 179
Entspannung 102 f.
Entspannungstraining 91
Er-WEIT-erung 179
ERFA = Erfahrung 119 f.
Erfahrung 56, 74
Erleichterung 44
Erleuchtung 130
ERWA = Erwartung 119 f.
Erwartung/en 38 f., 78 f.
Erwartungs-Spieler 38 f.
Erwartungshaltung 74
Erziehung 105
Erziehungsrechte 29
Esoterik 82
Evolution 179
Exzellenz 179

F
Fanatiker 69
FAY, Allen 49
Fehlinformationen 28
Feind/e 15 f., 25, 26 ff., 30, 37
Fixstern 145 f.
Fragen (nach dem Preis) 60
Fragetechnik-Zyklus 85
FRANKL, Viktor 24, 85
Freie Zone 111
FREUD, Sigmund 149
Freude, unerwartete 158 ff.
Freund 31
Freund oder Feind 25 ff.
Friede/n 17, 38
Friedens-Strategie 103
Frosch/Frösche 44, 62, 80 f.
Frosch-Adler-Metapher 62
Fundamentalisten 68 f.
Fühlen 20, 34, 45

G
Gebete 93
Geburt 79
Gedanken 20, 55, 155
Gedankenwelt, eigene 37
Gedächtnis 164
Gefühl/e 13, 20 f., 32 ff., 41 ff., 80,
  107, 112 f., 155
Gefühls-Oase 157
Gefühlsrad 105 ff., 182
Gefühlszustände, unangenehme 54
Gegenpol 14, 88
Geiz 83
Geschichten 56
Gesundheit 37, 94

Stichwortverzeichnis

Glaubensfragen 69
Glaubenssätze 71
Goldwaage 28
Gorillas 23
gönnen 95
Gutes antun, uns selbst 158 f.
Gutes wünschen 105

H
HAND-lungen 18 f.
Haß 14 f., 16, 24, 37, 72
Haß-Liste 68
heißer Zorn 161, 163, 165
Helfer 85
HERAUS-Forderung 36, 175
Herzen 56
Hier & Jetzt 40, 103, 178
Hilfsbereitschaft 66 f.
Hilfsbereitschafts-Beobachtung 65
Hilflosigkeit, erlernte 58
Hilflosigkeits-Gefühl 80
Hobbies 154 f.
homo sapiens 23
Horizont-Blick 136
Hörensagen 27
Humor 117, 121, 148
Humor-Fähigkeit 117 ff., 120

I/J
Idee eines idealen Kreises 61
Ideen, ent-GIFT-ende 49
Illusion 38 f.
Imitation 18, 96, 137
Imitations-Lernen 18, 96
Immunsystem 22, 33 ff., 37, 89, 98, 101
Imperfektionen 61
Indien 54
innerer Monolog 150
inneres Lächeln 122
Insel 25 f., 30, 76 f., 78, 151
Insel-Modell 76 f.
Instrument 132
Interessen 154
Intimzone, psychologische 112
intolerant 67, 69, 71, 74
Inventur 19, 35, 175
JAMES, William 24
Jammern 41
JAMPOLSKY, G. 14
Jesus 15
JOURNAL-Techniken 123
JUNG, C.G. 81, 85
Jury 31

K
KaGa© 125, 174 f.
Kalligraphie 128
Kampf 17, 38
Kampf, friedfertiger 104
Kampf-Maßnahmen 75
KANTs kategorischer Imperativ 48
Karaoke 133

Kategorien-Torte© 75
KaWa-Couvert© 175
KaWa© 9, 35, 124, 174 f.
KÄSTNER, Erich 119
Kernfragen, vier 166
Keyboard 64
Kinderkultur 79
KKI-Frage 48 f.
Kläranlage für den Geist 149
KLEIN, Wolfgang 90
KLEIST, Heinrich von 150
KOESTLER, Arthur 69
Kommunikation 49, 105
Kompetenz 64 f.
Konfuzius 104
kooperieren 49
körperliche Strategie 160
krank 60, 62, 72
Kräftigung 35
Kreativität 164
Kreativitäts-Stau 150
Kreativitäts-Übung 124 f.
kreisförmige Bilder 52
kumulativ 51

L
Lachen 117, 119
LARSON, Dale 65 f., 67
LAZARUS 49
LAZARUS-Liste 49
Lächeln (inneres) 13, 67, 119, 122
Lebens-UnternehmerIn 78
Lehren ziehen 126
Leiden 80
LEONARD, George 153
Lernen 140, 154
Lernprozeß 18
Lernwege 18
Let's agree to differ 173
Liberalität 69
Lieblings-Themen 21
Lippe 18 f.
Listen 164 f.
Listen-Lernen 164
loben 160
Loslassen 93
Lotterie-Maßnahme 87, 171
Lösungen 49

M
Mandala 51 ff., 128 f., 130
Mantra 51, 54, 180 f.
Mantram 54 f.
Mantram-Effekt 55
Marc Aurel 24
Matador-Ansatz 139
Mautgebühr 160
Maxime unseres Wissens 49
Meditation 51, 91
Meditations-Tradition 161
meditativ handeln 51
meditativer Zustand 93

meditatives Sitzen 51
Meditatives Tun 52, 126 ff.
Gehen 127
Zeichnen 127 f.
Muster-Gestaltung 129 f.
Handarbeiten & Basteln 130
Tätigkeiten im Alltag 130 f.
Musikhören 131 f.
Musizieren 132 f.
Schauen 134 f.
Meister 130
Menschen-mit-Verantwortung 79
MERTON 26
Meßlatte der Perfektion 61
Mißverständnis/se 28 f., 31
Monolog, innerer 150
Musikstücke 118
mutwilliges Freudebereiten 159
Münchner im Himmel 94
Münze 65, 67

N
Nachahmung 137 f.
nachtblind 134
NAPOLEON 145
Nächstenliebe 37
Neid-Gefühle 124 f.
Neid-Schwachstellen 95
Nervenverbindung, neue 156
neues Lernen 140
null Toleranz 68
Nutzen 35, 40

O
Obergrenze, persönliche 91
Opfer 62, 78, 80
Opfer-Aussagen sammeln 138
Optimistisch/pessimistisch Denken 58 ff.
Orang-Utans 23

P
PAULUS 147
Perfektion 60 ff., 63, 139
Perfektions-Maßstab 60
PERT, Candace B. 34, 59
Pflanzen 155
PLATO 61
Plätzchen 160
PNI (Psycho-Neuro-Immunologie) 32, 45
Pointe 119
PONDER, Catherine 104
Praxis 158
Prämissen 27, 30
Prioritäten 26
Programmierung 105
Prophezeiung, selbsterfüllende 26, 31
Prozesse 20
Pseudo-Erfahrung 57
Pubertäts-Rituale 79
Publikum 33

Q
Quadratzahl 140 ff.
Quadrieren 143
quaken 41, 79, 81
Qualitäts-Ablenkungen 140
Quatsch 62 f.
Quintessenz 62
Quiz 32

R
Random Acts of Kindness 159
Rechte 79
Rechthaberei 72 ff., 77 f.
Regel, goldene 50
Reinschneider 73, 124 f.
Relativitäts-Prinzipien d. Psyche 144
Repertoire 64 f., 90, 92, 125
RET (rational-emotive Therapie) 85
Rhetorik-Training 117
rhythmisches Atmen 91 f.
ROBINSON, Jonathan 102
Rose 66 f.
Ruhe-Zone 112
Rückkoppelungs-Schleife/n 42 f., 59

S
Samariter-Effekt 65 ff.
SATIR, Virginia 85
Schieberegler 139
Schimpansen 23 f.
Schlußfolgerung, falsche 29 f.
Schlüssel-Elemente 11
Schlüsselbegriff 124
Schmerz 108
SCHMIDBAUER, Wolfgang 83
Schreiben statt Schreien 149 ff.
Schuld 62, 79
Schwächen 81
Seelen-Frieden, eigener 38
Segnen 104
SELIGMAN, Martin 58 ff.
SIEGEL, Bernie 93
SILVA, Jose 153
Situation/Sache identifizieren 157
Sitzen, meditatives 51
SMOTHERMON, Ron 71
Sonne (und Wind) 17
Spiegel 86
Sprach-Brille 144
Stab 54 f.
Stadt-Land-Fluß-Effekt 175
Standpunkt, esoterischer 85
Steak 109
Stichworte 87
Stimmung 32, 34, 66
Story/Stories 29, 56 f.
Stressor 21
Streß-Auslöser 21
Streß-Hormone 22, 37
Streßwerte 36
Stuck-Zustand 102
Sturheit 72 ff., 77 f.
Sturköpfe 70

T
T-Zellen 34, 46
tabu 70
Tageswitz-Strategie 117
Talisman 157
TAVRIS, Carol 46
Telefon-Kernzeit 27
Telefonzelle 65 f.
Temperament 32, 34
Terroristen, seelische 38
Theaterrolle 33
Tiere 155
Tod (eines anderen befragen) 147
TOFFLER, Alvin 141
Toleranz 67 ff., 70
Ton 161
Tonkassetten 118
Training 64 f.
  allgemein 153
  der Gefühle 153 f.
Trance-Zustand 153
Transformatorische Vokabular 144 f.
trocken 20
truth 70
Tun, meditatives 52
Tunnel-Blick 50, 134
Typ, fieser 76, 105

U
Ulme 156 f.
Umwandlungen 168
Umwelt 81
Unbewußtes 162
unerwartete Freude 158 ff.
Unfähigkeit 74
Unlust-Zustand 54
Unsicherheitsgefühle 76
Unterlegenheitsgefühl 75
Untersuchung 71
Unzuverlässigkeit 72 ff., 78
üben 65
Überlegenheit 75
Überschneidung 78
Übertragungs-Effekt 153
Überzeugung 166
Übung 69, 71

V
Verantwortung 62, 79 ff., 89
Verbindungen nachspüren 10
Vergleichsdaten 75
Verhalten 18 f., 56, 64, 74
Verhaltens-Kompetenz 65
Verhaltens-Repertoire 65
Verkäufer 66
Verlangsamen der Gefühle 161
Verlangsamen der Zeit 161 ff.
Verständigung 49

Verständnis 15
Vertrauensperson 169
verzeihen 15, 36, 38, 47, 175
Verzeihen, unilaterales 37
Videokassetten 118
Vielredner 83
Vokabular, transformatorisches 144 f.
Vorbild-Charakter 137
vorleben 19
VR (virtuelle Realität) 57

W
W-Strategie 78
Wachstum, exponentielles 140 f.
wahr 166
Wahrheit, tiefere 121
wahrnehmen, peripher 50
Wanderer 17
weicher Blick 52, 127, 135,
WEINSTEIN, Matt 65, 160
Weisheiten, esoterische 82
Wellensittich 82
Welpen 155 f.
Welt als Spiegel 80 ff., 166 ff.
Wertsystem 173
Wet Brain 20
WILLIAMSON, Marianne 14
Wind (und Sonne) 17
Wirklichkeits-Index© 61, 139
Wirkung, gesundmachende 32
Wirkung, krankmachende 32
Wirkung, kumulierende 94
Wissens-ABC© 175
Witz 117, 148
WORK 40, 82, ff., 166 ff., 181
Wort-Beiträge 118
Wort-KaWa© 175

X
X-beliebige Strategie 86, 171

Y
Yin & Yang 88

Z
Zähler 91
Zeit 177
Zeit-Strategie 161
Zeitaufwand 89
Zeremonien, religiöse 54
Ziel, erstrebenswertes 63
Zorn, berechtigter 78
Zorn, heißer 88, 161, 163, 165
Zuhören 172
Zustand, flüchtiger 34
Zustand, meditativer 93
ZWEI-nigkeit© 173
ZWEI-nigung 172
Zweifel 30

Bestseller von Vera F. Birkenbihl

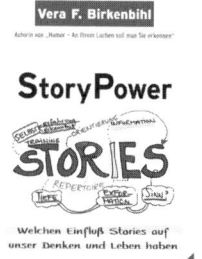

Unser Weltbild und andere Sichtweisen
Vera F. Birkenbihl zeigt Ihnen in diesem Buch-Seminar anhand zahlreicher Fallbeispiele, wie wichtig Stories für jede/n von uns sind, und warum Stories sowohl unser Weltbild, als auch die Art, wie wir uns selbst sehen, formen und verändern. Durch die thematisch sortierten Stories können Sie sofort praktisch von diesem Buch profitieren!

ISBN 3-478-08891-7
€ 8,90 (D) / sFr 16,50

Intelligentes Streßmanagement
Streß, genaugenommen negativer Streß, ist zu einem Hauptübel des modernen Menschen geworden. Wie man den Streß in den Griff bekommt, ja sogar Freude durch Streß erreichen kann, zeigt dieses Buch. Es enthält ein neues Konzept, das jedem erlaubt, seinen individuellen Steßplan aufzustellen und zu dosieren. Dazu dienen zahlreiche Übungen, Tests und Experimente.

ISBN 3-636-07102-5
€ 6,90 (D) / sFr 12,80

Sich selbst und andere besser verstehen
Mit diesem Buch lernen Sie, durch bessere Kommunikation im Privatleben und im Beruf mehr zu erreichen. Mit den zahlreichen Übungen, Experimenten und Spielen macht es auch noch Spaß, sich dieses Wissen anzueignen.

ISBN 3-636-07094-0
€ 8,90 (D) / sFr 16,50

Sprachenlernen ist so einfach!
Vergessen Sie (fast) alles, was Sie bisher über Sprachenlernen „wussten". Die Birkenbihl-Methode zum gehirn-gerechten Sprachenlernen zeigt einen Weg, den auch „Lernfaule" gehen können. Für Leute die gerne lesen, ist dieses Buch der Wegweiser zur Birkenbihl-Methode, Fremdsprachen zu lernen.

ISBN 3-636-07095-9
€ 6,90 (D) / sFr 12,80

Jetzt bei Ihrem Buchhändler!

www.mvg-verlag.de

mvg *Verlag*
Move your life!

Bestseller von Vera F. Birkenbihl

Stärken Sie Ihre Humorfähigkeit
Lachen ist nicht nur gesund, sondern hat eine ganze Reihe von Vorteilen! In diesem Buch erklärt Vera F. Birkenbihl unter anderem, warum eine Pointe witzig ist, und wie jeder selbst Humor „generieren" oder „produzieren" kann. Und sie hilft dem Leser mit konkreten Pro-Humor-Strategien (Starthilfe: 160 Witze).

ISBN 3-636-07100-9
€ 8,90 (D) / sFr 16,50

Vera F. Birkenbihl antwortet auf Leserfragen
Selbstbewußtsein, Karriere, Kommunikation, Umgang mit sich selbst und anderen u.v.m.: Dieses Buch bietet Antworten zu den häufigsten Fragen von Lesern und Seminarteilnehmern. Die Tips sind praxiserprobt und haben bereits Abertausenden von Menschen konkret geholfen.

ISBN 3-478-08590-X
€ 7,62 (D) / sFr 14,10

Der Bestseller: über 500.000 verkaufte Exemplare!
Egal, was wir lernen / lehren (ob Medizin, Jura oder Computersprache) – wir können alles gehirn-gerecht machen (= verständlich und einfach aufbereiten). Von der Gehirnforschung ausgehend hat Vera F. Birkenbihl faszinierende Methoden und Ideen dazu entwickelt, gemäß ihrem Motto: „Es gibt keine trockene Theorie – nur trockene Theoretiker!"

ISBN 3-636-07067-3
€ 8,90 (D) / sFr 16,80

Jetzt bei Ihrem Buchhändler!

www.mvg-verlag.de

mvg *Verlag*
Move your life!